제6판

서 비 스 마 케 팅

2

이 유 재

HAKHYUNSA
학현사

전체 흐름도

PART 01

서비스 마케팅의 개관

chapter 01 서비스의 의의와 특성
chapter 02 서비스 마케팅의 기본적 이해
chapter 03 기술 발전과 서비스 전략

PART 02

상황 분석과 포지셔닝

chapter 04 상황 분석과 포지셔닝

PART 03

서비스 마케팅 믹스

chapter 05 서비스 상품관리
chapter 06 서비스 프로세스관리
chapter 07 서비스 사람관리
chapter 08 서비스 물리적 증거관리
chapter 09 서비스 가격관리
chapter 10 서비스 촉진관리
chapter 11 서비스 채널관리

PART 04

서비스 마케팅의 전략적 이슈

chapter 12 서비스 경쟁전략
chapter 13 서비스 수요와 가용능력관리
chapter 14 서비스 기대관리
chapter 15 서비스 품질관리

PART 01 서비스 마케팅의 개관

chapter 01 서비스의 의의와 특성

chapter 02 서비스 마케팅의 기본적 이해

chapter 03 기술 발전과 서비스 전략

PART 02

상황 분석과 포지셔닝

chapter 04
상황 분석과 포지셔닝

PART 03

서비스 마케팅 믹스

chapter 05
서비스 상품관리

chapter 08

서비스 물리적 증거관리

chapter 09

서비스 가격관리

PART 04 서비스 마케팅의 전략적 이슈

chapter 12 서비스 경쟁전략

chapter 13 서비스 수요와 가용능력관리

chapter 14 서비스 기대관리

chapter 15
서비스 품질관리

사례목차

사례

목차

사례

목차

SERVICE

MARKETING

CHAPTER

09

서비스 가격관리

PROLOGUE

Pay What You Want. 내고 싶은 만큼 내세요.

'공짜 점심은 없다.' 경제 격언 중 이보다 유명한 말이 또 있을까? 노벨 경제학상 수상자인 밀턴 프리드먼이 즐겨 쓰면서 경제학자는 물론 일반에도 익숙해졌다. 실생활에서도 널렸다. 백화점 시식 코너에서 집어 주는 햄 한 조각, 사과 한 쪽 어느 것 하나 진짜 공짜는 없다. 먹고 나면 괜히 미안해진다. 은혜를 입거나 빚을 진 느낌이 든다. 왠지 하나 사줘야 할 것 같다. 방문판매 회사들은 이런 심리를 진작 마케팅 전술로 활용해 왔다. 햄 한 조각 비용은 결국 제품 가격에 얹어진다. 경제학자들이 하도 오랫동안 이런 진실을 파헤쳐 놓은 통에 이젠 소비자도 공짜의 진실을 다 안다. '어떤 경제 체제도, 어떤 상품도 공짜 시스템으로 굴러갈 수는 없다'는 사실을.

가수 장기하의 이색 실험… 빚지고 못 사는 한국인에 통했나

록 밴드 '장기하와 얼굴들'이 시험대에 올랐다. 무대는 '공짜 점심은 있다'고 믿는 인터넷 음원시장. 신곡을 내면서 가격을 소비자가 정하도록 했다. 이름하여 '솔직하게 내고 가져갑시다: 백지수표 프로젝트'. '좋다 말았네'를 디지털 음원으로 내놓고, 장기하는 이렇게 선언했다. "우리 노랠 들어보고 아 이거 좋다 필이 온다 싶으면은 뭐 만 원도 좋고 백만 원도 좋고…. 좋긴 좋은데 주머니 사정이 좀 그래 그러면 알아서 가져가시라"고. 이유를 물어봤다. 장기하 측은 "음원의 주인공(저작권자)에게 수익을 돌려주자는 취지"라고 했다. 이렇게 들어온 돈은 음반사와 나눌 필요가 없다. 한국 음원시장에서 창작자의 몫은 채 10%가 못 된다. 왜곡된 유통구조 탓이다. 이런 부조리를 바로 잡겠다는 얘기다.

'자발적 지불(PWYW, Pay What You Want)'의 원조는 영국 밴드 라디오헤드다. 2007년 10월 10일 새 앨범 '인 레인보스(In Rainbows)'를 공개하면서 소비자가 가격을 정하게 했다. 한 달간 100만 명이 평균 2.26달러를 냈다. 약 40%가 돈을 냈다. 라디오헤드는 과거 두 개의 앨범을 판 것보다 더 많은 돈을 벌었다. 인터넷 시장이 떠들썩했다. '창작 · 정보의 가격이 공짜라고 믿는 인터넷 세상을 바꿀 대안이 등장했다'며 환호했다. 하지만 잠시였다. 다른 밴드들이 따라 했지만 대부분 실패했다. 공짜 다운로드가 훨씬 많았고 낸 금액도 적었다.

장기하의 실험은 어떨까. 열흘 남짓한 시간에 1,400여 명이 다운받고 200만 원을 냈다. 평균 1,400원 정도. 국내 평균 다운로드 가격 100~600원보다 월등하다. 70% 넘게 돈을 냈다고 한다. 행사를 같이 기획한 현대카드 정태영 사장은 트위터에 "많은 분들이 응원가를 낸 것 같다"며 반겼다.

카카오의 양보… 디지털 시대 플랫폼 기업의 소비자 주도 가격전략

카카오 대리운전 앱을 켜고 기사를 호출하면 소비자는 두 가지 가격 옵션 중 하나를 선택할 수 있다. 우선 카카오 대리운전에서 제안하는 정해진 가격(fixed price)을 지불하고 서비스를 이용하는 것이다. 만약 소비자가 종로에서 일산까지 대리기사를 불러 가고 싶다면, 해당 거리를 기반으로 카카오가 예상 금액을 산정해 제안한다.

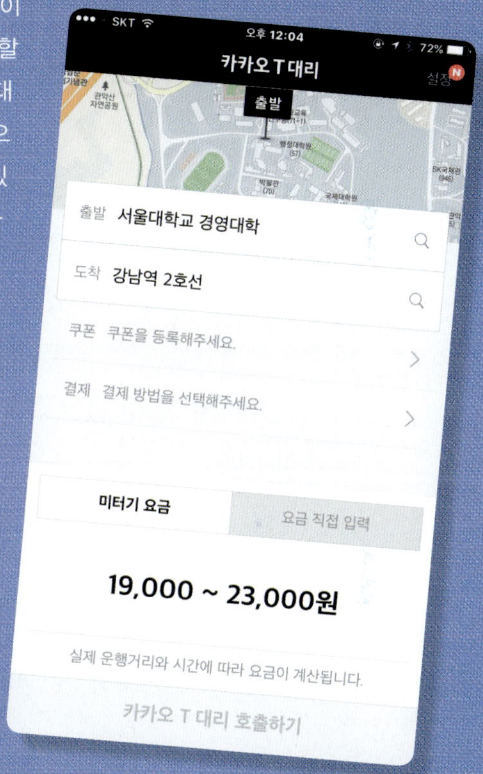

다른 하나는 소비자가 그 가격이 마음에 들지 않으면 지불의향이 있는, 즉 본인이 내고 싶어 하는 가격을 직접 써내는 옵션을 선택할 수 있다. 소비자는 카카오 제안가보다 낮은 금액을 직접 써넣고, 대리기사 중 해당 가격에 서비스를 제공할 의향이 있는 사람이 있으면 거래가 성립된다. 소비자 입장에서는 직접 가격을 설정할 수 있기에, 대리기사 콜 서비스보다 더 이득을 얻을 수 있다고 생각하며 플랫폼에 모여들 것이다.

과거의 가격전략은 기업 주도적으로 이뤄졌다. 전통적인 기업이 수요 공급 법칙에 기반해 적절한 가격을 정하거나, 해당 서비스를 제공하는 데 필요한 다양한 비용을 계산하고 최적의 이윤을 얻을 수 있는 가격을 책정하는 형태였다. 그러나 이용자가 가치를 만드는 플랫폼 기업들은 가격 영역에서의 핵심적인 역할을 소비자들에게 흔쾌히 양보함으로써 더 많은 소비자가 플랫폼에 모이도록 한다.

Pay What You Want 가격전략의 핵심은 더 이상 소비자들에게 일방적으로 기업이 정한 서비스를 푸쉬(push)하는 방식은 디지털 시대에 맞지 않는다는 점이다. 소비자들에게 이득을 가져다 주는 형태이면서, 기업이 원하는 방향으로 자연스럽게 끌어당기는 풀(pull) 전략 방식을 플랫폼 기업들은 더 선호한다.

자료원: The PR, "소비자를 파트너로 만드는 가격 전략," 2018.12.21; 중앙일보, "[분수대] '알아서 주세요' 가수 장기하의 이색 실험… 빚지고 못 사는 한국인에 통했나," 2013.04.08.

9.1 서비스 가격관리의 이해

서비스 가격의 개념과 중요성

서비스 가격이란?

자신의 필요와 욕구를 충족하기 위해 상품을 구입할 때 소비자는 그에 상응하는 대가를 지불하는데, 이러한 대가가 곧 가격이라 할 수 있다. 따라서 서비스 가격은 시장에서의 서비스의 교환가치로 볼 수 있으며 보다 구체적으로는 구매자들이 특정 서비스를 구매함으로써 얻게 되는 효용에 부여된 가치라고 할 수 있다. 서비스 가격은 〈표 9-1〉에서 볼 수 있는 것과 같이 제공하는 서비스의 종류에 따라 매우 다양한 용어로 불린다.

표 9-1 | 여러 가지 서비스 가격의 용어

서비스 기업	용 어
대 학	수업료
은 행	수수료
버스, 지하철	운임
박물관	입장료
콘텐츠 스트리밍	구독료
주차, 배달	대행료
부동산	중개료
고속도로	통행료

서비스 가격의 중요성

서비스는 소멸성이 있기 때문에 수요와 공급의 조화를 이루는 것이 매우 중요하다. 이러한 수요의 관리에서 가장 중요한 요인은 가격이다. 서비스 제공자는 가격을 조작함으로써 수요량을 증가시키거나 감소시킬 수 있다.

서비스 기업들은 수요가 몰릴 때 수요를 감소시키기 위해서 가격을 올리기도 하며, 수요가 적을 때는 가격을 극단적으로 내리기도 한다. 영화관의 심야 할인, 레스토랑의 점심시간 할인, 항공사의 비수기 할인 등이 그 예이다. 또한 관광지의 높은 숙박요금은 성수기의 수요를 비수기로 이동시키는 역할을 하기도 한다.

영화관 심야 할인의 예

이처럼 가격(price)은 서비스 마케팅의 7P믹스 중에서 다른 6가지인 상품(product), 촉진(promotion), 유통(place), 프로세스(process), 물리적 증거(physical evidence), 사람(people) 등과는 달리 쉽게 변화시킬 수 있고, 가장 빨리 변화의 효과를 얻을 수 있는 요소이다. 또한 광고나 신상품의 개발, 물리적 환경 조성 등의 마케팅 믹스 요소들은 비용을 수반하는 데 비해서 가격은 그렇지 않다. 따라서 가격은 기업의 수익을 실현하는 데 매우 중요한 마케팅 요소이다.

가격은 기업 경쟁력에 중요한 요소로 더욱 부상하고 있다. 국내 기업이 세계 시장으로 진출하거나 글로벌 기업에 대응하는 경우 등 기업 환경이 급속히 글로벌화됨에 따라 더욱 크고 다각화된 시장에서 효과적인 가격전략이 필요한 실정이다. 최근 소비자들은 온·오프라인을 뛰어넘어 많은 가격 정보를 쉽게 접하기 때문에 가격에 민감해졌고, 서비스 상품의 범용화가 진전됨에 따라 가격을 통한 차별화가 기업에게 중요하다. 무엇보다, ICT의 혁신에 힘입어 가격에 영향을 미치는 수요 및 공급 차원의 정보가 방대하게 수집되고 기업들이 빅데이터를 빠르게, 실시간으로 저장 및 처리할 수 있어 소비자들에게 즉각적이고 유연한 가격전략을 제시할 수 있게 되었다.

가령, 고객 모두에게 일괄적인 가격을 제시하는 것에서 벗어나, 고객 개개인의 과거 지출이나 정보 탐색 내역, 성향 등 세부 특성을 파악한 것을 토대로 맞춤화된 적정 가격을 제시하여 고객만족과 기업의 수익을 동시에 달성할 수 있다.

서비스 가격의 특성

소비자가 서비스와 제품의 가격을 판단할 때에는 각자가 가지는 고유의 특성 때문에 양자를 다소 다르게 파악한다. 이러한 차이점이 발생하는 데는 다음과 같은 3가지의 이유를 들 수 있다.

- 서비스에 대한 준거가격을 정확하게 모르거나 제한적 정보만을 갖고 있기 때문임.
- 서비스의 무형성 때문에 가격을 근거로 품질을 판단하는 경향이 있음.
- 서비스에서는 금전적 가격뿐만 아니라 비금전적 요소인 시간, 노력 등이 중요할 수 있기 때문임.

서비스 준거가격에 대한 정보 차이

준거가격(reference price)이란 소비자가 상품의 가격을 평가할 때 기준으로 삼는 가격을 통칭하는 것이다. 이것에는 공정가격(fair and just price), 빈번 지불가격(price frequently charged), 최근 지불가격(last price paid) 등이 사용된다. 대부분의 고객들은 이러한 준거가격을 토대로 상품을 선택하고 그것에 대한 가격을 지불한다. 제품의 준거가격은 대부분의 경우 명확하지만 서비스에 관한 준거가격은 상황에 따라 매우 다르다.

〈표 9-2〉의 상황에서 해당 서비스 요금을 몇 가지나 정확히 기억해낼 수 있는가? 아마 많은 경우 정확한 가격을 기억할 수 없을 것이다. 이처럼 서비스의 준거가격은 명확히 기억하기 어렵고 비교가 어려우며 그 가치를 돈으로만 따질 수 없는데, 다음과 같은 이유 때문이다.

① 서비스의 다양함 : 개별 소비자의 특성과 사용 패턴에 맞추어 다양한 서비스가 제공되고 각기 다른 가격이 책정되므로 준거가격을 수립하거나 기억하기 어렵다. 예컨대 생명 보험료의 경우 나이, 성별, 직업, 과거의 병력 등에 따라서 각

표 9-2 | 서비스 준거가격의 예시

상 황
1. 미용실에서 컷트와 부분 염색을 한 경우
2. 패스트푸드 키오스크 매장에서 점심을 먹은 경우의 식사비
3. 자동차 정비업소에서 엔진오일을 교환했을 때 지불한 비용
4. 호프집에서 과일 안주와 맥주 10병을 시켰을 때의 술값
5. 야식을 먹기 위해 배달앱으로 보쌈을 시켰을 때 지불한 비용
6. 숙박공유사이트를 통해 부산에 예약한 숙소 요금
7. 매달 25일이 마감기한인 신용카드로 3일날 현금서비스를 받을 경우 지불할 수수료
8. 전세 아파트를 계약한 경우 계약금과 부동산 중개료
9. 서울에서 포항까지의 고속도로 통행료
10. 대학로에서 본 연극 공연의 관람료

소비자들이 지급하는 가격이 다르다.

② 상황에 따라 다른 가격 : 각 소비자의 상황에 맞는 가격이 상이하게 책정된다. 법률서비스, 의료서비스 등이 그러한 예이다.

③ 다양한 고객 니즈 : 소비자의 세분화된 니즈에 부합하도록 개인화된 서비스를 제공하는 경우가 많다. 미용실에서는 머리카락의 길이, 원하는 스타일, 염색의 정도 등에 따라 미용 가격이 다르고, 카페에서 테이크아웃 커피를 주문하는 경우 커피 종류, 사이즈, 핫/아이스, 시럽 추가 등에 따라 가격이 다르다. 최근 ICT의 발전과 빅데이터의 활용에 힘입어 기업들은 소비자의 니즈 정보를 더욱 정확하게 예측하고 파악할 수 있으며, 이를 통해 소비자들은 개인화된 서비스를 받음에 따라 준거가격은 더욱 명확하지 못한 실정이다.

서비스의 질을 표시하는 역할

품질을 명확히 인식하기 어려울 때나 상황에 따라 품질이 대단히 심하게 변할 때는 가격이 서비스의 질을 나타내는 역할을 한다. 이 밖에도 서비스 구매와 관련된 위험이 큰 경우에도 가격이 품질의 지표가 된다. 예를 들어, 의료서비스나 경영컨설팅같이 전문적이고 신용속성(credence attribute)이 중요한 서비스에 대해서 소비자들은 고가일 때 서비스의 질이 높다고 생각한다.

탐색이론의 측면에서 볼 때 가격은 소비자들에게 매우 가시적인 탐색속성으로 서비스 평가에 영향을 준다. 이처럼 소비자들이 가격을 품질의 지표로 이용하는 이유는 과거의 경험에 비추어 볼 때 낮은 가격보다는 높은 가격이 좋은 품질을 보증할 확률이 더 크며, 가격은 판매자가 소비자에게 보내는 하나의 신호(signal)이기 때문이다. 특히 서비스 품질을 평가할 정보가 별로 없는 경우 가격에 근거해 품질을 평가하는 경향이 높아지며, 서비스에 대한 정보가 많으면 품질 평가 기준으로서 가격의 중요성은 상대적으로 낮아진다.

가격이 서비스 질을 나타내는 역할을 하는 또 다른 근거는 [그림 9-1]에서 볼 수 있듯 적정가격 이하로 제시되는 경우, 낮은 품질에 대한 단서가 되어 구입량이 S_2에서 S_1으로 오히려 감소하는 점을 들 수 있다. 이는 일반적으로 가격에 따라 고객의 기대가 형성되는 점과 관련 깊은데, 지나치게 저렴한 가격은 서비스 품질에 대한 의구심을 야기할 수 있다. 한편 가격이 지나치게 높은 경우 고객의 기대가 너무 높아지기 때문에 기대를 제대로 충족시키지 못할 우려가 있다.

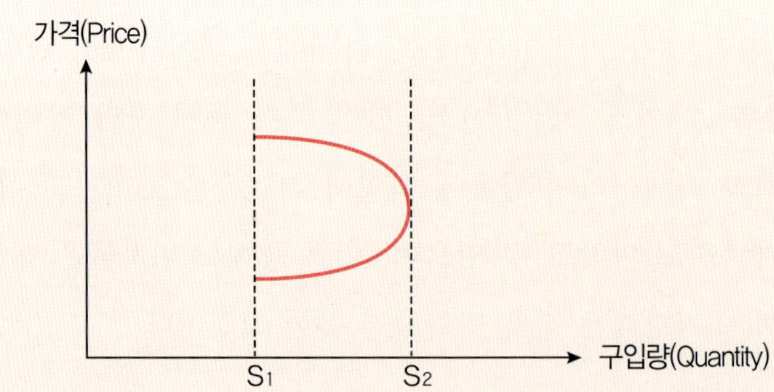

그림 9-1 | 낮은 가격이 낮은 품질을 연상시키는 경우

비금전적 비용의 역할

고객은 서비스를 이용할 때 금전적 가격(monetary price)만을 고려하는 것이 아니다. 시간,

물리적 노력, 심리적 비용 등의 비금전적 비용(non-monetary costs)도 중요한 역할을 한다.

시간 비용 서비스의 비분리성 때문에 서비스에서는 고객의 참여가 필수적이다. 때문에 서비스에 참여하는 고객은 시간을 소비한다. 고객은 서비스를 제공받는 시간뿐 아니라 서비스 과정의 대기시간을 소비한다. 프로야구 코리안 시리즈 최종 7차전을 보기 위해서 드는 입장료보다 예매 사이트 티켓 오픈 시간을 기다리고 폭주로 인해 먹통이 된 페이지의 전환을 기다리는 시간이 더 부담스러울 수 있다.

물리적 비용 셀프서비스와 같이 소비자가 서비스의 생산활동에 직접 참여하는 경우에 요구된다. 여기에는 정보탐색에 드는 비용도 포함된다. 탐색비용은 고객이 원하는 서비스를 확인하고 선택하는 데 들이는 노력을 일컫는다. 이것 역시 제품보다 서비스에서 더 높게 나타난다. 서비스는 경험이기 때문에 제품처럼 진열된 것을 둘러보는 것만으로 원하는 것을 얻을 수 없기 때문이다.

감각적 비용 소음, 불쾌한 냄새, 맛, 불편한 좌석, 환경, 쾌적하지 못한 온도 등으로 발생하는 비용이다. 즉, 시각, 청각, 후각, 미각, 촉각 등의 5가지 감각에 영향을 주는 불쾌한 느낌을 의미한다.

심리적 비용 제공받는 서비스에 대한 걱정 같은 정신적 노력과 관련이 있다. 보험상품을 이해하지 못한 데서 오는 두려움, 은행 대출에 대한 거절의 공포, 헤어스타일이 마음에 들지 않을까 하는 두려움, 비싼 가격의 불확실성에 대한 불안 등이 심리적 비용을 구성한다. 스마트 기기 및 첨단기술을 활용한 무인화, 자동화 서비스가 증가하면서 이를 사용하는 것에 대한 어려움과 부담감도 비용으로 부상했다. 디지털 환경에 익숙하지 않은 노년층이나 디지털 서비스 사용 능력이 낮은 사람들의 경우 결과적으로 정치, 경제, 사회, 문화적 격차와 소외감을 느낄 수 있다.

이처럼 발생하는 다양한 비금전적 비용은 서비스 가격결정에 몇 가지 시사점을 제시한다. 첫째, 서비스 기업은 시간 등 비금전적 비용을 줄여주는 대가로 가격을 더 높게 받을 수 있다. 편의점을 통한 택배서비스나, ATM을 통한 24시간 현금서비스, 청소대행서비스 등이 그런 예이다. 한 조사에서 미국과 영국 소비자들은 AI를 활용한 서비스를 사용할 가장 큰 이유로 시간의 절약을 꼽기도 했는데, 소비자의 비금전적 비용을 줄여주는 혁신적인 서비스에 대해 고객이 가치를 높게 인식하고 지불 의향이 더 높을 것임을 예상할 수 있다. 이에 amazon 아마존은 IoT를 통한 스마트홈 구축에 나섰는데, 고객이 주문한 제품이 안전하게 배송되는 마지막 순간의 효율을 더하는 서비스를 적극 개발하고 있다. 스마트 보안 카메라, 스마트 도어록을 이용하여 배달원이 상품 바코드를 스캔하고 아마존 클라우드로 전송하면 배송지의 문을 열 수 있는 코드가 전송되고 가정 내부에 물건을 둘 수 있는, 그리고 이 모든 과정을 카메라에 연동된 스마트폰으로 고객이 실시간으로 지켜볼 수 있는 아마존 Key for Home 서비스를 제공한다. 물건을 배송받는 것에 대한 고객의 불안과 시간 비용을 줄이고 생활에 효율을 더한다. 둘째, 고객은 다른 비용을 피하는 대신 더 높은 가격을 지불할 용의가 있다. 예를 들어, 변호사와 긴급한 상담을 하고자 하는 고객은 프리미엄 가격을 내면서 변호사를 만나 전문적인 자문을 받고 불안감을 해소하기 원한다. 또한 날씨, 교통 등 생활정보에 쉽게 접근할 수 있도록 하는 AI 스피커 혹은 음성비서의 가격에는 소비자의 노력을 줄이고 정보적 편의를 더한 혜택이 반영되어 있다.

9.2 가격결정 요소

기업은 어떤 것들을 고려하여 가격을 설정하여야 원하는 이익을 얻어 직원들의 봉급을 주고, 시설에 대한 재투자를 하고, 주주들에 대한 배당을 하며 정상적인 활동을 영위해 나갈 수 있을까? 상황에 따라 다르겠지만 기업의 목표가 무엇인지, 서비스를 제공하는 데 드는 원가(cost)의 수준이 어느 정도인지, 경쟁사(competitor)들은 얼마 정도의 가격을 설정하고 있는지, 고객들(customer)이 원하는 수요곡선은 어떠한지, 또한 그들의 가격탄력성(price elasticity)이 어느 정도인지 등이 가격결정에 고려될 수 있다.

특히 원가(cost), 경쟁자(competitor), 고객(customer) 등이 가격정책의 기초가 된다. 이 중 원가는 특정 서비스에 부과될 가격하한의 결정에, 그리고 고객이 인식하는 가치는 가격상한의 결정에 영향을 미친다. 반면에, 유사 서비스나 대체 서비스에 대해 경쟁사가 부과하는 가격은 상한과 하한 가격의 범위 중 어느 수준으로 가격을 결정할 것인가에 영향을 미친다. [그림 9-2]가 이를 보여주고 있다.

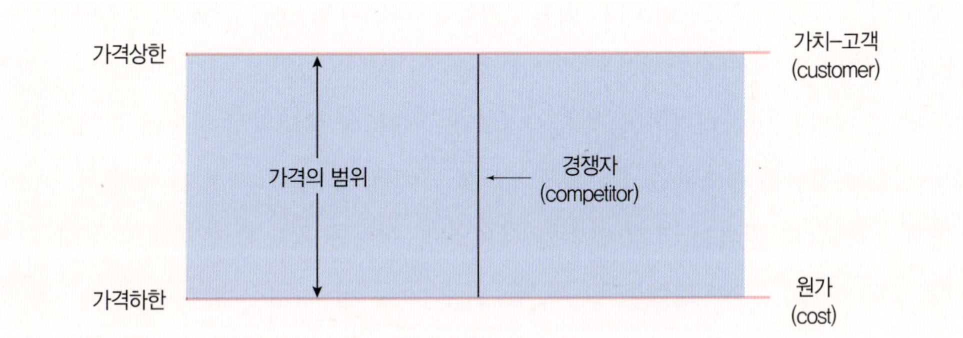

그림 9-2 | 가격정책의 세 가지 요소

원 가

원가를 이용한 가격결정

기업은 서비스의 생산, 마케팅 등과 관련된 모든 원가(cost)를 보전해야 하며, 만족할 만한 이익을 얻을 수 있도록 적절한 마진을 부과해야 한다. 따라서 이 때 결정되는 가격은 관련된 재료와 종업원들의 인건비로 구성되는 직접비(direct cost), 고정비용을 나누어 계산한 간접비(overhead cost), 그리고 이윤(profit)으로 구성된다.

서비스의 가격결정에 있어 원가를 추정하는 것은 일반 제품과는 달리 매우 어려운

가 격 = 직접비 + 간접비 + 이 윤

그림 9-3 | 원가를 이용한 가격의 결정

문제이다. 그것은 다음과 같은 세 가지 이유 때문이다.

첫째, 서비스는 흔히 최종 산출물을 기준으로 하는 것이 아니라 그것을 얻기 위해 투입되는 것을 기준으로 판매되기 때문이다. 예를 들어, 경영 컨설턴트나 정신과 의사, 회계사, 변호사들은 시간을 단위로 하여 그들의 서비스 요금을 부가한다. 미국의 경우 1900년대의 변호사들은 그들이 쓰는 시간에 상관없이 맡은 사건에 따라 수수료를 받았다. 그러나 1970년대 이후 법률회사들은 시간단위 요금을 받기 시작했다.

둘째, 서비스의 제공에 기여하는 주요 요소는 대부분 종업원의 시간(employee time)이기 때문에 그 원가를 알아내기가 쉽지 않다. 그렇기 때문에 종업원의 활동이 엄격히 표준화되어 있는 경우를 제외하면 서비스에 기여한 가치를 계산하기가 매우 어렵다.

셋째, 서비스의 원가는 고객이 받는 서비스의 가치를 정확히 반영하지 못하는 경우가 있다. 예를 들어, 세탁소에 수선을 맡긴 고급 양복 정장과 캐주얼 셔츠의 경우 작업에 든 시간이 동일하다면 같은 가격을 받는다. 이렇게 되면 고급 양복을 수선하는 소비자는 그가 갖게 될 위험에 대한 우려를 해소하지 못할 수도 있으며, 캐주얼 셔츠를 수선하는 소비자는 기대보다 큰 만족을 가질 수도 있다. 이처럼 투입된 시간만을 기준으로 가격을 책정하면 원가에 고객이 인식하는 가치가 포함되지 않을 수 있다.

원가의 구성

고정비 서비스를 제공하지 않더라도 적어도 단기에 있어서는 항상 일정하게 발생하는 원가이다. 이러한 고정비(fixed costs)는 조직의 간접비(overhead)로 표현될 수 있는데, 여기에는 건물임대료, 감가상각, 설비, 세금, 보험료, 사무직 임직원들의 급여 등이 포함된다.

변동비 제공하는 서비스의 양과 직접적으로 비례하여 증감하는 원가이다. 많은 서비스에 있어 이러한 변동비(variable costs)는 매우 낮은 경향이 있으며, 기차나 극장의 경우 티켓에 대한 세금이 없다면 이것이 거의 '0'에 가깝다. 이와 대조적으로 음식과 음료 등의 매출에 있어서 변동비는 최종판매가격의 중요한 부분을 차지한다. 판매가격과 변동비의 차이는 공헌마진(contribution margin)이라고 부른다. 콘서트나 스포츠 경기 좌석의 경우, 티켓당 공헌마진은 판매가격에서 제반 세금과 판매수수료를 제한 것이다.

원가의 결정

원가의 결정은 기업 내 회계 담당자와 긴밀한 협조가 필요한 원가회계의 영역에 속하는 어려운 일이다. 특히 '간접비를 어떻게 할당할 것인가?'라는 문제 때문에 어렵다. 예를 들어, 병원에서는 응급실에 대한 간접비를 응급실이 차지하는 총 병상 수의 비율, 근무시간, 근무자 수의 비율, 또는 요구되는 총 환자 접촉시간에 기초해 할당할 수 있다. 각각의 방법은 동일한 응급실의 수익성 평가에 다른 결론을 내리게 할 수 있다.

원가에 근거해 가격을 결정함에 있어 고려해야 할 중요한 점은 손익분기점 분석이다. 경영자는 '어느 정도의 판매량이면 서비스가 유지될 수 있을까?' 하는 것을 알 필요가 있기 때문에 해당 서비스에 대한 총 고정비는 반드시 판매단위당 공헌마진과 관련되어 생각하여야 한다. 연극 공연의 총 고정비를 공헌마진으로 나누면 손익분기를 이루기 위해서는 얼마큼의 티켓이 판매되어야 하는지를 알 수 있다.

손익분기를 이루기 위해 필요한 판매량은 '소비자가 이 정도 가격을 지불할 의향이 있는가?' 하는 가격민감성, '시장이 고객을 수용할 만큼 충분히 큰가?'를 나타내는 시장규모, '경쟁자의 잠재고객에 대한 호소력이 얼마나 강한가?'를 나타내는 경쟁 정도 등의 영향을 받는다.

경 쟁

경쟁을 이용한 가격결정

가격은 경쟁사의 가격을 기준으로 해 상대적으로 비슷하게 하거나 차이가 나도록 결정할 수 있다. 경쟁(competition)이 가격정책에 미치는 영향은 두 가지로 해석할 수 있다. 하나는 자사의 판매량이 경쟁사의 가격에 의해 좌우된다는 것이고 다른 하나는 자사의 가격정책에 대해 경쟁사의 반응이 달라진다는 것이다. 이것은 경제학의 게임이론(game theory)으로 잘 설명되고 있다.

특히 서비스가 표준화되어 있는 경우에는 경쟁이 가격을 결정하는 주요 요소로 작용한다. 예를 들어, 서비스가 표준화되어 있는 세탁서비스나 소수의 업체가 과점 형태를 이루고 있는 항공, 렌터카 회사들은 주로 경쟁상황을 고려하여 가격을 결정한다.

경쟁의 단계

가격의 준거로 사용되는 경쟁의 개념은 직접적으로 자사와 경쟁하는 기업들만 고려해서는 안 되며 보다 포괄적인 경쟁의 개념을 적용해야 한다.

① 직접경쟁(direct competition) : KOREAN AIR대한항공은 ASIANA AIRLINES아시아나항공이나 기타 외국 항공사들과 직접적으로 경쟁을 한다. 이것을 직접경쟁이라고 한다.

② 간접경쟁(indirect competition) : 대한항공은 승객 혹은 화물 운송 사업에서 철도청, 고속버스 업체들과도 경쟁하고 있다. 이것을 간접경쟁이라고 한다.

③ 소득경쟁(income competition) : 대한항공은 백화점이나 쇼핑몰과 경쟁하고 있다. 보너스를 받은 직장인은 여행을 갈 것인가 아니면 쇼핑을 할 것인가를 고민하기 때문이다. 이처럼 고객의 소득에 대해서 모든 상품은 서로 경쟁한다.

[그림 9-4]를 통해 살펴보면 롯데리아롯데리아에게는 경쟁의 첫 단계로 햄버거를 파는 다른 경쟁업체들이 고려된다. 이 때 햄버거의 수요는 탄력적이기 때문에 롯데리아가 설정하는 가격은 경쟁사와 비슷하게 책정된다. 만일 버거킹이나 맥도날드 같은 경쟁사나 롯데리아 자체의 햄버거 가격이 변화한다면 롯데리아의 햄버

거 수요는 영향을 크게 받게 될 것이다.

두 번째 경쟁의 단계에서 롯데리아는 KFC나 파파이스 같은 햄버거 전문이 아닌 패스트푸드점과도 경쟁한다. 치킨이나 피자 등을 주로 판매하는 상점은 햄버거를 원하는 소비자에게 직접적으로 고려되지는 않지만 꼭 햄버거가 아니라 패스트푸드를 원하는 소비자에게는 경쟁사로 파악될 것이다.

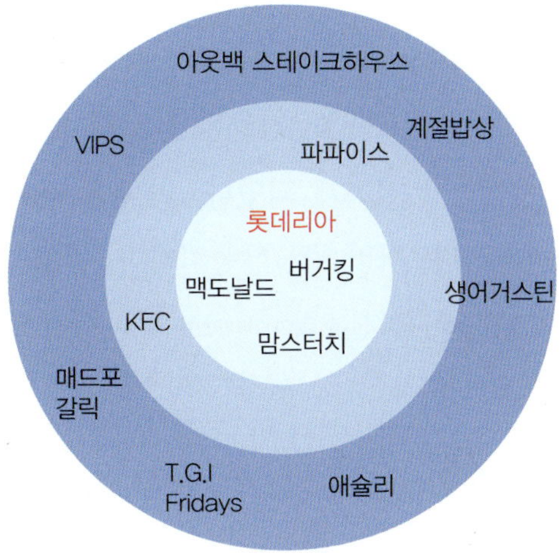

그림 9-4 | 경쟁 개념의 확대 – 롯데리아

이 때의 가격탄력성은 첫 단계의 경쟁처럼 탄력적이지는 않다. 하지만 소비자들은 롯데리아에서의 총 식사비를 두 번째 단계의 비용과 비교한다. 이 때 가격의 차이가 소비자들의 판단에 큰 영향을 준다면 그들은 롯데리아 대신 KFC나 파파이스 등을 선택할 것이다.

롯데리아의 세 번째 경쟁의 단계는 VIPS나 계절밥상 같은 레스토랑과 이루어진다. 가격지향적인 소비자들은 물론 첫 단계나 두 번째 단계의 음식점을 고려하겠지만 가격보다는 분위기, 즐거움, 식사의 질 등을 원하는 소비자들에게 롯데리아와 VIPS는 경쟁하게 된다.

경쟁에 근거한 가격정책의 시사점

차별화되지 않은 서비스에 대해 저가정책을 지나치게 사용한다면 해당 산업의 경쟁사들은 공멸하기 쉽다. 대표적으로 게임이론의 '죄수의 딜레마(prisoner's dilemma)'가 그것을 잘 나타낸다. 이러한 출혈경쟁을 피하기 위해서 기업들은 불법적으로 담합을 하기도 하지만 그것보다는 합법적인 가격 신호 전략(price signaling)을 주로 사용한다. 이것은 주로 선도기업(market leader)이 가격을 설정하고 그것을 널리 알려서 경쟁자들로 하여금 따라오게 하는 것이다.

항공 산업이 이러한 방법을 많이 사용한다. 소비자들이 정보를 얻기가 쉬우므로 한

회사가 항공료를 내리면 다른 곳도 즉시 가격을 인하할 수밖에 없다. 미국의 항공사들은 Southwest 사우스웨스트 항공의 저가 정책에 대항하기 위해서 모두 요금을 인하했다. 하지만 이 전략은 서로의 시장점유율 확대에 도움이 안 되고 업체들 모두가 손해만 누적하게 되었다. 이렇게 되자 선도항공사는 요금을 원래의 수준으로 되돌리고 대신 서비스를 향상시키며, 마일리지 제도를 도입하겠다고 공표했고 다른 항공사들도 이를 신호(signaling)로 받아들여 따라간 것이다.

고 객

원가(cost)와 경쟁(competition)을 고려하여 가격을 결정하는 것은 기업 자신이나 경쟁자를 기준으로 설정하는 방식이다. 이것도 필요하지만 보다 중요한 것은 고객(customer)을 기준으로 하여 고객이 인식하는 가치(value)가 반영되도록 가격을 설정하는 것이다.

가격과 가치

일반적으로 소비자들은 항상 가장 좋은 품질의 서비스만을 구매하려 하지 않는다. 또한 소비자들이 항상 가장 싼 가격만을 택하려 하지는 않는다. 여기에 개입되는 것이 가치의 개념이다. 가치는 소비자가 서비스를 통해 얻는 것(get)과 그것을 위해 주는 것(give) 사이의 상쇄관계(trade-off)로 파악되며, 소비자는 자기가 인식하는 가치에 근거하여 구매결정을 한다.

가치에 관해서는 다양한 견해가 존재하지만 그 중에서도 Zeithaml이 〈표 9-3〉처럼 4가지로 구분한 분류가 가장 많이 사용되고 있다.

표 9-3 | 가치에 대한 네 가지 견해

가치란 저렴한 가격 (Value is low price)	가치란 혜택 (Value is whatever I want in a service)
가치란 가격 대비 품질 (Value is the quality I get for the price I pay)	가치란 총체적 비용 대비 혜택 (Value is what I get for what I give)

가치란 저렴한 가격(Value is low price) 주로 금전적 가격에 초점을 맞춘 것으로 소비자들은 세일 중인 서비스를 이용하거나 쿠폰을 이용하여 구매를 한 경우 그것이 가치 있다고 생각한다. 이것은 주로 서비스 구매에서 소비자가 '포기하는(give-up)' 희생에 초점을 둔 것이다. 가치에 대해 이런 견해를 가진 고객에게는 가격차별화나 가격할인이 효과적인 전략이다. 즉, 야구장이나 콘서트 홀에서 외야석이나 뒷자리의 가격을 싸게 책정하는 것이 좋은 전략이다. 또는 비수기에 할인된 가격으로 서비스를 이용하게 하는 것이 필요하다.

가치란 혜택(Value is whatever I want in a service) 고객이 서비스의 구매에서 '얻게 되는(get)' 혜택에 초점을 맞춘 것이다. 이것은 경제학의 효용(utility)과 유사한 것이다. 이런 경우 고객은 그들이 원하는 혜택을 얻게 된다면 가격에는 그리 신경을 쓰지 않는다. 즉, 심각한 병에 걸린 환자는 돈을 얼마 지불하는지에 상관없이 병의

가성비
(가격 대비 성능)
공식을 앞세운
노브랜드

완치에 초점을 두며, 여자 친구에게 잘 보이려는 남자에게는 가격보다는 여자 친구가 받게 될 감동에 더 주목하게 된다. 이처럼 가치를 정의하는 고객에게는 위신가격(prestige pricing)이 좋은 전략이다. 비행기의 좋은 좌석이나 편리한 시설이 갖춰진 호텔을 원하는 고객에게는 특별한 대우를 하고 그에 적합한 가격을 매기는 것이 좋다.

가치란 가격 대비 품질(Value is the quality I get for the price I pay) 고객 자신이 지불한 가격과 얻은 품질을 비교해 가격 대비 품질이 충분하다고 판단되면 가치 있다고 생각하는 것이다. 기업은 이러한 고객들을 위해서 일정가격 수준에서 고객이 원하는 품질이 어느 정도인지를 파악하는 것이 중요하며 고객이 원하는 수준을 가격과 일치시키는 것이 필요하다. 이를 위해서는 고객을 세분화하여 차별적인 가격을 설정하는 것이 좋은 전략이다. 예컨대 학생이나 노인에게는 수영장 회원권을 할인해 주고 시간을 제한하는 것 등이 해당된다. 또한 식사를 제공하지 않고 지정좌석제를 채택하지 않는 사우스웨스트 항공도 저렴한 가격을 원하는 고객에게 그 정도의 서비스만을 제공하여 성공한 경우이다.

가치란 총체적 비용 대비 혜택(Value is what I get for what I give) 단순히 금전적 비용인 가격뿐만 아니라 시간, 노력 등의 비금전적 비용을 포함한 총체적 비용과 혜택을 비교해 판단하는 것이다. 이 경우 혜택도 단순히 핵심 서비스뿐만이 아니라 부가 서비스를 포함하는 것으로 결과품질과 과정품질을 아우르는 총체적 혜택이다. 이는 가치 개념을 포괄적으로 가장 잘 정리하고 있어 본 저자가 채택하고 있는 견해이다. 사실 다른 세 가지 견해는 각기 이 견해의 특수한 경우로 볼 수 있다.

가치를 이렇게 보는 고객에게는 묶음가격이 효과적이다. 즉, 핵심 서비스뿐만 아니라 보증이나 사용법의 교육 등을 포함한 전부를 고객에게 제공하는 것이다. 또한 변호사가 재판에서 승소를 하게 될 때 성공보수를 받기로 계약하는 경우도 해당된다. 사건을 맡기는 고객입장에서는 결과를 잘 모르는 상황에서 막대한 수임료를 지불해야 한다면 이래저래 불안할 것이다. 따라서 의뢰인의 불안을 해소해 주기 위해서 이 방법을 사용하는 것이 가능하다.

고객이 인식하는 가치를 증대시키는 방법

가치는 고객이 생각하는 가격의 기준이 되기 때문에 가격을 높이려면 먼저 고객이 인식하는 가치를 증대시켜야 한다. 고객이 인식하는 가치를 증대시키는 방법에는 두 가지가 있는데 하나는 서비스의 혜택을 늘리는 것이며, 다른 하나는 고객의 금전적 혹은 비금전적 비용을 줄이는 것이다.

총 혜택을 늘려라 고객은 혜택에 대해 비용을 지불하려 하기 때문에 고객이 느끼는 혜택이 증가하면 혜택이 증가한 만큼 높은 가격을 수용하게 된다. 서비스의 총 혜택을 증가시키는 첫 번째 방법은 바로 불확실성을 제거하는 것이다. 만약 고객이 어떤 혜택을 받을 것인지에 대해 확실히 알지 못하면 그 서비스를 구매하는 것을 주저하게 된다. 이러한 불확실성을 제거하기 위해서는 혜택기반 가격전략(benefit-driven pricing)이 유용하다. 예를 들어, 어떤 정보를 원하는 고객이 특정 사이트에 가입을 하는 것만으로 가입비를 받으면 그 사이트에서 원하던 정보를 얻지 못할까 두려워 아예 가입을 하지 않을 수도 있다. 따라서 가입은 무료로 하되 원하는 정보를 찾았을 때 해당 정보에 대해서만 비용을 지불하게 함으로써 혜택에 대한 불확실성을 제거해 줄 수 있다. 미국의 amazon 아마존이나 국내의 coupang 쿠팡은 부가적인 배송 혜택을 제공하는 유료 멤버십 서비스에 대해 한시적으로 무료 체험을 허용하여 불확실성을 제거한다. 이틀 이내 무료 배송을 보장하는 아마존 프라임은 최초 가입 30일간 무료이며, 익일 새벽 배송을 보장하는 쿠팡 로켓와우클럽은 3개월 무료 체험 이벤트를 실시하였다. 불확실성 부담이 없이 무료 체험을 하고 추후 서비스 이용을 지속하길 희망하는 고객은 유료 전환을 하여 비용을 지불하는 것이다.

서비스의 총 혜택을 증가시키는 두 번째 방법은 장기적으로 서비스를 이용하는 충성고객에 대한 관계 가격전략(relationship pricing)을 이용하는 것이다. 단순한 가격인하 전략은 충성고객을 만드는 데 그다지 효과적이지 못하다. 가격인하에 민감한 고객은 경쟁자의 가격인하에도 쉽

INSIGHT

공간공유 전성시대, 비용은 줄이고 혜택은 더하고

'공실을 채우는 공유오피스'

배달대행 서비스 '부릉'을 운영하는 메쉬코리아는 공유오피스로 회사를 옮긴다. 사무실 몇 개를 임시로 빌리는 게 아니다. 전체 직원이 사용할 신사옥으로 공유오피스 한 지점을 통째로 쓰기로 했다. 일반 공유오피스에 없는 임원실과 부서별 업무공간 등을 사옥처럼 맞춤형으로 꾸몄다. 전용 네트워크 서버 구축, 유지 · 보수를 포함한 운영관리 서비스까지 제공받기로 했다. 직원들은 업무용 노트북PC만 가지고 입주하면 된다. 메쉬코리아 측은 "회사 성장 속도에 맞춰 사옥을 늘려야 하는데 건물을 직접 매입하거나 임대하는 것보다 비용을 크게 줄일 수 있을 것으로 기대된다"고 말했다.

공유오피스 분야의 시장규모가 2017년 600억 원에서 2022년 7,700억 원까지 커질 것으로 전망되며 빠르게 성장 중인 가운데, 1인 창업자나 10명 미만 소규모 스타트업(신생 벤처기업)뿐 아니라 대기업이나 중소 · 중견기업들까지 공유오피스로 몰리고 있다. 일반 기업 사옥처럼 사용하는 '커스텀 오피스'(맞춤형 사무실) 형태가 가능해서다. 커스텀 오피스는 임대공간을 회사 성장 속도에 맞춰 유연하게 활용할 수 있다는 게 장점이다. 개별 기업의 특성에 맞도록 바꾼 사무공간부터 업종별 시설 인프라를 제공한다. 팀 단위 회의가 잦은 회사에는 소규모 회의공간을 더 늘리거나 보안정보를 다루는 회사에는 폐쇄형 사무실을 제안하는 식이다. 원하면 사무용품 구입 · 관리, 식음료 서비스, 통근버스나 어린이집, 피트니스센터 등 대기업 못지 않은 여러 복지혜택도 제공받는다. 종합적인 면에서 커스텀 오피스 입주 시 자체 사옥 대비 20~30% 비용절감 효과가 생긴다고 업계는 보고 있다.

공유오피스 '스파크플러스' 강남점

'몇 백만 원으로 외식 창업, 공유주방'

공유오피스에 이어 공유주방이 '황금알'을 낳을 분야로 주목받고 있다. 15조 원 규모로 추정되는 국내 배달시장과 교통 · 인력 등 성장을 뒷받침할 수 있는 관련 인프라가 풍부해서다. 공유주방은 한 사업자가 매장을 통째로 임대하는 대신 여러 사업자가 월 사용료(임대료)를 나눠

공유주방 '위쿡' 2호점 내부

내는 방식이다. 외식창업 폐업에 가장 큰 요인인 임대 · 인건비 등 고정비용을 줄이는 데 초점을 맞췄다. 1억 원씩 드는 창업비용이 보증금 몇 백만 원으로 해결된다. 주방공간뿐 아니라 부대시설과 필요한 서류작업, 식자재 구매, 배달서비스도 제공받는다.

'사장만 15명 공유상점…임대료 · 인건비 1/10로 뚝'

이태원시장 쪽으로 난 골목길을 따라가 내려가다 보면 한국형 공유상점 '얼론투게더'가 있다. 82㎡(약 25평) 크기의 작은 상점에는 직원은 없고 '사장님'만 15명이다. 비싼 임대료와 인건비 인상, 인테리어 비용부담으로 소점포 창업 · 운영이 더 어려워지는 것에 착안, '서로를 위해 함께 일하는 공유상점'이라는 컨셉트를 내걸고 있다. 가진 게 아이템뿐인 초보 창업자들도 하루 1만 원이면 자신만의 가게를 열고 '테스트 베드'로 활용할 수 있다. 공유상점은 인력도 공유한다. 일손을 나누는 '품앗이' 형태로 매장을 운영한다. 입점 브랜드 사장들끼리 순번을 정해놓고 1명씩만 직접 나와 매장을 관리하는 식이다. 15명일 경우 한 달에 두 번씩 나오면 매장이 운영된다. 자기 브랜드가 아닌 다른 브랜드들의 제품 특징이나 가격, 할인 폭은 사전에 공유한다. 김나희 대표는 "소규모 개인 브랜드들이 오프라인 매장을 운영하기 어려운 현실에서 비용부담 없이 필요한 기간만 매장을 운영하고 또 빠질 수 있도록 돕고 있다"며 "소비자들도 수시로 바뀌는 다양한 브랜드의 상품 중 마음에 드는 상품을 발굴하는 재미가 있다고 한다"고 말했다.

공유상점 얼론투게더 매장 내부

자료원: 머니투데이, "'월세 30만 원' 이태원 상가…공유가 만든 기적," 2019.03.26.

게 움직일 수 있기 때문이다. 따라서 충성고객에게 가격적인 혜택 이외에 비가격적인 혜택을 동시에 제공하고 대량 구매에 대한 가격할인뿐만 아니라 두세 가지 서비스를 패키지로 구매하는 것에 대해서도 가격할인을 제공하는 관계 가격전략을 통해 서비스의 가치를 높이는 것이 중요하다.

금전적 · 비금전적 비용을 줄여라 고객은 서비스를 이용할 때 금전적 비용과 비금전적 비용을 모두 계산하여 서비스의 가치를 가늠한다. 따라서 고객이 부담하는 비용이 줄어들면 들수록 그들이 인식하는 서비스의 가치는 증대될 수 있다. 서비스를 이용하는 데 불편한 절차, 교육 등과 같은 원치 않는 심리적 비용, 배달과 같은 물리적 비용, 소음이나 불쾌한 환경과 같은 감각적 비용을 줄이도록 노력하는 것뿐만 아니라 주차와 같이 부수적으로 필요한 서비스를 이용하는 비용을 줄여줌으로써 고객이 인식하는 서비스의 가치는 크게 향상될 수 있다.

가격탄력성

가격결정의 중요한 요소 중 하나가 수요의 가격탄력성이다. 수요의 가격탄력성(price elasticity of demand)은 가격의 변화에 대한 서비스 수요량의 변화율로 측정된다. 가격이 상승함에 따라 수요가 많이 감소하는 경우 탄력적이라 하며, 가격이 상승함에 따라 수요가 변화하는 폭이 적으면 비탄력적이라 한다. 이러한 수요의 가격탄력성은 판매자의 수익에 중요한 영향을 미친다. 즉, 현재의 가격탄력성을 기초로 판매량이 변화하면 한계수익(marginal revenue)이 발생하며, 이 때의 한계수익은 양(+)이나 음(−)의 값을 가진다. 한계수익은 현재 시행 중인 서비스에서 발생한 총 증분수익에서 가격 상승으로 인해 발생한 총 손실수익을 빼서 측정한다.

수요의 가격탄력성 이외에 수요의 소득탄력성과 교차 가격탄력성이 가격의 상한선을 결정하는 데 있어 중요한데, 이 두 가지는 시장의 전체 크기에 대한 가격의 효과와 관련이 있다.

① 수요의 소득탄력성(income elasticity of demand) : 개인소득 변화에 대한 서비스 수요량의 변화율이다. 소득탄력성이 탄력적이라면 소득이 상승함에 따라 서비스의

수요는 많이 증가할 것이며, 비탄력적이라면 소득이 상승해도 수요증가 폭이 적을 것이다.

② 수요의 교차 가격탄력성(cross elasticity of demand) : 다른 서비스 가격의 변화에 대한 서비스 수요의 변화율을 측정하는 것이다. 교차 가격탄력성이 비탄력적이라면 두 서비스는 보완적 관계에 있다고 할 수 있으며, 탄력적이라면 두 서비스는 대체적 관계에 있는 것으로 한 서비스의 소비는 다른 서비스의 희생을 수반한다.

가격탄력성의 결정요인

서비스가 탄력적이거나 비탄력적인 것은 다음과 같은 여러 요인에 의해 영향을 받는다.

서비스 품질의 속성 탐색이론은 수요의 탄력성을 조사하는 이론적 틀을 제시한다. 이 이론에 의하면 고객의 가격민감도는 구매 시 고려될 대안의 수에 비례하게 되는데, 고려될 대안의 수가 적을수록 가격변화에 따른 수요의 변화는 비탄력적이게 된다. 고객이 고려하는 대안의 수는 자신이 이해 가능한 범위 내에서 결정되는데, 고객은 대안에 대한 정보를 서비스 품질의 속성을 통해 얻는다. 서비스 품질의 속성(service quality attributes)은 크게 탐색속성, 경험속성, 신용속성으로 나눌 수 있다.

① 탐색속성(search attributes) : 구매 이전에 원하는 정보를 찾아봄으로써 평가되는 속성이다. 여기에는 물리적 설비, 종업원의 외모, 그리고 기업의 명성 등이 포함된다.

② 경험속성(experience attributes) : 실질적으로 서비스를 경험한 후에야 평가될 수 있는 속성이다. 즉, 음식의 맛이나 은행거래 시 청구서의 정확성, 필요한 시간에 서비스 받을 수 있는 것 등이 그러한 예이다.

③ 신용속성(credence attributes) : 서비스를 받은 후 일정 시간 내에는 알 수 없으며, 시간이 지남에 따라 경험하게 되는 속성이다. 즉, 건강진단, 증권투자, 경영컨설팅 등과 같은 전문서비스에 나타나는 것으로 평가하기 어려운 것이 특징이다.

위의 세 가지 속성 중 탐색속성에 기초하여 평가되는 서비스의 수요는 매우 탄력적이다. 즉, 서비스에 대한 정보 수집이 용이하기 때문에 다양한 대안들을 고려하게 되고 서비스에 대한 여러 가지 평가를 하게 된다. 따라서 수요에 많은 변화를 가져오는 결과를 낳게 된다.

대체서비스 대체서비스(substitute service)를 쉽게 사용할 수 있을 때 서비스 수요는 탄력적이다. 한 서비스가 가격을 높게 설정한다면, 소비자들은 그 서비스를 대체할 수 있는 다른 서비스를 구매하려 할 것이다. 만약 국내 항공요금이 지나치게 높아진다면 비행기 대신 철도나 고속버스를 이용하는 고객이 늘어날 것이다. 고객이 이용할 수 있는 대체서비스의 종류가 많으면 많을수록 이러한 탄력성은 더 커지게 된다. 지금처럼 업종 내의 경쟁이 아니라 업종 간 경쟁의 양상을 띠는 경우에는 더욱 그러하다. 반면 회계, 법률, 의료 등의 전문서비스나 B2B 서비스의 경우에는 대체서비스를 찾기 어려우므로 수요가 상대적으로 비탄력적이 된다.

보완서비스 보완서비스(complementary service)가 존재할 때 수요는 비탄력적이 된다. 보완서비스의 가격이 올라도 구매자는 일반적으로 그들의 소비를 많이 수정하려 하지 않는다. 예를 들어, 항공, 여행사, 렌터카, 호텔, 테마파크 등은 모두 보완적 성격을 가진 서비스이다. 디즈니월드를 이용하기 원하는 고객이라면 디즈니호텔의 숙박료가 올라도 여전히 디즈니월드를 이용할 것이다. 렌터카 업체가 가격을 올리는 상황에 대해서도 마찬가지의 경우가 발생한다. 즉, 렌터카 업체가 가격을 올린다고 해서 호텔이나 항공사에 큰 영향을 미치지 못할 것이다. 하지만 항공사가 가격을 올리는 경우는 약간 다르다. 이 경우에 테마파크, 호텔, 렌터카 업체에는 큰 영향을 미칠 것이다. 이런 식으로 보완재 관계의 유형과 강도에 따라서 수요의 탄력성이 차이를 나타낸다.

서비스의 필수성 서비스가 사치품(luxury)인지 필수품(necessities)인지도 탄력성에 영향을 미친다. 개인 고객에게는 머리 손질이나 자동차 수리 서비스 등이 필수 서비스이고, 기업 고객에서는 직원 건강보험이나 회계 업무 등이 필수 서비스이다. 일반적으로 필수 서비스는 비탄력적인 수요를 갖는다. 즉, 가격의 증가에도 불구하고 수요는 크게 줄지 않는 성격을 갖는다. 가격이 증가한다면 싫어하겠지만 어쩔 수 없는 경우이므로 해당 서비스를 사용할 수밖에 없다. 반면 사치 서비스인 경우에는 수요가 탄력적이다. 즉, 가격 증감에 따라 큰 폭의 수요 변화가 생긴다. 영화관, 테마파크, 관광여행, 레포츠, 외식업체 등이 그러한 예이다.

고객의 개인적 성향 이욜로 군과 김짠내 양은 모두 주말에 극장에서 영화를 보고 외식하는 것을 즐긴다. 그러나 영화관이 갑자기 요금을 올렸을 때 둘의 반응은 상이하게 나타난다. 주말을 여유 있고 낭만적으로 즐기기를 좋아하는 이욜로 군은 가격변화에 비탄력적으로 반응하여 그의 주말 패턴을 바꾸지 않으려 한다. 반면 절약형의 김짠내 양은 주말에 극장을 가는 대신 다른 대안을 찾는다. 집에서 VOD로 영화를 보며 요리를 해먹는 식으로 가격변화에 대해 탄력적으로 반응한다.

9.3 가격전략

가격차별화 전략

가격차별화(price discrimination)의 목표는 수요가 많을 때를 그렇지 않을 때로 옮기거나 수요가 적을 때 이를 자극하는 것이다.

가격차별화의 선결조건

일반적으로 가격차별이라 함은 세분시장의 성격에 따라 가격을 달리 설정하는 것을 의미한다. 이러한 가격차별은 실시에 앞서 선행되어야 할 조건이 있다.

- 서로 다른 세분시장들이 가격에 대해 보이는 반응의 양상이 달라야 한다.
- 각 세분시장은 분리될 수 있어야 하며, 그 규모는 활용하기에 충분히 커야 한다.
- 고객이 한 세분시장에서 제품을 구매하고 그것을 다른 세분시장에 가서 다시 팔 수 없어야 한다.
- 가격차별 전략을 실시하는 데 드는 비용이 이로 인한 수익 증가분을 초과해서는 안 된다.
- 고객이 차별가격에 대해 혼란을 느껴서는 안 된다. 특히 비싼 가격을 주고 구입한 고객의 기분을 상하게 해서는 안 된다.
- 법적인 문제가 없어야 한다. 공정거래법에는 부당하게 거래 상대방을 차별화하여 취급하는 행위를 규제하고 있다. 다만 정당한 사유로 인한 차별화는 가능하다.

가격차별화의 주요 유형인 시간에 따른 차별화, 구매자에 따른 차별화, 구매량에 따른 가격차별화를 살펴보도록 한다.

시간에 따른 가격차별화

서비스는 생산과 소비가 동시에 일어나며 바로 소멸하므로 재고로 보관할 수 없다. 따라서 수요를 가용능력에 맞추는 것이 중요하며 이를 위해서는 서비스 이용시간이나 예약시간에 따라 가격을 달리 책정해 수요를 적절히 조절하는 것이 필요하다.

이용시간에 따른 가격차별 서비스 이용시간(service time)에 대한 가격차별의 예는 많이 찾아볼 수 있다. 서비스는 제품에 비해 상대적으로 고정비의 비중이 크기 때문에 수요와 공급을 일치시키는 노력이 무엇보다도 필요하다. 예를 들어, 심야전기요금을 할인한다든지, 비수기에 호텔객실, 비행기표, 여행패키지 요금을 할인함으로써 공급이 모자랄 때의 수요를 공급이 충분한 시간대로 이동시킬 수 있다.

또한 이용시간대가 다른 고객들은 가격민감도가 다를 수 있기 때문에 이 경우 고객의 가격민감도에 따라 가격을 차별함으로써 수요를 조절할 수 있다. 예를 들어, 영화관에서는 가격에 민감한 청소년들이나 노인층을 대상으로 조조나 주중에 입장료를 할인한다. 레스토랑에서는 매일 점심을 사먹느라 가격에 민감한 직장인들을 위해 점심 시간에 가격할인을 하거나, 붐비지 않는 이른 저녁 시간대에 실속 있는 가격으로 간단한 식사와 술을 할 수 있는 해피 아워를 진행한다. 파인다이닝 레스토랑의 경우 합리적인 구성과 가격의 런치 코스를 내고 저녁에는 완성도 높은 디너 코스를 고가에 운영하는데, 이는 상대적으로 수요가 적은 시간에 수요를 창출하고, 수요가 많은 시간에는 수요를 억제함으로써 공급능력에 맞게 고객을 유치할 수 있게 된다.

구매시간에 따른 가격차별 구매시간(purchase time)에 따른 가격차별화 전략은 전통적으로 호텔이나 항공사에서 주로 이용되어 왔다. 호텔에게 단체 예약 판매는 확실한 수요를 보장하지만 싼 가격으로 객실을 제공한다는 부담도 준다. 예를 들어, 호텔에 당일 도착하여 객실을 요구하는 고객에 대해서는 전액을 다 받고서 객실을 대여해 줄 수 있으며 고객도 기꺼이 요금을 지불하겠지만 미리 예약을 한 고객에게는 높은 가격을 요구할 수 없다. 그러나 예약의 경우 예약 취소로 인해 수용 가능한 객실을 쓰지 못할 수도 있다는 위험도 있다.

예약은 서비스 제공자에게는 예약취소의 위험이 있기는 하지만 수요를 확실히 보장해 주고 서비스 활동 수행에 필요한 자금을 미리 조달할 수 있도록 해 준다는 이점을 제공하며, 고객에게는 서비스를 원하는 시간에 이용할 수 있다는 편리함과 미리 예약한다면 저렴한 가격으로 서비스를 이용할 수 있다는 장점을 제공한다. 가령 공연이나 전시의 얼리버드(early bird) 티켓은 이른 시기에 특가로 판매하여 고객의 금전적 부담을 줄이고, 한정 수량으로 진행하여 특별한 의미를 부여하기도 한다. 대신, 환불 위험을 최소화하기 위해 보통 환불 시기를 제약한다.

구매자에 따른 가격차별화

고객은 소득, 나이, 교육수준, 라이프스타일 등에 따라 서비스의 가치에 대해 서로 다르게 인식을 한다. 따라서 고객을 몇 가지 유형으로 분류하여 이에 따른 가격차별화 전략을 수행하는 것이 필요하다. 예를 들면, 나이에 따라 어린이나 노인에게 프로야구 관람료나 테마파크의 입장료를 더 적게 받으며, 박물관의 경우도 학생에게는 할인료를 받는다. 또한 직업에 따라서 학생이나 군인들에게는 각종 할인 혜택을 준다. 또한 집단에의 소속 여부에 따라 구매자를 차별화하기도 한다. 골프장이나 콘도미니엄의 경우 회원과 비회원의 경우 사용 요금에 차이를 둔다. 단골고객이나 쿠폰을 모아오는 고객에게도 차별적으로 할인된 혜택을 주기도 한다.

고객 성향과 행동을 파악하는 기술이 발전하고 빅데이터를 활용하는 알고리즘과 분석 방식이 정교화됨에 따라, 고객정보를 토대로 하는 가격차별화 전략은 더욱 발전하고 있다. 고객의 특성에 따라 유형화하는 것에서 더 나아가 고객 개인에게 1:1 맞춤화된 가격을 제시할 수 있다. 특히 온라인을 중심으로 적극 적용되고 있는데, 고객의 지불의향에 대한 단서가 되는 정보를 자동으로 수집하는 프로그램을 활용한다. 가령 미국의 온라인 여행사인 ORBITZ 오르비츠는 맥 사용자가 윈도우즈 사용자보다 지불 의향이 더 높은 것으로 확인하여 고가격의 상품들을 추천했다. 보험사들도 고객에 대한 빅데이터를 수집 및 분석하여 고객별로 보험료 할인을 상이하게 적용한다. 이를테면 자동차 보험회사인 PROGRESSIVE 프로그레시브는 운전자의 운전 습관을 무선으로 수집할 수 있는 스냅샷(Snapshot)이라는 기기를 개발했고, 수집한 운전 습관 정보와 교통사고의 관계를 분석하여 잠재적 피보험자의 위험도를 파악하고 안전 운전자들을 선별하여 보험료를 낮추었다. 이러한 가격차별화는 고객에게 공정할 뿐 아니라 보험사의 리스크를 줄이는 의의가 있다.

프로그레시브 보험사 스냅샷 영상

YouTube
https://www.youtube.com/watch?v=Qp1SIGuL6Eo

제 목 _ Plug In. Drive Better. Save More. Snapshot. Only from Progressive Insurance

검색어 _ Progressive Insurance Snapshot

구매량에 따른 가격차별화 – 비선형 가격전략

비선형 가격설정(nonlinear pricing)은 구매량에 따라 가격을 달리 매기는 가격전략이다. 고객이 서비스를 구매할 때 어느 정도의 양을 사느냐에 따라 지불할 가격이 정해진다. 고객이 가격에 따라 서비스 구매의 양을 결정하는 상황에서 사용하는 가격정책이 바로 비선형 가격설정이다. 이것은 구매량과 상관없이 동일한 가격을 설정하는 균일 가격설정(uniform pricing)과 비교된다.

비선형 가격전략은 개별 구매자들의 수요함수를 알기 어려운 상황에서 구매자들이 각기 지불하려는 가격이 다르기 때문에 사용하는 가격차별의 한 형태로 다음과 같은 이점을 갖는다. 첫째, 가격차별화를 위해 시장을 미리 세분화할 필요가 없다. 왜냐하면 고객들이 스스로 각자가 속하는 세분시장으로 찾아가기 때문이다. 둘째, 고객이 일정량 이상을 구입해야 할인의 혜택을 받을 수 있게 하기 때문에 뜨내기 고객을 단골고객으로 전환시킬 수 있다. 할인을 원하는 고객이 일정량 이상의 서비스를 구매하여 사용하면 자연히 애착을 갖게 될 가능성이 많아지기 때문이다. 셋째, 다른 가격차별화와 달리 법적인 문제가 발생하지 않는다. 특정 고객을 차별하는 다른 방법과 달리 이것은 모든 고객들에게 똑같은 가격체계를 적용하기 때문에 합법적인 방법이다.

비선형 가격은 본질적으로 형태가 없고 저장할 수 없어 재고판매가 불가능한 서비스에게 유용한 가격체계로 인정받고 있다. 비선형 가격정책은 이중요율, 이단계요율, 전량수량할인으로 구분된다.

이중요율(two – part tariff) 기본가격(F)과 단위가격(P)이 부과되는 가격체계이다. 이중요율에서 각 단위에 부과되는 한계단가(marginal price)는 P로 동일하다. 그러나 구입량이 증가함에 따라 고정요율 F가 구매량에 분배됨으로써 평균단가(average price)는 단조감소함수를 따르게 된다. 고객은 주어진 가격에서 자신의 소비자 잉여를 극대화시키는 수량을 구매한다. 이러한 이중요율은 우리 주변에서 많은 예를 찾아볼 수 있다. 대표적인 것이 택시요금으로 기본요금에 주행거리와 시간에 따라 일정한 비율로 추가되는 주행요금이 계산된다.

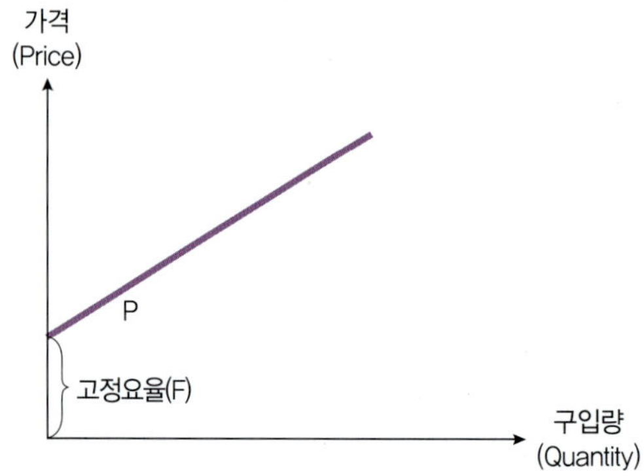

그림 9-5 | 이중요율

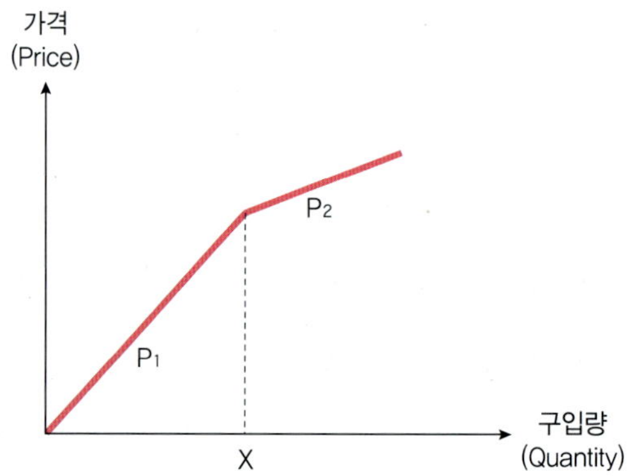

그림 9-6 | 이단계요율

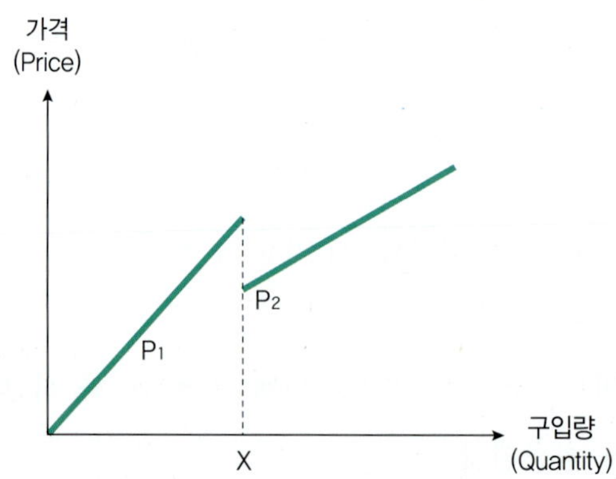

그림 9-7 | 전량수량할인

이단계요율(two-block tariff) 어떤 구매량 X를 기준으로 해서 그 기준보다 적은 구매량에는 높은 가격이 적용되고 그 기준을 초과하는 구매량에 대해서는 낮은 가격이 적용되는 가격체계이다. 따라서 이단계요율에서는 수량할인점 X와 높은 가격(P_1), 낮은 가격(P_2)을 결정해야 한다.

전량수량할인(all-units quantity discount) 수량할인점 X 이하를 구입할 때는 P_1의 가격을 적용하고, 수량할인점 이상을 구입할 때는 전체 구매량에 대해서 낮아진 가격인 P_2를 적용시키는 가격체계이다. 이 경우 물론 P_1은 P_2보다 높은 가격($P_1 > P_2$)이다. 화물 수송업체의 경우 화물 용적에 따라 다른 요금을 적용하고 있는 것이 그런 예이다.

묶음가격 전략

오늘날 서비스의 종류도 다양화되고 있으며, 한 기업이 제공하는 서비스의 종류도 점차 많아지고 있다. 서비스의 수가 증가함에 따라 서비스를 개별적으로 제공하는 것이 비용의 상승을 유발하게 되었으며, 예전에는 보조 서비스(supplementary service)이던 것이 이제는 핵심 서비스(core service)의 역할을 담당하게 됨에 따라 고객서비스와 기업의 이익이라는 차원에서 묶음가격의 사용이 점차 늘고 있다.

묶음가격 또는 번들링(price bundling)은 두 가지 이상의 제품이나 서비스를 특별한 가격으로 제공하는 전략이다. 이러한 예는 여행 상품 패키지, 방송통신 결합상품, 공연물 시즌티켓, 컴퓨터 하드웨어와 소프트웨어의 결합, 레스토랑의 세트 메뉴 등에서 찾아볼 수 있다.

순수 묶음가격(pure price bundling) 서비스를 패키지로만 구매할 수 있도록 하고 개별적으로는 구매할 수 없도록 가격을 책정하는 방법이다. 대표적인 예로는 항공, 숙박, 관광 등을 합친 패키지 여행, 강습과 장비 렌탈, 리프트권, 숙박을 결합한 스키캠프 등을

들 수 있다.

혼합 묶음가격(mixed price bundling) 서비스를 개별적으로도 구입할 수 있도록 하면서 패키지로도 구매할 수 있도록 가격을 책정하는 방법이다. 서비스의 경우 여러 가지 서비스를 서로 연결하여 이용할 가능성이 상대적으로 높기 때문에 혼합 묶음가격을 많이 사용한다. 이처럼 패키지로 서비스를 구매하는 고객에게는 서비스를 따로 구매할 때의 가격의 총합보다 낮은 가격을 제시한다. 예를 들어, 스포츠센터에서 수영, 스쿼시, 헬스 강좌를 각각 개설하면서도 수영과 헬스, 스쿼시와 헬스 등 패키지 프로그램을 제공하는 것이 이에 해당된다. 이러한 혼합 묶음가격에는 혼합 리더전략과 혼합 결합전략이 있다.

① 혼합 리더전략(mixed leader bundling) : A라는 서비스를 구매하는 고객에게 B라는 서비스를 할인하여 제공하는 것이다. 잔디를 관리하는 기업이 자신의 고객에게 방범 서비스를 30% 할인된 가격에 제공하는 것도 좋은 예이다. 오일교환을 한 고객에게 50% 할인된 가격으로 세차를 해주는 것도 그러한 예이다. 이러한 혼합 리더전략에서 서비스를 묶을 때 리더 서비스는 고객의 수요가 많은 것으로 하고, 할인해 주는 서비스는 수요가 적은 것을 선정하는 것이 좋다. 때로는 서비스가 제품과 결합되는 경우도 있다. 피부 관리를 전문으로 하는 선탠 살롱(tanning salon)에서 수영복을 30% 할인해서 파는 것 등이 그러한 예이다. 한 자동차 정비센터에서는 새 타이어를 구입하는 고객이 엔진 튠업을 하면 50%의 할인 혜택을 주고 있다.

② 혼합 결합전략(mixed joint bundling) : 둘 이상의 서비스를 고정된 가격으로 함께 제공하는 것을 말한다. 이 방법은 주로 레스토랑에서 많이 활용되는데, 대부분의 패스트푸드 식당들은 콤보 메뉴(combo menu)로 햄버거, 감자튀김, 음료를 결합하여 각각의 가격을 합친 것보다 저렴한 가격으로 판매한다. 이동통신사가 인터넷과 IPTV, 전화를 묶은 방송통신 결합상품을 제공하는 것도 좋은 예이다. 이외에 병원의 건강검진 센터에서는 다양한 건강검진을 받을 수 있는 패키지를 제공하며, 성형외과에서는 쌍꺼풀 수술과 코 수술을 동시에 하면 할인해 주는 패키지 등을 제공한다.

이러한 혼합 결합전략의 주목적은 전체 수익을 증대시키는 것이다. 이렇게 결합되는 항목들은 주로 보완재(complements)로서 함께 사용하면 더 편리한 것들이 대부분이며, 각각 사용했을 때보다 더 저렴한 가격으로 제공되기 때문에 소비자들은 이용하기 편리하면서도 가격 면에서도 이익을 얻을 수 있다. 특히 기업은 여러 항목들을 결합할 때 고마진 서비스와 저마진 서비스를 묶음으로써 이윤을 증대시킬 수 있다. 콤보 메뉴를 제공하는 패스트푸드 식당에서는 이윤이 작은 햄버거와 함께 큰 이윤을 얻을 수 있는 음료수나 감자튀김을 제공함으로써 전체 이윤을 조절할 수 있고, 주문 처리에 드는 시간과 노력을 절감할 수 있다.

묶음가격의 효과 묶음가격을 사용함으로써 서비스 제공자는 핵심 서비스의 수요를 더욱 증대시키고 보조 서비스의 수요 또한 창출할 수 있으며, 거래비용이나 복잡성을 감소시켜 원가절감을 달성하는 방향으로 수요를 자극할 수 있다. 더불어 묶음가격을 통해 시너지 효과(synergy effect)를 얻을 수 있기 때문에 서비스 제공자는 보다 낮은 가격으로 서비스를 제공하고, 소비자는 보다 저렴한 가격으로 다양한 서비스를 구매할 수 있는 이점이 있다.

동적 가격전략(Dynamic Pricing)

동적 가격전략은 가격을 고정하지 않고 시장 상황에 따라 탄력적으로 변화시키는 가격전략이다. 이는 기업들의 수요와 공급 상황에 유연하게 대처하여 수익을 극대화할 수 있도록 하는데, 전통적으로 항공업, 전자상거래 시장 등에서 사용되었다. 최근에는 전 산업에서 일어나고 있는 디지털 혁신으로 클라우드, 빅데이터 분석, AI 등 ICT 기술이 발달하면서 동적 가격전략은 온·오프라인을 가리지 않고 다양한 산업에 걸쳐 여러 형태로 나타나고 있다. 가령, 아마존은 경쟁사의 가격을 실시간 모니터링하여 최적화된 가격을 제시하고 매출을 증진한다.

개념적으로 동적 가격전략이 적용되는 예는 경매다. 공급자와 수요자의 가격협상을 통해 상품의 가격이 매번 다르게 결정된다. 역경매 또한 해당되는데 잠재 수요자가 희망하는 서비스가 존재하는 가운데 복수의 공급자들이 제공 가능한 가격을 제시

INSIGHT

넷플릭스와 번들링의 경제학: 넷플릭스는 왜 '영화관' 없이도 성공할 수 있었을까?

2019년은 넷플릭스에 새로운 돌파구를 연 한 해다. DVD 대여업체에서 시작한 넷플릭스는 보수적인 미국영화산업협회(Motion Picture Association of America)의 7번째 회원사로 가입했다. 제91회 아카데미 시상식에선 알폰소 쿠아론 감독이 제작한 넷플릭스 영화 〈로마(Roma)〉는 감독상, 촬영상, 외국어영화상 3개 부문을 수상한 데 이어 다른 넷플릭스 오리지널 영화까지 포함해 총 15개 부문에서 아카데미상 후보에 지명됐다.

오프라인 극장을 제외한 온라인 동영상 스트리밍(OTT: Over The Top) 회사 최초로 할리우드 영화계의 '인싸(내부자)'가 됐지만 여전히 넷플릭스는 영화관에서 오리지널 콘텐츠를 배급하지 않는다. 이에 대해 영화 감독 스티븐 스필버그는 과거 "상영관 몇 곳에서 일주일도 채 상영하지 않는 영화들이 아카데미상 후보 자격이 있다고 생각하지 않는다"며 반감을 드러냈다. 그러자 넷플릭스는 공식 트위터 계정을 통해 스필버그를 겨냥한 듯한 반박 입장을 밝혔다. "우리는 영화를 사랑한다. 우리는 영화관을 찾아갈 수 없거나, 영화관이 없는 마을에 사는 사람들에게 접근성을 제공하고, 전 세계 모든 사람들이 동시에 개봉을 즐길 수 있고, 영화 제작자들이 보다 많은 작품을 공유할 수 있도록 하는 일도 사랑한다"며 "이들은 상호배타적이지 않다"고 덧붙였다.

넷플릭스는 오리지널 영화를 스트리밍 플랫폼에서 공짜로 접근할 수 있게 한 당일에 극장에서도 개봉하기도 하고, 〈로마〉를 3주간 영화관에서 독점 공개하기도 했지만, 일반적으로 영화를 대여나 스트리밍 시장에 공급하기 전 영화관 독점 상영 기간을 보장하는 '표준 90일 상영' 관행을 따르지는 않는다. 그간 영화산업에서 가장 중요한 부분이던 상영관 개봉을 거부한 넷플릭스는 어떻게 성공할 수 있었을까? 카네기 멜론 대학의 마이클 스미스(Michael D. Smith) 교수와 라훌 텔랑(Rahul Telang) 교수는 하버드 비즈니스리뷰(HBR) 디지털판에 쓴 기고문을 통해 그 비결을 번들링과 구독경제를 결합한 새로운 가격차별화 전략으로 꼽으며 기존 영화 스튜디오들과 근본적으로 다른 비즈니스 모델이라고 밝혔다.

출처: Lastely.com

기존의 영화 스튜디오들은 소비자들이 영화를 보는 것에 극명히 다른 가치를 부여함을 전제로 최대의 수익을 달성하고자 했다. 누군가는 "오늘 개봉한 스타워즈 영화를 봐야 해"라며 15달러를 기꺼이 지불하겠지만, 다른 이는 그저 "오늘 밤 시간 때울 만한 영화로 무엇을 볼까"라고 생각하며 5달러만 내려고 할 수 있는 것이다. 이러한 관객들을 모두 섭렵하려면 영화 개봉 시점과 품질, 효용을 전략적으로 다양화하여 영화에 높은 가치를 부여하는 소비자들이 다른 소비자들에 비해 자발적으로 비싼 가격을 지불하도록 해야 했다. 즉, 영화관 개봉을 통해 가장 핵심적인 가격차별화 전략이 가능한데, 영화를 영화관에서 독점적으로 상영함으로써 스튜디오는 인내심이 없고 관람경험에 민감한 고가치 고객을 포착해 낼 수 있었다. 이러한 구조가 아니었다면 개봉 몇 주 후 IPTV로 저렴하게 볼 수 있는데 굳이 티켓 값으로 15달러를 낼 이유는 없을 테니까.

그에 반해 넷플릭스는 개별 영화를 여러 다른 소비자들에게 판매하는 사업에 종사하지 않는다. 개별 고객에게 다양한 영화를 번들링 형태로 판매하는 사업을 한다. 이러한 번들링에 대한 구독을 통해 넷플릭스는 한 명의 소비자가 특정 영화에 얼마나 큰 가치를 부여하는지 파악할 필요가 없다. 번들링이 수익을 창출하기 때문이다.

번들링은 흥미롭게 작용한다. 여러 상품을 묶을수록 다양한 소비자들이 인식할 번들의 평균 가치를 더 잘 예측할 수 있다. 모든 소비자들이 번들 내 개별 영화의 가치를 동일하게 인식하지 않겠지만, 규모가 큰 번들에선 개별 제품에 부여한 가치의 차이는 평균에 의해 중요하지 않게 된다. 만약 판매자가 번들에 있는 모든 영화에 대한 구독자의 평균 지불용의가격(willing to pay)을 정확하게 예측할 수 있다면 해당 가격보다 약간 낮은 가격을 책정하고, 구독자로부터 최대 시장가치를 뽑아낼 수 있다.

번들링을 활용함으로써 넷플릭스는 상영관 개봉으로부터 자유로워진 셈이다. 기존의 비즈니스 모델에서는 영화관 관객 동원 실적이 엉망이면 전체 비즈니스가 위험에 처하지만 넷플릭스는 영화에서 수익을 내기 위해 극장판을 반드시 성공시킬 필요는 없다. 영화관 상영을 통해 추가 수익을 올리거나 아카데미상 등을 받을 수 있다면 더 좋은 일이다. 이러한 넷플릭스의 비즈니스 모델은 기존 영화 스튜디오들 또한 채택하고 있다. 디즈니와 폭스의 수평적 합병, 워너브러더스와 AT&T의 수직적 합병은 넷플릭스 번들 판매 전략을 이용하기 위해 고안됐다. 더 많은 스튜디오가 새로운 패러다임을 도입하면 번들링이 얼마나 비즈니스의 수익성을 높이고 고객의 혜택을 증진시키는지 더욱 명확해질 것이다. 넷플릭스는 효과적이고 수익성 있는 방식을 고안해낸 혁신을 이루었으며, 엔터테인먼트 분야에서 성공의 공식을 새롭게 쓰고 있다.

자료원: 매경프리미엄, "넷플릭스는 왜 '영화관' 없이도 성공할 수 있었을까," 2019.03.12;
HBR, "Netflix and the Economics of Bundling," 2019.02.25.

한다. 미국의 온라인 여행사인 priceline.com Priceline.com은 고객이 지불할 용의가 있는 금액을 제시하면 공급자들이 서로 경합하여 최종 가격이 결정되는 역경매 방식의 NYOP(Name Your Own Price)를 선보였다. 즉, 동일한 상품의 가격을 공급자 간 경쟁 상황이나 상품의 재고 현황에 따라 상이하게 책정하는데, 특급 호텔을 여관 숙박비 수준으로 예약하는 일도 존재하여 유명세를 얻을 수 있었다.

고객들은 더 나아가 샵봇(shopbot)이나 메타검색엔진을 이용하여 기업이 동적 가격전략을 펼치고 있는 것을 십분 활용한다. 즉, 다수의 기업들이 가변적으로 제공하는 가격 정보를 수집하고, 비교를 용이하게 정리해 주는 샵봇을 의사결정에 활용한다.

심리적 가격결정 전략

심리학적 가격결정

고객들의 구매행동을 심리학적으로 분석하여 최종 가격을 결정하는 방법을 심리학적 가격결정(psychological pricing)이라 한다. 많이 사용되는 유형으로는 다음과 같은 것들이 있다.

단수가격(odd pricing) 고객은 어림수로 표시된 개수가격이 아니라 끝수로 끝나는 단수가격을 더 좋아한다고 보고, 예를 들어 서비스의 가격을 1,000원이 아니라 970원으로 설정하는 것이다. 실제로는 큰 차이가 없지만 970원이 심리적으로 1,000원보다 훨씬 싼 가격으로 느껴진다는 것이다.

가격계열화(pricing lining) 한 상품계열에 몇 가지의 가격대를 설정하는 방법이다. 가령 호텔은 크기와 시설 수준에 따라 기본형과 스위트 객실로, 조망에 따라 씨티뷰, 오션뷰 등으로 구분하고 가격대를 상이하게 설정할 수 있다.

위신가격(prestige pricing) 가격이 높은 경우 그 서비스의 품질이 고급이라고 인식되는 경우이다. 특히 서비스 품질이 평가하기 어려운 경우 가격을 품질의 단서로 활용하는 현상이 나타난다.

유도가격(leader pricing) 고객의 반응을 유도하기 위해 정책적으로 낮은 가격을 설정하는 것이다. 고객은 특별히 할인을 받았다고 느끼는 특별가격이나 낮은 가격에 높은 반응을 보이기 때문이다. 때로는 일부 서비스에 대해서 원가 이하의 가격을 설정하여 서비스를 제공하게 되는데, 이는 손실 유도품(loss leader)이라고 하며, 보다 많은 고객을 유치해 다른 서비스를 판매하려고 할 경우 이용된다.

새벽배송 시장을 장악하기 위한 신규 회원 대상 100원 상품

기대이론

기대이론(prospect theory)에서는 가치를 함수로 표현하여 설명하는데 대부분의 사람들은 자신의 가치가 이득을 볼 때에는 볼록한 함수(convex function)로, 손실을 볼 때에는 오목한 함수(concave function)로 가치를 표현한다. 이 때 가치함수는 손실 쪽의 함수가 이득 쪽의 함수보다 더 가파른 기울기를 갖는다. 이것은 다음과 같은 시사점을 갖는다.

① 혜택은 분리해서 제시하라. (segregate gains)

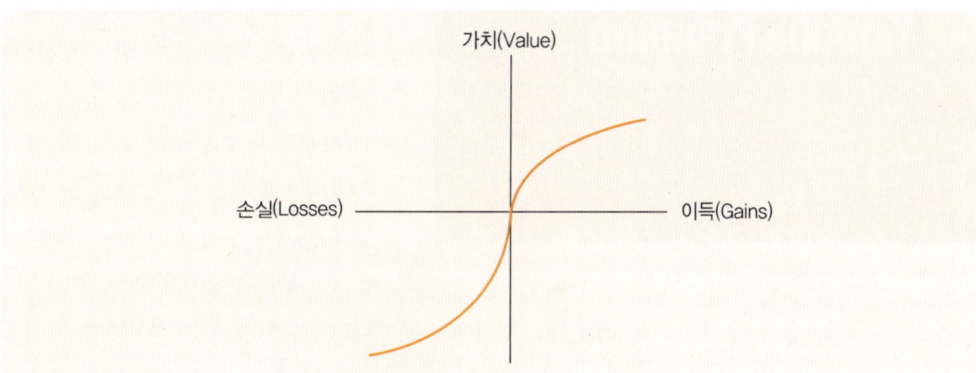

그림 9–8 | 가치함수의 그래프

INSIGHT

Freemium(Free+Premium) 비즈니스 모델

링크드인, 드롭박스, 에버노트. 이들의 공통점은 무엇일까? 기본적인 서비스와 제품은 무료로 제공하고 고급 기능과 특수 기능에 대해서는 요금을 부과하는 방식, 즉 Freemium 비즈니스 모델이라는 점이 같다. Freemium은 무료(Free)와 할증(Premium)을 결합한 혼성어다.

일례로 드롭박스나 에버노트의 사용자로 처음 등록하면 2GB(기가바이트)의 클라우드 기반 저장소가 무료로 제공된다. 무료로 사용하다가 공간이 부족할 경우 소액결제 기능을 신청하면 저장용량을 늘릴 수 있다. 무료 버전만으로도 기본적인 사용에 문제가 없지만, 사진이나 영상을 백업하려는 사람은 용량을 늘릴 필요가 있다. 이 때문에 Freemium 비즈니스 모델은 한때 제한된 기능을 무료로 제공하는 소프트웨어나 게임회사에서 많이 채택해 사용해 왔다.

하지만 최근 들어 Freemium 비즈니스 모델을 적용하는 기업이 늘고 있다. 구글에서 제공하는 클라우드 파일 저장 서비스인 '구글 드라이브'는 기본적으로 최대 15GB까지 파일을 무료로 사용할 수 있으나, 저장 용량을 추가하고자 할 때는 소액결제를 해야 한다. 유튜브 사용자 역시 '유튜브 레드(YouTube Red)'에 가입하면 무료 서비스에서는 이용이 불가능한 동영상 광고 제거 기능, 독점 콘텐츠에 대한 액세스 권한, 음악 스트리밍 서비스 등 옵션을 추가로 이용할 수 있다.

이렇듯 많은 플랫폼 기업들이 앞다퉈 Freemium 서비스를 핵심 수익모델로 채용한 이유는 무엇일까? 기본적으로 다음의 세 가지 효과 때문이다. 첫째, 이용자를 단기간에 확보할 수 있기 때문이다. 둘째, 브랜드 가치를 키울 수 있다. 비록 무료 이용자라 할지라도 자산가치는 상당하다. 2000년대 초반 웹 가입자 1명당 100만 원이라는 얘기가 회자될 정도의 가치를 지녔다. 셋째, 유료가입에 따른 거부감을 해소할 수 있다. 일반적으로 이용자는 이전에 경험하지 못한 서비스에 대해 선결제를 하는 것에 거부감이 있다. 따라서 무료 서비스 없이 곧바로 유료 서비스로 가는 모델보다 훨씬 효과적이다. 특히 콘텐츠가 강력할

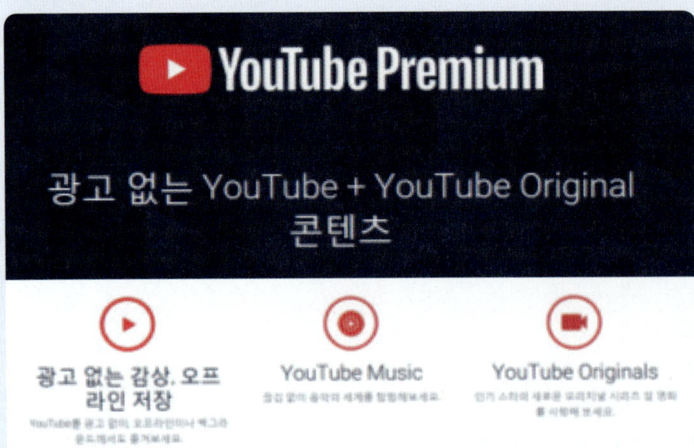

출처: YouTube

수록 Freemium 서비스는 빛을 발한다.

국내 사례를 되새김해 보자. '카카오'의 전신인 다음커뮤니케이션은 사업 초기 이메일 계정을 무료로 지원했다. 무료 전략이 적중해 가입자가 기하급수로 늘어나자 2002년, 온라인 우표제를 시행하기로 결정한다. 스팸메일과 바이러스 확산을 막기 위해 원하는 사용자에게 유료로 프리미엄 이메일 서비스를 제공하겠다는 논리였다. 즉, 하루 1,000통 이상 메일을 발송하는 경우 사용료를 건당 10원씩 부과하겠다는 이메일 유료화 정책을 시행한 것이다. 하지만 가입자들의 반발이 만만치 않았다. 다음은 유료화 3년 만에 '인터넷 프로토콜(IP)제를 실시함에 따라 온라인 우표제를 폐기한다'는 표면상 이유를 들어 결국 항복 선언을 했다. 이로 인해 가입자의 상당수가 경쟁사인 '네이버'로 옮겨가는 등 위기를 맞았다. 1990년대 대학생들의 입사 선호도 1위였던 데이콤의 천리안도 마찬가지다. 당시 천리안은 가입자들에게 월정액으로 이용료를 지불하고, premium 서비스를 이용할 때는 종량제를 유도하는 정책을 폈다. 90년대 후반 웹(web) 서비스가 상용화되면서 포털사이트 가입과 기본정보 이용이 무료로 바뀌었다. 하지만 '천리안'은 유료 정책을 고집하다 결국 LG유플러스의 전신인 LG텔레콤에 흡수합병 당하는 불운을 겪었다.

여기서 중요한 교훈을 얻게 된다. 무료에서 유료로 전환하게 하려면 무료 이용 때보다 훨씬 강력한 효용가치가 있어야 한다는 점이다. 또한 경쟁상대가 있을 때는 발 빠른 정책전환으로 이탈을 막아야 한다. 단순히 메일을 많이 보낸다고 과금하거나, 유료회원의 수입이 아까워서 기존 정책을 고집한다면 다음은 없게 된다. 또 다른 교훈은 '뉴턴식 계약(Newtonian Engagement)' 정책이 필요하다는 점이다. '뉴턴식 계약'은 뉴턴(Newton)의 최초 운동법칙(law of motion)에서 유래된 계약 정책으로 무료사용으로 마찰을 일으킨 뒤, 그 탄력으로 할증으로 넘어가게 하는 전략이다. 성공한 기업들이 소액 반복결제로 premium 서비스를 유도하는 것은 바로 이 때문이다.

그렇다면 Freemium 서비스로 돈을 벌 수 있는가에 대한 의문이 들 수 있다. 그에 대한 답은 링크드인(LinkedIn)이 명쾌하게 해 주고 있다. 링크드인 사용자 중 할증으로 넘어가는 비율은 20% 미만이다. 그럼에도 불구하고 2017년 1분기에 거의 10억 달러의 매출을 올렸다. 사실 20%는 경이적인 수치지만 전환율이 높다고 해서 반드시 좋은 것은 아니다. Freemium 모델의 장점 중 하나는 트래픽을 크게 높일 수 있다는 점이며, 이로 인해 광고 같은 또 다른 수익모델을 만들어낼 수 있기 때문이다. 가장 최적의 전환율은 5%이며 유료 앱 사용자는 월 24.66달러를 지불한다는 연구결과를 참조할 필요가 있다.

자료원: 시사저널, "프리미엄(Free+Premium) 비즈니스 모델이 뜬다," 2019.02.01.

점심 할인 메뉴를 제공하는 레스토랑에서 40%의 할인을 제공하려고 할 때 40%의 할인이라고 표현하는 것이 아니라 30%의 할인을 제공하고 10%를 스페셜로 추가 제공한다고 광고하면 소비자들은 더 가치가 크다고 생각하여 구매하게 될 것이다. 이 방법은 지하철 역에서 상행위를 하는 사람들을 통해서도 자주 목격할 수 있다.

"단돈 5천 원에 고급 지갑을 드립니다. 최고급 지갑을 겨우 5천 원에 구입할 수 있는 좋은 기회입니다. 또한 주머니 사정이 빈약한 여러분을 위해 고급 허리띠도 같이 드립니다. 이것만 드리느냐, 여기에다 한 가지 더, 소가죽 장갑까지 5천 원에 모십니다."

$$V(x) + V(y) > V(x+y)$$

② 손실은 합쳐서 제시하라. (integrate losses)

항공료와 공항세를 나누어서 두 번 내게 하는 것보다는 한꺼번에 합쳐서 내게 하는 것이 고객들의 불만을 줄일 것이다. 신용카드를 사용하는 고객들 역시 결제일에 한 번 결제하는 것이 현금을 가지고 매번 결제하는 것보다 덜 손실이라는 생각을 갖고 있다. 이에 기업들은 이동전화요금과 인터넷 요금을 한꺼번에 낼 수 있도록 하는 등의 가격정책을 사용하여 이용자들이 여러 가지 통신요금을 따로 내면서 갖게 되는 손실의식을 줄이고 있다.

$$V(-x) + V(-y) < V(-x-y)$$

차등적 문턱

사람이 인식할 수 있는 최소한의 자극의 양을 인식의 '절대적 문턱(absolute threshold)'이라고 한다. 이에 반해 차등적 문턱(differential thresholds)이란 감지할 수 있는 두 자극 간

차이의 가장 적은 양을 말한다. 차등적 문턱의 수준은 '두 자극 간에 겨우 알아차릴 수 있는 차이(Just Noticeable Difference: JND)'라 하며, 이것은 웨버의 법칙(Weber's law)으로 공식화된다.

$$k = \triangle I/I = JND$$

여기서 I는 원래의 자극 수준을 말하고, △I는 알아차릴 수 있는 변화의 양을 말한다. 또한 k는 변화가 감지될 수 있는 증가율 또는 감소율을 말한다. 이것에 따르면 소비자들에게 인식될 수 있는 자극의 최소 차이는 원래 자극의 수준에 비례하게 된다. 즉, 두 자극 간의 차이를 인식할 수 있는 사람의 능력은 상대적이라는 것이다. 예를 들어, 같은 5만 원의 서비스 요금의 인상이라도 10만 원짜리 수영장 이용료가 오른 것과 100만 원짜리 항공권이 오른 것은 차이가 있다. 즉, 수영장 이용료는 엄청나게 많이 올랐다고 판단되지만 항공권의 경우는 그렇지 않다.

따라서 기업은 서비스의 가격을 올리려고 할 때 불가피한 고객의 저항을 줄이기 위해서 고객들이 그 상승폭을 크게 인식하지 못하도록 설정하는 것이 필요하다. 즉, 고객의 JND수준을 파악하여 가격을 올릴 때는 그 이하의 수준으로 가격을 상승시키고, 가격을 내릴 때는 그 이상의 수준으로 해야 할 것이다.

타협효과

고객은 극단적인 가격을 싫어하고 타협하거나 중간의 것을 선택하는 경향이 있다. 이것을 타협효과(compromise effect)라 한다. 따라서 실제로 판매하고자 하는 서비스의 가격은 적당한 선으로 설정하고 다른 서비스에 대해 극단적으로 높거나 낮은 가격을 설정하면 고객은 양극단을 피하고 중간 가격을 선택하여 구매할 가능성이 높아진다.

9.4 가격전략 수립상의 실제적 이슈

얼마만큼의 가격을 책정해야 하는가?

가격수준을 결정하기 위해서는 앞에서 본 [그림 9-2]에 있는 가격정책의 3가지 요소가 유용하다. 우선 관리자는 원가를 명확히 인식하여야 하며, 서비스의 제공과 관련있는 변동비만을 보전하려 하는지, 고정비 부분도 보전하려 하는지, 이런 결정은 제반 간접비를 보전하는 데 다른 서비스가 도움이 될 수 있는가에 의해 좌우된다. 다음으로 고객이 인식하는 서비스의 총 가치뿐만 아니라 고객의 가격민감도도 평가해야 한다. 고정비를 만회할 가격을 결정함에 있어 상이한 가격수준에 대한 판매량을 정확히 예측하는 것은 매우 중요하다. 이러한 과정을 통해 주어진 세분시장에 대한 가격의 상한선을 결정할 수 있다.

경쟁사의 가격도 중요한 고려대상이다. 유사한 경쟁 대안이 많을수록, 가격을 경쟁사의 가격수준이나 그 이하로 해야 할 필요성이 증가한다. 만약 경쟁사의 최고가가 자사의 최저가보다 낮다면, 관리자는 두 가지 선택을 할 수 있다. 첫째, 서비스가 경쟁우위가 없다고 판단하고 판매를 중단하거나 또는 높은 가격으로 경쟁이 가능하도록 서비스를 개선하는 것이며, 둘째, 서비스를 낮은 가격으로 판매할 수 있도록 원가 일부를 보전하는 제3자로부터 자금을 조달하는 것이다. 이 방법은 보건, 교육, 예술, 도심교통 등과 같은 공공이나 비영리 조직에서 자주 이용된다.

가격결정의 단위는?

가격결정의 기초를 결정함에 있어 소비의 기본단위를 파악해야 한다. 가령 세탁, 헤어 커트처럼 특정 서비스 업무의 완결에 기초할 것인가? 교육 프로그램, 영화, 콘서

표 9-4 | 서비스 가격전략의 실제적 이슈

1. 얼마만큼의 가격을 책정해야 하는가?	서비스 조직은 어떤 원가를 보전하려 하는가? 목표로 하는 이익마진이나 투자수익률(ROI) 고객들의 가격민감도 경쟁사의 가격
2. 가격결정의 단위는?	소비의 기본 단위는? 각각의 서비스 요소들을 개별적으로 수금해야 하는가? 패키지에 대해 하나의 가격이 부과되어야 하는가?
3. 누구에게 지불하는가?	서비스를 제공하는 조직 전문적인 중개인(대행사, 은행, 소매상 등)
4. 어디서 지불하는가?	서비스가 제공되는 장소 대리점 또는 중개인 구매자가 있는 곳(온라인, 모바일 뱅킹, 전화 등)
5. 언제 지불하는가?	서비스 제공 전이나 제공 후
6. 어떻게 지불하는가?	현금 신용, 직불, 체크, 선불카드 온라인 결제(인터넷 뱅킹, 모바일 뱅킹, 간편결제서비스 등)

트, 스포츠 경기와 같이 입장에 기초를 둘 것인가? 연회장 대여, 카셰어링, 대여 자전거, 일일 취미 클래스 수업료와 같이 사용 시간에 기초를 둘 것인가? 아니면 거래에 대한 커미션과 같은 화폐적 가치(monetary value)에 기초를 두어야 하는가? 기본적으로 서비스의 이용에 있어 중심이 되는 소비단위에 따라 가격을 결정하는 것이 중요하다.

누구에게 지불하는가?

고객들이 서비스에 대한 비용을 지불하는 절차를 편리하도록 만들어야 한다. 많은 서비스 기업들은 서비스 제공에만 전념하고 나머지는 중개인에게 해당 업무를 위임한다. 예를 들어, 호텔이나 교통편, 극장, 콘서트, 스포츠 경기 등의 좌석예매는 여행사나 온라인 예매 사이트 등이 대행하고 있다. 이렇게 중개인에게 해당 업무를 위임하는 경우 서비스 기업은 중개인에게 수수료를 지불한다.

어디서 지불하는가?

서비스 조직이 고객이 이용하기에 편리한 곳에 위치하지 않을 수 있다. 예를 들어, 공항, 극장, 스포츠 경기장은 대개 고객으로부터 떨어져 있기 때문에 고객들은 좀 더 편리한 장소에 위치한 대리점이나 중개인을 이용했다. 온라인 및 모바일 뱅킹이 정착되면서 사실상 고객이 위치한 곳 어디서든 지불이 가능해졌는데, 고객이 선택한 방식으로 대금을 지불할 수 있다.

언제 지불하는가?

서비스에 대한 지불 시점은 서비스 제공 전에 지불하거나, 서비스가 제공된 후에 지불하는 방식이 있다. 첫 번째 경우의 예로는 항공권의 구매와 같은 것을 들 수 있고, 두 번째 경우의 예로는 식사비나 수리비, 후불제 교통카드 같은 것을 들 수 있다. 이 밖에 서비스 제공자가 서비스 제공 전에 대금의 일부를 계약금의 형식으로 요구하는 경우가 있는데, 이러한 방법은 서비스를 제공하는 데 많은 비용이 요구되는 고가의 서비스의 경우에서 찾아 볼 수 있다. 일상적으로 반복되는 서비스인 경우, 이용할 때마다 지불하는 것은 서비스 제공자나 이용자 모두에게 불편을 주기 때문에 서비스 이용 전 한 번에 대금을 지불한다. 또는 동영상 및 음원 스트리밍 서비스나 정기 구독, 정기 배송 서비스와 같이 계약 기간 동안 월 정액으로 비용을 지불한다.

어떻게 지불하는가?

스타벅스 – 현금 없는 매장

서비스에 대한 지불방식에는 여러 가지 방법이 있다. 여러 가지 지불방법 중 현금이 가장 간단한 방법처럼 보일지도 모르나, 현금은 안전상의 문제뿐만 아니라 잔돈이 요구될 때 불편하다. 스타벅스 코리아의 경우, 현금 없는 매장을 빠르게 확대하고 있는데 결제 수단을 간소화하여 고객 대기시간을 줄이고, 직원들의 정산 업무를 줄여 매장 운영을 더욱 효율적으로 하기 위한 목적이다. 더불어, 핀테크의 발전으로 현금 대신 지불을 할 수 있는 많은 방법들이 개발되며 혁신을 거듭하고 있다.

신용카드, 직불카드, 체크카드, 선불카드 VISA비자카드, 마스터카드 등이 신용카드의 예이다. 직불카드(debit card)는 신용카드와는 달리 서비스 이용대금이 소비자의 계좌에서 이용 즉시 차감되는 것이다. 체크카드는 직불카드와 신용카드를 절충한 형태이다. 직불카드는 가맹점 수가 적은데다 은행 공동망이 가동되는 시간에만 사용할 수 있어 결제수단으로 널리 이용되지 않는 단점이 있는 반면에 체크카드는 결제계좌의 잔액 범위 안에서만 사용할 수 있기 때문에 신용불량이 발생하지 않는다는 장점이 있다. 선불카드는 제공될 서비스에 대한 가치를 미리 카드에 기록하여 언제든지 이용할 수 있도록 만든 것이다.

제휴카드 이는 특정 회사, 동창회 등이 카드사와 제휴하여 신용카드를 발급함으로써 특정 회사를 선호하는 소비자나 동문으로 하여금 소속감을 유발하도록 하여 서비스의 이용을 증대시킬 수 있는 장점을 가진 신용카드의 일종이다.

자동이체 일상생활에서 흔히 이용하고 있는 지불방법으로 아파트관리비, 통신요금이나 신용카드 이용에 대한 대금결제 등의 경우에 통장에서 자동으로 대금이 결제되도록 하는 방식이다.

휴대폰 결제 인터넷을 통한 전자상거래에서 고객이 자신의 휴대폰 단말기를 통해 거래내역을 직접 승인하며, 거래대금은 이동통신 이용요금과 함께 지불하는 후불식 전자결제 서비스이다.

포인트 결제 각종 신용카드 사용 후 적립된 포인트나 OK 캐쉬백 제휴업체 등을 이용한 후 적립된 포인트를 이용하여 서비스 이용대금을 결제하는 방식이다.

INSIGHT

구독경제의 물결: '구독'하며 산다

소유경제 → 공유경제 → 구독경제

고객들이 서비스를 소비하는 방식은 계속 변화하며 '구독경제' 시대를 맞이했다. 일정 기간마다 정해진 금액을 지불하고 상품이나 서비스를 이용하는 구독경제는 전 세계적으로 활발해지고 있다. 물건을 소유하거나 공유하는 걸 넘어 구독이라는 새로운 개념이 확산되고 있는 것이다. 구독경제라는 용어를 만든 기업 주오라(Zuora)에 따르면 구독기반 산업의 매출은 스탠다드앤드푸어스500(S&P500) 기업 매출보다 약 8배, 미국 소매업계 매출보다 약 5배 빠르게 성장하고 있다.

사실 구독이라는 비즈니스 모델 자체는 새롭지 않다. 30대 이상 세대에게 구독이라는 용어는 매일 아침 배달되는 신문, 우유, 요구르트를 떠올리게 한다. 현재도 스타트업들이 정기배송 형태의 구독경제 모델을 선보이며 꽃, 면도기, 화장품 등을 주기적으로 소비자 집까지 배달한다. 다만 달라진 게 있다면 구독의 물결이 산업 경계를 넘기 시작했다는 점이다. 소규모 기업뿐만 아니라 대기업도 고가의 자동차 같은 내구재나 각종 동영상 콘텐츠, 음악까지 일정 금액만 내면 자유롭게 이용할 수 있는 구독서비스를 잇따라 내놓고 있다.

변화의 출발점은 어디일까? 주오라의 창립자인 티엔 추오는 저서 「구독과 좋아요의 경제학」에서 디지털이라는 전달 방식, 디지털 구독에서 생성되는 엄청난 양의 데이터를 '방아쇠'로 지목했다. 온라인과 모바일 발달로 소비자들이 휴대전화에서 간편하게 구독서비스를 경험할 수 있게 됐다는 것이다. 다양한 영상과 음악을 '버벅거림' 없이 즐길 수 있는 환경도 만들어졌다. 티엔 추오는 "제품 중심에서 고객 중심으로 조직 사고방식이 바뀌는 변화가 '구독경제'의 결정적 특징"이라며 "휴대전화를 통한 경험이 대폭 개선된 덕분에 디지털 소비자 구독이 폭발적으로 늘고 있다"고 분석했다.

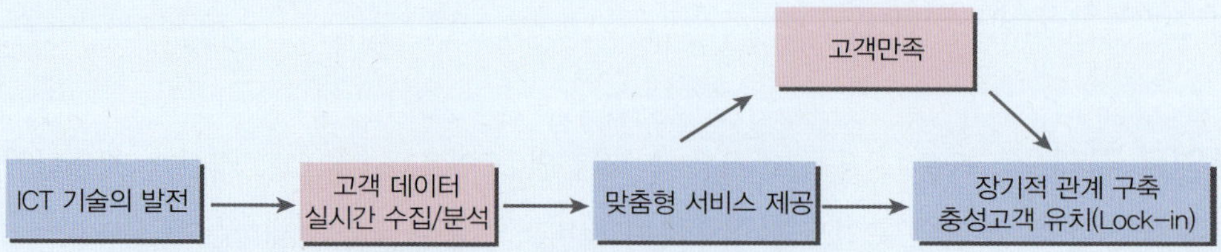

구독경제의 선순환

더불어 구독경제는 고객과 기업이 모두 윈-윈 할 수 있는 가치를 제공한다. 기업은 고객과의 장기적 관계를 유지하여 고객 데이터를 확보할 수 있으며, 고객은 그 관계 속에서 자신에게 맞춤화된 서비스를 누릴 수 있다. 대부분의 정기구독 서비스는 고객의 프로필 및 취향 정보를 받고 반복적인 상호작용을 통해 꾸준히 업데이트하며 맞춤화의 정도를 높일 수 있다. 이를 바탕으로 단일 제품이나 정적인 서비스를 이용했을 때보다 더 유연하고 동적으로 자신의 욕구를 충족시켜 주기 때문에 고객들은 구독을 선택하게 된다. 자신의 취향에 맞추어 더 만족할 만한 서비스를 제공하므로 고객이 떠나지 않는 lock-in 효과로 이어진다.

자료원: 국민일보, "책 · 화장품 · 자동차… 이젠 '소유' 대신 '구독'하며 산다," 2019.04.06;
Chief Executive, "[Special Report] 고객을 '구독자'로 만드는 기업이 시장을 지배한다," 2019.03;
TTimes, "'소유도, 공유도 싫다' 정기구독 결제가 뜬다," 2016.10.20.

사이버 머니 실제 현금으로 교환할 수 있는 화폐는 아니지만 통용되는 전자상거래 사이트에서 현금과 똑같이 사용할 수 있다. 자사 회원에게 마일리지 형태로 제공되는 경우가 많은데, 가령 온라인 쇼핑몰에서 구매 금액의 일정 비율을 적립금 형식으로 지급하여 추후 사용할 수 있게 한 경우이다.

간편결제 공인인증서와 같은 추가적인 인증 수단 및 절차 없이 모바일 기기에 저장된 지문, 홍채 등의 생체 정보나 지급카드 정보만으로 온·오프라인에서 간편하고 빠른 송금 및 결제가 가능하다. 금융기관을 비롯하여 대형 포털, 소셜 네트워크 플랫폼사, 유통사, 이동통신사 등 다양한 업종이 진출해 있는데, SAMSUNG pay삼성페이, N Pay 네이버페이, pay카카오페이, 페이코, 신세계 SSG페이 등이 그 예이다. 미국의 PayPal 페이팔, G Pay 구글페이, Pay 애플페이, 그리고 중국의 支付宝 ALIPAY 알리페이 또한 빼놓을 수 없다. 간편결제는 불필요한 결제 절차를 줄여 고객의 편의를 도모할 뿐 아니라, 복잡한 결제 절차로 인해 고객들이 중도 포기하는 비율이 줄어 매출에 긍정적인 영향을 준다.

가상화폐 실물 없이 온라인에서만 거래되는 전자화폐의 한 종류로 처음 고안한 사람이 정한 규칙에 따라 가치가 매겨진다. 일반 화폐와 달리 정부나 중앙은행에서 거래 내역을 관리하지 않고 가치나 지급을 보장하지 않지만, 블록체인 기반의 결제 인프라가 빠르게 구축되고 면세점, 전자상거래 사이트 등과의 제휴를 토대로 가상화폐를 이용한 결제의 상용화가 구현되고 있다.

ICT의 발전에 따라 현금 이외의 결제수단이 더욱 확대될 것으로 전망된다. 결제 과정 자체가 서비스에 자연스럽게 녹아 들어 생략되기 때문이다. 가령, 카셰어링이나 배달앱과 같은 모바일 온디맨드 서비스는 서비스 제공자와 고객이 요금을 별도로 정산할 필요 없이 플랫폼 내 사전에 등록한 신용카드를 통해 자동으로 결제가 이루어진다. IoT를 활용한 서비스도 일조하는데, 냉장고가 계란을 주문하고 공기청정기가 필터를 주문하는 등 IoT 기기가 스스로 결제하려면 사전 등록된 결제수단이 필요하다.

9.5 가격전략 수립상의 윤리적 이슈

서비스 가격전략의 윤리적 이슈

서비스 가격 수립상의 윤리적 이슈는 크게 두 가지로 나눌 수 있는데, 첫 번째는 서비스 가격이 너무 복잡하게 책정되어 있다는 것이고, 두 번째는 숨겨진 가격이 너무 많다는 것이다.

가격이 너무 복잡하다 서비스 가격은 제품처럼 눈에 보이는 하나의 가격이 정해지는 것이 아니기 때문에 제품에 비해 매우 복잡하게 보일 수 있다. 이동통신 서비스의 경우 다양한 요금제가 존재하는데, 고객이 모든 요금제를 제대로 알고 자신에게 적합한 요금제를 선택하는 것은 무척 어렵다. 최근에는 음성 통화만 아니라 데이터 통신, 영상 통화 등의 다양한 서비스가 추가로 제공되고 단말기 보조금, 콘텐츠 사용료, 소액결제, 로밍 서비스, 인터넷 결합 등 부가적인 사용 내역 및 옵션에 따른 추가 요금이 더해지면서 요금청구서를 받아보고도 파악하기 어려운 복잡한 가격 구조에 고객들의 불만이 늘어가고 있다. 심지어 기업들이 사실은 동질적인 상품임에도 복잡한 가격을 내세워 대안들 간 비교를 어렵게 하고 의도적으로 혼란을 초래한다는 비판도 존재한다. 기업은 고객들이 가격에 대한 불만을 갖지 않도록 가격 책정의 정확한 기준을 이해하기 쉽게 알리는 노력을 잊지 말아야 할 것이다.

숨겨진 가격이 너무 많다 고객에게 핵심 서비스를 제공하기 위해서는 다양한 부가 서비스가 필요하다. 부가 서비스 중에는 핵심 서비스와 별도로 따로 가격을 책정하여 고객에게 청구하는 서비스들이 있는데 이러한 내용이 고객들에게 제대로 전달되지 못하는 경우가 있다. 인터넷을 통해 공연 예매를 하는 경우 예매 수수료가 청구될 수 있는데, 이 예매 수수료는 공연 티켓 가격에 포함되어 있지 않다. 예매를 취소

했을 때도 취소 시점에 따라 수수료가 부가되며, 예매 수수료는 취소 시에도 환불되지 않기 때문에 명시된 티켓 가격만을 공연 관람료로 생각하는 경우 괴리가 발생할 수 있다. 여행 패키지 상품도 각종 유료 관광 옵션이 추가되기 때문에 제대로 여행을 즐기려면 여행사가 제시한 요금 이외에 추가적으로 상당한 요금을 지불해야만 한다. 또한 미국 내 다수의 시중 은행은 계좌에 잔고가 부족한 상태에서 직불카드를 사용한 경우 일종의 위약금으로 초과 인출 수수료를 부과한다. 잔액이 부족했을 때 카드 결제를 막는 것이 아니라 구매를 할 수 있도록 하고 은행이 금액을 충당한 것에 대한 수수료를 취하는 것인데, 고객이 미처 알아차리지 못한 가운데 예상치 못한 요금이 발생하는 셈이다.

위약금이 발생하고 숨겨진 가격이 수면 위로 드러난 경우, 고객이 경쟁사로 이탈하거나 부정적인 구전을 하는 것으로 드러났다. 이러한 부정적 반응을 줄이려면, 첫째로, 고객이 위약금의 존재나 금액에 대해 갑자기 알게 되어 놀라는 상황을 줄여야 한다. 고객에게 적절하다고 여겨질 금액을 설정하고, 수수료를 부과할 만한 상황이 생기기 전에 효과적으로 알리는 것이 중요하다. 둘째로, 고객의 통제를 벗어난 상황인 경우 수수료를 감면한다. 이는 위약금을 물게 된 상황이 자신의 탓이 아니라고 여기면 발생한 추가비용을 불공정하다고 느끼기 때문이다. 또한 고객의 과거 행적에 따라 상이하게 위약금을 청구할 수 있다. 원칙대로 서비스를 잘 이용해온 모범고객일수록 위약금이 청구되었을 때 더욱 부정적인 반응을 보이는 것으로 나타나, 이 경우 첫 위약금을 면할 기회를 줄 수 있겠다. 셋째로, 위약금의 크기가 고객이 끼친 손실에 비해 과하지 않게 책정되어 공정해야 하고, 일선 종업원이 충분히 사전 교육되어 고객의 마음을 다스리고 위약금이 발생한 이유를 잘 설명할 수 있어야 한다.

가격전략의 윤리적 실행 방안

고객에게 제시되는 가격이 불공정하지 않게 느껴지도록 기업들은 아래의 방안들을 통해 세심하게 관리해야 한다.

분명하고 논리적인 가격 정책을 제시하라 고객에게 수수료, 취소 위약금 등의 비용이 발생하는 조건을 명확히 전달하여 고객이 예상하지 못한 일이 없도록 해야 한다. 어떤 상황에서 고객 비용이 발생하는지를 간결하고 투명하게 설명하여 고객이 논리적으로 받아들이고 이해할 수 있도록 해야 한다.

표시가격은 높게, 요금은 할인으로 동일한 요금제라도 고객에게 손실보다는 이득인 상황으로 설명하는 것이 더 공정하게 느껴진다. 가령, 주말에 고가격을 책정하는 미용실인 경우, 주중의 요금이 기본 요금인 가운데 추가비용이 존재한다고 설명하면 부당 이득을 취하는 것으로 느껴질 수 있다. 반대로 주말의 고가격을 기본 요금으로 상정한 가운데 주중 할인을 해준다고 하면 고객은 주중 방문에 대해 보상을 받는 것으로 인식할 뿐 아니라, 더 높은 준거가격에 기인하여 서비스 품질도 높게 인식할 수 있다.

고객 차원의 혜택을 설파하라 기업이 다양한 요금제도를 운영하는 것이 고객에게도 이득임을 알려야 한다. 극장에서 좋은 좌석에 높은 가격을 책정하는 것은 기업의 수익을 높일 뿐 아니라, 더 좋은 서비스를 즐기고자 하는 고객들이 자신의 니즈를 충족할 수 있게 된다. 또한 높은 가격의 좌석이 존재하기 때문에 더 낮은 가격의 좌석이 함께 제공될 수 있다. 고객이 이러한 가격전략에 익숙해지고 상식적인 것으로 여기면 다양한 요금제도가 불공정하다고 느끼는 것은 줄게 된다.

때로는 할인을 숨겨라 할인가격을 경험한 고객은 추후 할인되지 않은 가격을 접했을 때 불공정하다고 느끼게 될 수 있다. 따라서 서비스를 개별적으로 제공하여 각각의 가격을 드러내기보다 패키지를 구성하고 그에 대한 묶음가격만을 제시하면, 가격 비교가 어려워 이를 방지할 수 있다. 또한 한 번 가격을 낮추면 다시 올리는 것이 어려우므로 가격을 다양하게 책정하기보다 이질적인 서비스 상품들을 구성하는 것이 더 좋다. 가령, 레스토랑에서 메인 메뉴의 가격을 인하하기보다 적은 양의 메뉴를 저렴한 가격으로 제시할 수 있다. 더불어 할인 또는 낮은 가격을 홍보하여 고객의 준거가격을 낮추는 것보다는 충성고객에게만 제공되는 혜택으로 특별가격을 제시하는 것이 좋다. 이는 고객만족을 증진함과 동시에 표시가격을 낮추지 않고 수요를 늘릴 수 있는 방법이다.

충성고객을 존중하라 아무리 충성고객이라도 무조건 최대한의 매출을 이끌어낼 생각은 피해야 한다. 자사에 우호적인 고객이라고 바가지 요금을 씌우는 것은 신뢰를 저버리는 행위이다.

CHAPTER

10

서비스 촉진관리

PROLOGUE

4차 산업혁명 시대, AI로 진화하는 광고업계

인공지능(AI)이 4차 산업혁명의 핵심 기술로 떠오른 가운데 인간의 고유 영역이라고 불렸던 광고업계에서도 AI 기술이 접목되고 있다. AI가 기획하고 제작하는 광고가 등장하고 광고 매체 내 지면 효율화와 광고 성과 최적화까지 척척 해낸다. 그야말로 '못하는 게 없는' 신기술의 등장으로 광고업계가 들썩이고 있다. 디지털 광고업계가 AI를 활용한 광고 최적화에 공을 들이고 있는 가운데, 특히 인간의 학습 능력과 같은 기능을 컴퓨터에서 구현해내는 AI 기술 중 하나인 '머신러닝(Machine Learning)' 기술이 주목받고 있다. 머신러닝과 빅데이터를 기반으로 소비자의 관심사 및 성향을 자동으로 분석하고 이에 맞는 광고 유형과 매체, 게재 위치 및 사이즈까지 선정해 광고 효율을 극대화할 수 있어 디지털 광고 영역에서 이미 각광받고 있다.

가령, 디지털 마케팅 솔루션 기업 메조미디어는 머신러닝을 기반으로 캠페인 효과를 자동으로 학습해 분석한 뒤 보완점을 반영하는 기술을 선보이고 있는데, 이 기술을 활용하게 되면, 이전 캠페인의 광고 노출 요일 및 시간, 광고 사이즈, 광고 유형, 광고 노출 기기(device)별 소비자 반응 등 다양한 항목을 AI가 점수화해 분석함으로써 예산 대비 최적의 광고 효과를 제안한다. 해당 기술을 적용한 일동제약의 '지큐랩' 광고는 머신러닝 적용 전 캠페인 대비 동일한 비용으로 2배 이상 높은 광고 노출과 클릭률을 기록했다. 그 외에도 광고주의 웹페이지 및 애플리케이션을 이용하는 소비자들의 행동 및 선호하는 상품 등을 분석하고 향후 행동을 예측해 개인 맞춤형 푸쉬 알람, 광고 이메일, 웹페이지 카테고리를 구성하는 등 해당 기술이 적용될 수 있는 범위가 넓어 향후 광고업계에서 AI 기술의 활용도는 계속 증가할 것으로 보인다.

미디어사들 또한 AI를 활용한 다양한 광고 서비스를 선보이고 있는데, 먼저 구글은 지난 2월 자사의 광고 플랫폼에 AI를 적용한 자동 광고 서비스를 출시했다. 광고 플랫폼에 머신러닝 기술을 적용해 광고 게재 위치와 광고 유형을 스스로 결정하는 방식이다. 구글은 지난해 4월부터 베타 서비스 운영을 한 결과 프로젝트에 참여한 광고주의 매출이 평균 10% 늘어났다고 밝혔다.

카카오 역시 최근 광고주가 자체 보유한 데이터와 카카오톡, 카카오스토리, 다음 등 서비스 내 이용자의 관심사 및 행태 정보를 분석해 맞춤형 광고를 집행할 수 있는 AI와 빅데이터 기반 광고 플랫폼 '카카오모먼트'를 선보였다. 이 서비스는 광고주의 캠페인 목표에 따라 카카오 플랫폼 내에서 광고 효율을 극대화할 수 있는 관심사 · 장소 · 시간 · 인구학적 통계를 AI가 설정해 광고를 집행하는 것이 특징이다. 각 이용자의 특성에 따라 다른 광고 메시지를 노출할 수도 있다. 4,300만 명이 사용하고 있는 메신저 카카오톡을 비롯해 포털 다음(Daum), 카카오 T, 멜론, 카카오페이지, 카카오스토리 등 각각 수백만에서 수천만 명 이상의 이용자를 확보하고 있는 카카오의 다양한 서비스를 비즈니스에 활용할 수 있어 디지털 광고 영역에서 빠르게 성장하고 있다.

네이버 역시 최근 서울 인터컨티넨탈 호텔에서 사업 전략 발표회를 열고 소상공인을 위한 인공지능 기반 '상품 검색 키워드 자동 추천' 기술을 공개했다. 판매자가 네이버 쇼핑에 상품을 등록하면 AI가 인터넷 검색 패턴과 최신 유행 등을 고려해 직접 노출이 많이 될 수 있는 검색어를 찾아 주는 서비스다. 이에 더해 AI 기반의 광고 최적화 솔루션을 개발한 '아드리엘(Adriel)'에 투자하고, 글로벌 AI 서비스기업 '애니마인드그룹'에 공동투자하는 등 AI 광고 관련 투자도 늘리고 있다.

카카오 for 비즈니스

이뿐만 아니라 광고 분야에서 AI 기술은 기획과 제작 분야에까지 활용되며 그 사용 범위를 빠르게 확장하고 있다. 글로벌 광고회사 맥켄 에릭슨(McCann Erickson)의 일본 지사 '맥켄 에릭슨 재팬'은 인간과 인공지능이 껌 브랜드 '클로렛츠'를 주제로 기획 · 제작한 광고를 동시에 공개했다. AI 프로그램은 기존 광고 영상들의 데이터와 광고 제품의 정보를 입력한 뒤 제작됐다. 사람들의 투표를 비교한 결과 인간이 만든 영상이 54%를 득표해 근소한 차이로 승리했지만 해당 캠페인은 광고업계에 인간 고유의 영역이라고 여겨졌던 창의력을 인공지능이 대체할 수도 있다는 가능성을 보여준 사례로 꼽힌다.

AI가 카피를 작성한 광고도 등장했다. 도요타자동차는 IBM의 인공지능 '왓슨'이 작성한 대본으로 제작한 렉서스 광고를 지난달 공개했다. 이는 인공지능이 대본을 작성한 최초의 상업광고다. 60초짜리 이 광고는 오스카상 수상 경력이 있는 케빈 맥도날드가 감독을 맡았다. 도요타는 유럽시장에 내놓은 '렉서스ES 이그제큐티브(Executive)' 세단의 광고 제작을 위해 왓슨팀과 협력해 지난 15년 간 칸광고제에서 상을 받았던 도요타자동차 캠페인들의 영상과 대본, 음성, 일련의 외부 데이터를 분석했다. 이후 전문 창작자들이 스토리를 완성했지만 대본의 흐름과 줄거리는 인공지능 엔진이 창작했다. 인공지능이 인간을 완전히 대신할 수는 없지만 창의성 부분에서도 충분히 역할을 해낼 수 있음을 확인시킨 사례다.

Lexus 광고 'Driven by Intuition'

이와 관련하여 광고업계의 한 관계자는 "광고 분야는 AI가 결코 대신할 수 없는 인간 고유의 영역으로 불려왔지만 최근의 새로운 시도들은 이러한 한계점을 넘어선 결과를 보여주고 있다"며 "인간을 완전히 대체할 수는 없지만 인간의 영역을 빠르게 위협하고 있는 것은 사실"이라고 말했다. 이어 "창의성(creativity)이라는 광고의 핵심 가치까지도 AI 기술이 넘보고 있는 상황"이라며 "AI를 비롯한 다양한 최신 IT 기술이 광고 영역에 더욱 폭넓게 접목될 것으로 전망된다"고 전했다.

자료원: 뉴데일리 경제, "AI로 진화하는 광고업계… 제작부터 효율화까지 '못하는 게 없네'," 2018.12.10.

10.1 서비스 촉진이란?

촉진(promotion)은 고객들에게 자사의 상품을 알리고 고객들이 자사의 상품을 선택하게 하려는 마케팅 커뮤니케이션이라고 정의할 수 있다. 일반적으로 촉진의 목적은 정보를 제공하고(inform), 호의적인 태도를 가지도록 설득하며(persuade), 최종적으로 소비자 행동에 영향을 주어(influence) 구매를 이끌어 내는 것이다.

서비스 기업은 기존고객뿐 아니라 잠재고객에게도 서비스가 존재한다는 것을 알리고 언제, 어디서 이용이 가능하며 서비스를 통해 얻는 혜택이 무엇인가를, 그리고 서비스를 어떻게 이용하는가를 알려야 한다. 고객을 설득한다는 것은 경쟁 브랜드가 아닌 자사의 상품을 구매하고 사용함으로써 만족과 효용을 얻을 수 있음을 고객이 깨닫게 하는 것을 말한다.

서비스 기업은 제조기업에 비해 다양한 커뮤니케이션 수단을 가질 수 있다. 서비스 마케팅에서는 일반적으로 이용할 수 있는 광고매체(인터넷, 신문, 잡지, 라디오, TV 등), 판촉, 홍보, 인적판매 외에 여러 가지 다른 수단이 존재한다.

서비스가 제공되는 장소인 호텔이나 병원, 은행 같은 건물의 디자인, 분위기 등 물리적 환경이 또 다른 커뮤니케이션 수단이다. 공장이 아름답다고 광고하는 제조기업이 없는 반면 서비스에서는 매력적인 건물의 모습을 광고하는 등 물리적 환경이 서비스 기업을 상징하는 도구로 자리 잡을 수 있는 것이다.

기념비적인 건물과 흥미 있는 표지판들은 전체적인 이미지를 전달하거나 자사만의 독특한 경쟁우위를 전달할 수 있다. 조선호텔은 이곳을 방문한 마이클 잭슨 등 유명 인사들의 사진을 복도에 전시해 놓고 있다. 이처럼 과거 이용했던 고객들도 커뮤니케이션의 수단이 된다. 심지어 창문을 통한 커뮤니케이션도 가능하다. 레스토랑이나 호텔 창문 너머로 보이는 경치는 고객의 평가에 영향을 미칠 수 있다.

서비스 촉진, IMC 관점에서 보자.

마케팅 환경의 변화

광고 이외의 촉진활동의 중요성 증대 과거 마케팅 커뮤니케이션은 광고가 중심이 되어 기획됐으나 최근에는 판매촉진(Sales Promotion), 이벤트, 홍보, 직접우편(Direct Mail), POP 광고, 인터넷, 소셜 미디어 등과 같은 다양한 커뮤니케이션 방법들의 가치가 재인식되고 있다. 기업들은 서비스 런칭 시 다양한 판촉, 이벤트 및 홍보수단을 다각적으로 활용하고 있다. 에어아시아의 장거리 노선 계열사인 에어아시아 엑스의 경우 2018년 호주 멜버른 공항을 아발론 공항으로 이전 운항하게 된 기념으로 5일간 특가 프로모션을 진행하여 인천-멜버른, 부산-멜버른 편도 항공권을 최저 17만 9천 원에 판매한 바 있다. 이 항공사는 새로운 노선을 런칭할 때나 성수기 또는 휴가기간을 맞아 특별 프로모션을 제안함으로써 고객들에게 초특가의 할인 혜택을 제공함과 동시에, 좌석 점유율을 높임으로써 자사의 수익 또한 극대화하는 전략을 취하고 있다. 물론 이러한 프로모션은 간헐적으로 제공되며 제한된 항공편의 한정된 좌석에 한하지만, 소비자들은 이 기회를 놓치지 않기 위해 뉴스, 인터넷뿐 아니라 관련 블로그 및 SNS 등을 적극적으로 활용하여 해당 기업과 관련한 정보의 확보를 위해 힘쓰게 된다.

에어아시아의 공항 이전 기념 프로모션
(출처: 트래블데일리)

매체시장의 세분화 오늘날의 매체환경은 TV, 라디오, 신문, 잡지뿐 아니라 케이블 TV, 인터넷, 모바일 등 전문화된 쌍방향 매체의 등장으로 매체시장이 점차 세분화되고 있다.

세분화된 소비자 층 등장 삼성경제연구소는 국내시장의 유망소비자 층을 신세대 층, 독립생활자 층, 취업주부 층, 실버세대 층으로 예측한 바 있다. 이처럼 소비자 층이 세분화되고 서로 다른 소비욕구를 형성하자 기업은 도달범위가 넓은 대중 커뮤니케이션 도구와 선별성이 뛰어난 커뮤니케이션 도구(판매촉진, 직접판매, 온라인 및 모바일 광고 등)를 통합적으로 운영할 필요를 느끼고 있다.

데이터베이스 마케팅 고객의 욕구가 다양해지고 기업 간 경쟁이 격화되면서 타겟고객에게 개별적으로 접근하는 마케팅 노력이 이루어지고 있다. 따라서 기업은 고객의 정보를 정확히 파악하고 직접우편, 이메일, SMS, SNS 등 다양한 채널을 통해 고객과의 개별적인 관계형성을 위해 노력하며, 이에 대한 고객의 반응을 세분화하는 등의 움직임을 보이고 있다.

통합적 마케팅 커뮤니케이션

마케팅 커뮤니케이션의 형태 마케팅 커뮤니케이션은 크게 계획된(planned) 커뮤니케이션과 계획되지 않은(unplanned) 커뮤니케이션으로 나누어 볼 수 있다. 계획된 커뮤니케이션이란 광고, 판매촉진 등 미리 의도한 메시지가 소비자에게 전달되는 과정을 의미하고, 계획되지 않은 커뮤니케이션이란 기업이 커뮤니케이션을 수행하는 과정에서 예기치 못한 메시지가 전달되는 것을 의미한다.

〈표 10-1〉에서 볼 수 있듯이, 커뮤니케이션은 기업이 의도한 대로만 이루어지는 것은 아니다. 따라서 기업은 계획된 커뮤니케이션뿐만 아니라, 다양한 상황에서 발생할 수 있는 계획되지 않은 커뮤니케이션도 면밀히 검토하여야 할 것이다.

커뮤니케이션의 부재 기업의 커뮤니케이션 활동이 없는 것 자체도 고객에게는

표 10-1 | 계획된 커뮤니케이션과 계획되지 않은 커뮤니케이션

	계획된 커뮤니케이션	계획되지 않은 커뮤니케이션
광고	타겟고객을 공략한 광고	고객의 개인적 가치에 반하는 광고 내용으로 인한 고객의 불쾌감
인적판매	우수한 여행상품 고객에게 도움이 되는 조언	판매원의 허름한 옷
웹사이트	사용이 편리한 링크 담당자와 이메일을 통한 연락 가능성	고객의 질문에 대한 답변이 늦거나 없는 경우
접점에서의 커뮤니케이션	직원의 친절한 매너 기분 좋은 물리적 환경 효율적인 서비스 시스템	예의 없는 직원 지켜지지 않은 약속 복잡한 기술

커뮤니케이션의 한 형태로 인식될 수 있다. 고객이 서비스 실패를 경험했거나 서비스 접점에서 불쾌한 경험을 했을 때, 기업이 실패에 대한 아무런 정보를 제공하지 않거나, 고객 불평에 대해 응답하지 않는 경우, 고객들은 이러한 커뮤니케이션의 부재를 부정적으로 받아들이게 된다. "부정적인 정보라도 정보가 없는 것보다 낫다"라는 문구에서도 알 수 있듯이, 일반적으로 커뮤니케이션의 부재는 소비자들에게 부정적으로 인식되는 경우가 많다. 따라서 기업들은 서비스 실패의 상황에 대해 소비자와 정보를 공유하고, 불만을 들어주며, 이에 대한 해결책을 같이 모색해야 할 것이다.

통합적 마케팅 커뮤니케이션 촉진, 즉 마케팅 커뮤니케이션을 효과적으로 달성하기 위해서는 여러 가지 수단을 이용할 수 있지만 일반적으로 광고, 판매촉진, 대인 커뮤니케이션, 홍보 및 PR, 기타 등으로 구분할 수 있다. 각 촉진수단에 대한 상세한 내용은 〈표 10-2〉에서 확인할 수 있다.

각 촉진수단들은 제각기 상이한 효과를 가지고 있다. 광고는 많은 소비자들이 제품을 인지할 수 있는 좋은 촉진수단이다. 하지만 구매결정을 촉구하는 데에는 인적판매가 가장 효과적이다. 따라서 제한된 촉진예산으로 가장 효과적인 영향을 가져올 수 있게 각 수단을 결합하는 것이 촉진관리의 주된 목적이라고 할 수 있다.

표 10-2 | 촉진수단의 비교

	종류	도달 범위	비용	장점	단점
광고	TV, 인쇄, 인터넷, 옥외광고 등	광범위	보통	신속, 통제 가능	효과 측정의 어려움, 정보의 양이 제한
판매촉진	가격할인, 상환, 샘플, 쿠폰, 경품, 경연대회 등	광범위	비싼 편	인지도 향상, 빠른 효과	경쟁사 모방 용이
대인 커뮤니케이션	인적판매, 고객서비스, 텔레마케팅, 구전 등	개별고객	비싼 편	정보의 양과 질이 탁월, 즉각적인 피드백	높은 비용, 느린 속도
홍보, PR	기업광고, 언론매체, 컨퍼런스, 이벤트, 스폰서십, 박람회 등	광범위	무료/유료	높은 신뢰성	통제의 어려움, 간접효과/높은 비용
뉴미디어	팟캐스팅, 모바일광고, 블로그, 소셜 네트워크 커뮤니티 등	광범위+ 개별고객	저렴 또는 보통	SNS를 통한 빠른 확산, 매스 마케팅뿐만 아니라 1:1 마케팅 가능	통제의 어려움, 부정적 구전 수습의 어려움
기타	웹사이트, PPL, 음성메일, 기업로고, 건물 내부 인테리어, 장비, 직원 유니폼 등	보통	보통	서비스의 무형성 극복	정량화가 어려움

또한 최근에는 마케팅 커뮤니케이션 채널이 전통적 미디어 관점을 넘어 적극적으로 확장됨에 따라, 고객 의사결정에 영향력을 행사하는 모든 접점이 다루어지기 시작하였다. 특히 최근에 활발하게 논의되고 있는 트리플 미디어(Triple Media)는 소비자에게 영향을 미치는 모든 접점을 광고 미디어로 간주하고, 이를 판매 미디어(Paid Media), 자사 미디어(Owned Media), 획득 미디어(Earned Media)의 세 가지 유형으로 구분하여 제시하고 있다. 각 미디어의 간략한 정의와 예시에 대해서는 〈표 10-3〉에 기술하였다.

이처럼 다양한 촉진수단을 효과적으로 활용하기 위해서는 전반적 기획을 토대로 각 촉진요소들의 고유한 특성을 최대한 고려하고 각 수단의 전략적 역할을 할당하여

표 10-3 | 트리플 미디어(Triple Media)의 정의와 예시

판매 미디어(Paid Media)	자사 미디어(Owned Media)	획득 미디어(Earned Media)
기업이 구입할 수 있는 접점	기업이 보유하고 있는 접점	고객을 비롯한 제3자가 정보를 발신하는 접점
온라인 • 디스플레이 광고 • 검색 연동형 광고 • 스폰서십 **오프라인** • 매스미디어 광고 • 교통 광고 • 옥외 광고 • 유료 기사 광고	**온라인** • 웹사이트나 블로그 • 모바일 사이트 • 트위터 등의 계정 **오프라인** • 상품 패키지 • 카탈로그, 건물, 매장, POP • 판매원	**온라인** • 뉴스 사이트의 기사 • 게시판의 게시글 • 전문가의 평가 **오프라인** • 매스미디어 보도 • 고객 입소문 • 판매원의 추천

다양한 수단을 조정하는 통합적 마케팅 커뮤니케이션(integrated marketing communication: IMC)이 필요하다. 오케스트라의 악기들이 제각기 개성 있는 음색을 내지만 전체적으로 조화로운 소리를 내듯이 다양한 촉진수단들이 조화롭게 통합적으로 운영되어 고객과의 관계를 구축하고 강화해야 한다.

10.2 판매촉진이란?

판매촉진, 왜 중요한가?

판매촉진(sales promotion: 이하 판촉)은 고객이나 중간상의 반응을 유도하기 위한 단기적인 촉진활동이다. 판촉이 가져오는 혜택은 다음과 같다. 수요가 감소하는 경향을 보

일 때 판매를 증가시킨다. 그리고 새로운 상품의 도입을 앞당기거나 새로운 서비스 시스템의 확산을 앞당긴다. 또한 고객의 행동을 가속화시킨다. 판촉은 고객에게만 하는 것이 아니라 직원이나 중간상에게도 가능하다. 최근 기업들은 광고 일변도에서 벗어나 판촉지향적인 방법을 병행하고 있는데 그 이유는 다음과 같다.

단기적 매출증대효과 광고가 매출에 영향을 미치기 위해서는 오랜 기간이 필요한 반면 판촉은 매출에 단기적이고 즉각적인 영향을 끼친다. 적절한 판촉은 단기매출에 극적인 영향을 가져온다. 특히 단기적 현금흐름이 중요한 기업이라면 이 방법이 필요하다.

서비스 브랜드 간 차이가 적다 예를 들어, 패스트푸드의 경우 특별히 어느 한 업체를 선호할 인센티브가 없는 한 브랜드 전환은 언제라도 발생할 수 있다. 그러나 회원카드를 부여하고 누적된 포인트에 따라 사은품이나 할인의 혜택을 준다면 브랜드 전환은 적게 발생할 것이다.

촉진에 민감한 소비자 증가 항공사나 테마파크의 경우 기업이 판촉을 할 때까지 서비스를 이용하지 않고 기다리는 고객들로 인해 많은 재정적 문제를 갖고 있을 정도이다.

광고의 역할 감소 여가시간이 줄어든 현대인들은 광고가 나오면 리모컨을 이용하여 Zipping(TV 채널을 바꿈)하거나 Zapping(DVD나 다시보기를 앞으로 돌림)한다. 또한 지나친 광고의 범람으로 인해 어떤 광고가 어느 브랜드의 것인지 혼동하는 경향을 가져온다. 실제로 몰입을 방해하는 중간 광고에 지친 소비자들은 각종 광고 제거 서비스에 기꺼이 돈을 지불하고 있는데, 이는 전 세계적인 현상으로 광고 차단(ad-block) 서비스 사용자는 매해 증가하고 있다.

판촉이 매출을 자극하는 좋은 수단이며 그 비중이 점차 높아지고 있지만 판촉에 대한 지나친 과신은 기업과 브랜드 자산에 해를 끼칠 수 있다. 서비스 충성도(service loyalty)는 서비스에 대해 상대적으로 좋은 태도를 가지고 반복적으로 구매하는 것을 말한다. 그런데 의사 충성도(spurious loyalty)라는 것이 있다. 이것은 서비스에 대한 태도는 그리 긍정적이지 않지만 반복적으로 구매를 하는 것이다. 예를 들어, 잦은 가격할인을 하는 경우, 소비자는 서비스가 비록 마음에 들지 않지만 구매하게 된다. 이런 경우 반복구매가 일어나므로 일견 충성도처럼 보이지만 만약 경쟁사가 비슷한 전략을 쓰거나 대체서비스가 등장하면 고객은 바로 돌아선다.

따라서 서비스 기업은 각 판촉의 장단점을 파악하여 최적의 수단을 선정해야 한다. 즉, 판촉을 통해 일시적인 효과만을 노릴 것이 아니라 장기적으로 얼마나 많은 충성고객을 확보할 수 있을지도 고려하여 판촉을 수행해야 한다.

판촉의 유형

[그림 10-1]은 판촉의 유형을 가격지향과 비가격지향으로 나누어 보여주고 있다.

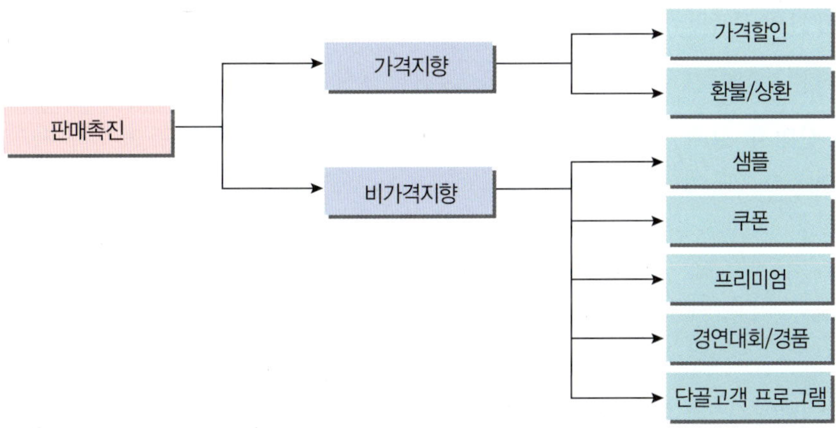

그림 10-1 | 판촉의 요소들

가격지향적 판촉

가격할인 가격할인(price-offs)은 서비스의 가격을 낮춰주는 것이다. 가격할인은 주로 서비스의 이용 증대를 위해 고객을 유인하는 수단으로 사용된다. 이것은 고객이 인식하는 구매위험을 감소시키며 구매 가능성을 증대시킨다. 그러나 가격할인은 정상가격을 지불할 용의가 있는 고객들에게까지 낮은 가격으로 판매하는 결과를 낳기도 한다. 게다가 고객들이 해당 기업이 가격할인을 할 때까지 구매를 하지 않고 기다리거나 할인을 할 때만 구매를 한다면 기업에게는 득이 되지 않을 것이다.

가격할인을 적절하게 사용하면 수요의 분산효과를 가져올 수 있다. 수요가 적은 월요일 등 주중에 할인을 실시하는 테마파크의 경우 주말에 몰릴 수요가 주중으로 이동하여 감소할 수 있다. 이처럼 가격할인을 하면 수요를 분산시킬 수 있을 뿐 아니라 전혀 테마파크를 이용하지 않을 고객들의 수요를 자극할 수 있다. 주중뿐 아니라 학기 중간 등에도 같은 원리를 적용할 수 있다. 영화를 상영하는 극장들이 주중, 주말 관람료를 차별화한 것도 좋은 예라 하겠다.

다만 주의할 점은 할인된 가격이 준거가격(reference price)이 되지 않도록 해야 한다. 성수기에 제값을 받는 항공요금이나 레저요금에게 대해서 고객들이 손해를 보는 느낌이 들지 않게 해야 하고 고객들이 가격할인을 기다린 나머지 사용을 꺼리지 않도록 해야 한다.

가격할인의 효과는 고객의 가격민감도에 따라 다르게 나타난다. 이러한 가격할인의 효과를 분석하기 위해서 고객들을 촉진둔감형 고객, 사재기형 충성고객, 비사재기형 촉진민감 고객, 사재기형 촉진민감 고객, 촉진전용 고객 등의 5가지로 나누어 살펴보자.

SK텔레콤(SK Telecom)의 데이터 로밍 요금제(출처: SK텔레콤)

① 촉진둔감형 고객 : 촉진에 둔감한 고객들은 기업의 가격할인으로 인해서 구매행동을 변경하지 않는다. 기업이 촉진을 해도 구매를 하는 고객들은 촉진을 하기 전과 똑같은 고객이다. 그러나 할인을 하는 품목들은 정상가격보다 낮은 가격으로 판매가 되는 것이다. 이런 고객들이 대상이라면 촉진은 전혀 효과가 없을 것이다.

② 사재기형 충성고객 : 특정 브랜드에 대해 충성도를 보이지만 가격할인 시에는 미래 수요에 대비해 미리 그 상품을 저장할 것이다. 모든 고객들이 이런 경우라고 한다면 촉진을 수행하는 것은 기업에 유리하지 않다. [그림 10-2]를 보면 가격할인을 하지 않는 경우 상품의 매출액은 평상시 판매액에 비하여 낮다. 이전의 가격할인 때 구매를 한 고객들은 정상가격에서 구매를 할 필요가 없기 때문이다. 가격할인의 경우 이런 성향의 고객들은 가격할인을 충분히 이용하기 때문에 판매량은 증가한다. 그러나 판매량의 증가는 미래에 판매될 것을 앞당긴 것뿐이다. 따라서 가격할인 동안 판매량이 증가하지만 기업에게 이득이 되지는 않는다. 왜냐하면 가격할인의 경우 판매에서 상대적으로 마진이 낮을 것이기 때문이고 정상마진으로 가격할인을 하지 않는 경우에는 판매량이 줄어들기 때문이다.

③ 비사재기형 촉진민감 고객 : 이런 고객은 가격할인의 기회는 이용하지만 사재기형 충성고객처럼 가격할인 때 상품을 미리 구매하지는 않는다. 이 고객들은 서비스에 대한 충성도가 높지 않아서 가격할인을 하는 기업을 좇아 잦은 브랜드 전환을 한다. 이런 고객들에게 가격할인을 해야 할 것인가? 가격할인을 하는 동안 마진을 Md로 하고 가격할인을 하지 않는 경우의 마진을 Mn이라고 하자. 당연히 Mn〉Md일 것이다. 가격할인 기간 동안 생긴 판매량을 Sd라고 하고 가격할인이 없는 동안의 판매량을 Sn이라고 하자. 만약 Sd×Md가 Sn×Mn보다 크다면 가격할인을 하는 것이 효과적일 것이다.

④ 사재기형 촉진민감 고객 : 이와 같은 유형의 고객들은 가격할인이 있는 경우에 필요 이상을 사재기하여 여분으로 비축한다. 하지만 이들은 해당 기업에 대한 충성고객이 아니라 가격할인에 민감한 고객이다. 따라서 가격할인을 하는 기업은 자사의 가격할인뿐만 아니라 경쟁사의 가격할인에 의해서도 매출액의 변화를 겪게 된다.

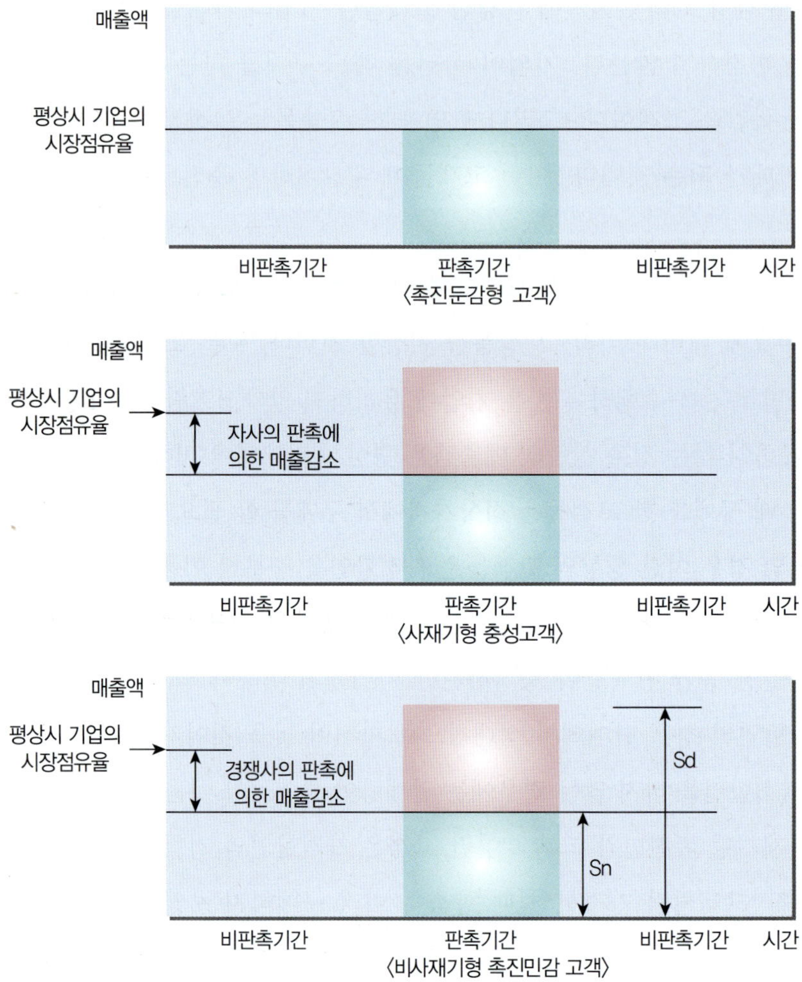

그림 10-2 | 고객유형에 따른 촉진효과

⑤ 촉진전용 고객 : 이 고객들은 가격할인을 할 때만 서비스를 이용하고 그렇지 않으면 이용하지 않는다. 이런 고객들이 있는 경우에는 가격할인이 효과적인 촉진활동이다. 주로 항공, 여행, 테마파크 등의 레저산업에 많이 적용되는 것이다. 비싼 요금을 내고는 이용할 의도가 전혀 없던 사람들이 가격할인이 발생하는 경우에는 서비스를 이용하는 것이다.

환불과 상환 환불이나 상환은 구매했다는 증거가 있으면 고객에게 일정한 현금 등을 돌려주는 것이다. 엄밀히 말하면 환불(rebate)은 내구재에서 주로 사용되고, 상환

(refund)은 일용품이나 고객서비스 분야에 적용되는 용어이다. 그러나 오늘날에는 구별 없이 사용되는 추세이다. 환불이나 상환의 주목적은 서비스를 이용하는 개인들을 보상키 위한 것이다. 물론 이것은 브랜드 전환(brand switching)을 방지한다. 신용카드업계가 이 방법을 가장 성공적으로 활용하고 있는데 고객이 사용한 금액에 상응하는 금액만큼을 적립해 다시 돌려주는 것이다. OK 캐쉬백의 경우는 여타 기업들과의 제휴를 통해 포인트를 누적함으로써 현금처럼 사용할 수 있도록 하는 혜택을 제공하고 있다.

비가격지향적 판촉

서비스 기업은 가격할인 이외에도 여러 가지 비가격지향적 판촉을 실시한다. 이런 유형의 판촉에는 샘플, 쿠폰, 프리미엄, 경연대회와 경품, 단골고객 프로그램 등이 있다.

샘플 샘플(sample)이란 고객에게 무료로 서비스를 시험할 기회를 주는 것을 말한다. 이러한 샘플은 고객들에게 서비스를 사용하게 함으로써 서비스의 무형성에서 기인하는 구매의 위험을 감소시킬 수 있다. 하지만 서비스 기업은 샘플을 다른 촉진수단보다 많이 사용하지는 않는다. 서비스를 공짜로 제공하는 것은 그렇게 높은 비용을 요구하는 것은 아니지만 서비스를 쉽게 나눌 수 없기 때문이다. 예를 들어, 항공사가 10분간의 무료 탑승을 제공하는 것은 불가능하다.

반면에 패스트푸드와 같이 물리적인 상품을 제공하는 기업의 경우는 샘플을 효과적으로 사용할 수 있다. 개업식 날 무료로 음료수를 제공하거나 샌드위치, 샐러드 등을 공짜로 제공한다면 신규고객을 확보할 수 있다. 그리고 의사나 변호사 같은 전문서비스 경우에도 검진이나 상담을 무료로 시행할 수 있다. 이러한 샘플을 통해 잠재고객들의 신뢰를 얻고 다음에 해당 서비스를 찾게 만드는 것이다. 독자들에게 잡지나 신문을 몇 번 무료로 보내고 나중에 정기구독 하도록 권유하는 것, 어학원 등에서 공개강좌를 실시해 수강을 유도하는 것도 그런 예라고 하겠다.

최근 스마트폰을 통한 모바일 앱(application) 시장이 활성화되면서, 많은 기업이 고객들에게 무료 앱을 일정 기간 동안 시용할 수 있는 기회를 제공하고 있다. 이 또한 무료 앱의 시용(trial use)을 통해 유료 결제 전환을 유도한다는 점에서 샘플이라고 볼 수 있겠다. 그런데 최근 연구(Arora, Hofstede, & Mahajan, 2017)에 따르면, 무료 앱을 제공하는 전략이 항상 효과적인 것이 아니다. 불확실성이 어느 정도 줄어든 후기 시장보다는 초기 시장에서 훨씬 효과적이었으며, 특히 게임과 같은 쾌락적(hedonic) 내용의 앱에 대한 무료 시용은 오히려 유료 앱을 구매할 수도 있었을 가능성을 차단해 매출에 역효과를 내는 것으로 나타났다. 따라서 서비스 기업은 이러한 점을 염두에 두고, 무료 샘플을 이용한 촉진전략을 사용하는 데 있어서 각별한 주의를 기울여야 할 것이다.

쿠폰 쿠폰(coupon)은 특히 단기간에 매출을 자극하는 전략이다. 그러나 쿠폰은 장기적으로 사용되어서는 안 된다. 쿠폰의 과다사용은 기업의 이미지와 브랜드 자산을 훼손할 우려가 있기 때문이다. 고객들은 같은 조건이라면 낮은 가격을 선호하기 때문에 쿠폰으로 인한 할인을 찾는다. 그러나 쿠폰을 사용한 할인 구매는 잠재적으로 기업의 이미지에 부정적인 영향을 미치기 때문에 프리미엄 서비스를 기업의 주된 전략으로 설정한 경우에는 적합하지 않다.

쿠폰은 일정비율이나 일정액수의 가격할인, 무료 음료수 같은 부수적인 서비스의 제공, 동반자의 무료 이용 혜택 등의 방법을 사용한다. 패밀리 레스토랑이나 테마파크 등 많은 서비스 기업들이 다양한 쿠폰 발행을 통해 고객을 유인하고 있으며 최근에는 각 업체와 제휴해 쿠폰을 제공하는 잡지 형태의 쿠폰 북이나 웹사이트가 등장하기에 이르렀다.

카카오톡 플러스 친구
(출처: 한국경제 TV)

더 나아가, ICT가 발달하고 스마트폰이 일상화되면서 기업들은 카카오톡 '플러스 친구'와 같은 앱을 통해 고객들에게 정기적으로 쿠폰을 지급하며 장기적인 관계를 맺고 있다. 가령, 카카오톡에서 티켓 INTERPARK '인터파크 티켓친구'를 플러스 친구에 추가한 고객은 정기적으로 뮤지컬, 콘서트, 연극, 전시회 등의 문화 예술 관련 정보와 함께 할인쿠폰을 받아 볼 수 있다. 특히 가격에 민감하고 브랜드 충성도가 낮은 고객을 끌어 모으기 위해서 쿠폰이 사용되는데, 이러한 쿠폰은 얻기 편리하고 이용하기 단순하며 까다로운 조건이 없어야 효과적이다.

프리미엄 프리미엄(premiums)은 서비스를 구매한 고객에게 공짜로 특정 서비스나 사은품을 제공하는 것을 말한다. 쿠폰과는 달리 고객은 다른 서비스 이용 시 한 푼도 지불하지 않아도 된다. 정해진 등급의 무료 이용이나 더 좋은 등급의 서비스 이용이 가능하다. 프리미엄의 장점은 경쟁의 정도와 수요의 계절성을 반영하여 그 가치를 조정할 수 있다는 것으로 이것이 단골고객 프로그램과 다른 점이다. 또한 프리미엄은 쿠폰과 다르게 기업의 이미지에 부정적인 영향을 주지 않는다.

프리미엄은 우수고객에게만 배타적으로 제공되는 것으로 무료 사용을 원하는 모든 고객에게 제공되는 것이 결코 아니다. 즉, 충성고객에게 보상할 목적으로 그들에게 만족을 주고 충성도를 더욱 높이기 위한 판촉이다. 따라서 프리미엄을 받고 싶은 고객들은 얄팍한 쿠폰의 유혹으로 인해 이 상점, 저 상점으로 방황하지 않는다.

또한 프리미엄은 서비스의 무형성을 극복하도록 유형적인 사은품을 제공하여 혜택을 가시적으로 파악할 수 있게도 한다. 주유소에서 고객들에게 휴지, 음료수 등을 나누어주는 것이 그러한 예이다. 이 때 기업이 제공하기 편한 것이 아니라 고객이 원하는 것을 제공하는 것이 중요하다. 아울러 제공되는 사은품이 기업의 이미지를 결정한다는 사실도 잊지 말아야 한다.

경연대회와 경품 경연대회나 경품은 고객에게 복권이나 제비뽑기 같은 기회를 제공하는 것이다. 경연대회(contest)에서 고객은 뽑히기 위해서 일정한 활동을 하거나 서비스를 구입해야 한다. 반면 경품(sweepstakes)은 특별한 활동을 하지 않아도 얻을 수 있다.

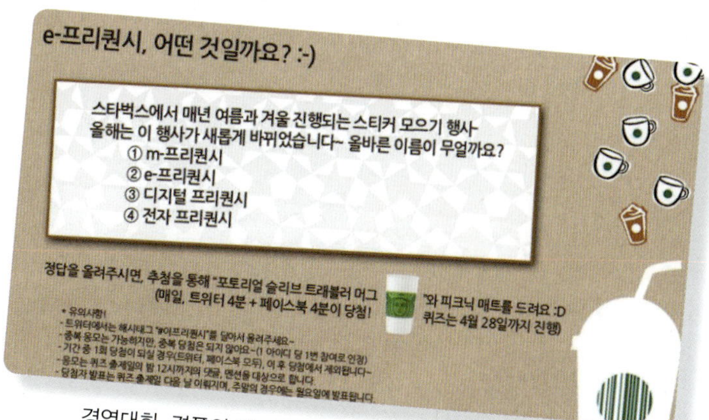

경연대회, 경품의 예: 스타벅스 공식 페이스북의 경품 이벤트

두 방법 모두 서비스에 대한 관여도와 흥미를 증진시키며 서비스를 즐겁게 이용할 수 있도록 계획된 것이다. 많은 기업들이 신규 상품 런칭 시, 'SNS 댓글달기/공유하기' 이벤트를 적극 활용하고 있다. SNS를 통해 자사 상품의 홍보에 기여하는 고객들을 추첨하여 해당 상품이나 서비스를 제공해 주는

INSIGHT

SNS 공유를 부르는 ‘뉴트로’ + ‘펀슈머’ 마케팅

‘태양의 맛 썬’, ‘치킨팝’, ‘보글보글 부대찌개면’, ‘감자탕면’, ‘별난바 톡톡’. 낯익은 이름의 이 제품엔 공통분모가 있다. 단종이란 아픔을 겪으며 역사의 뒤안길로 사라졌다가, 소비자의 적극적인 재출시 요청으로 다시 세상의 빛을 봤다는 점이다. 재출시된 제품은 젊은 층에는 새로움을, 중장년층에는 옛 추억을 전달한다. 최근 재출시된 ‘태양의 맛 썬’은 출시 10개월 만에 누적 매출액 230억 원을 돌파할 정도로 인기다. 앞서 오리온 측은 공식 홈페이지에 ‘썬’ 관련 문의가 100여 건 넘게 올라오자 재출시를 결정했다.

SNS와 온라인 커뮤니티에는 소비자 의견을 적극적으로 반영했다는 긍정적인 반응이 이어지며 ‘손꼽아 기다린 맛’, ‘기다렸다가 먹으니 더 맛있네’와 같은 댓글 수천 개가 달렸다. 지난달 ‘치킨팝’이 재출시된 것도 소비자의 출시 요청이 결정적이었다. 1999년 출시됐다가 2011년 단종된 ‘보글보글 부대찌개면’은 소비자의 힘으로 재출시된 제품이다. 농심 관계자는 “일부 소비자는 일본에 수출된 제품을 사올 만큼 두꺼운 마니아층이 존재했다”고 설명했다.

이처럼 식품업계엔 뉴트로(New+Retro) 열풍과 더불어 ‘펀슈머(Funsumer) 마케팅’ 바람이 거세다. 펀슈머는 ‘재미(Fun)’와 ‘소비자(Consumer)’를 합친 용어로, 재미와 즐거움을 공유하고 소비하는 고객을 뜻한다. 이 신조어를 만든 서울대 푸드비즈니스랩은 펀슈머가 식품업계의 중요한 소비자층으로 부상하고 있으며, 이들의 행동은 새로운 마케팅 방식으로 자리 잡았다고 분석한다. 펀슈머는 식품을 소비하는 데 머물지 않고 다양한 식음료에 대한 자신의 의견을 드러내고, 그 과정에서 발견한 재미를 다른 사람과 공유한다. 펀슈머를 겨냥해 출시된 상품은 SNS의 공유가 활발해 짧은 기간 내에 입소문이 난다는 특징이 있다. 맛뿐만 아니라 재미를 소유하고 공유하는 요즘 트렌드를 최전선에서 이끌어가고 있는 10~30대 젊은 소비자들은 인스타그램이나 페이스북에 ‘인증샷’을 올릴 수 있는 제품에 열광하며, 자발적으로 제품을 홍보한다. 팔도의 ‘팔도비빔면’은 10대들이 즐겨 쓰는 말장난을 활용해 ‘괄도네넴띤’으로 옷을 갈아입고 바로 핫 아이템이 됐다. 팔도는 ‘괄도네넴띤’을 온라인 한정 판매로 출시했다가 뜨거운 반응이 이어지자 오프라인에서도 500만 개를 풀었다. 오프라인 판매 또한 한 달도 안

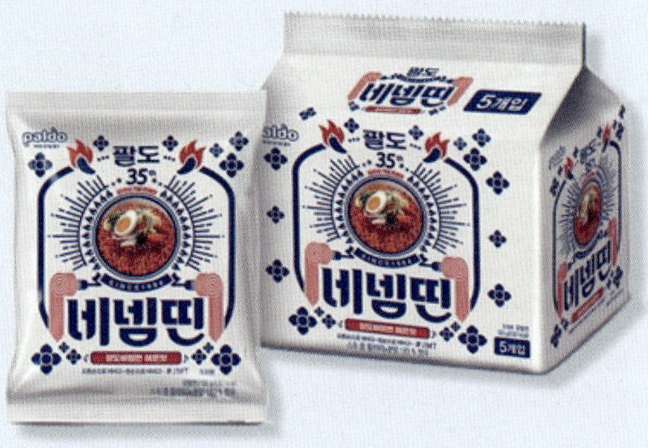

돼 완판됐다.

기업도 편슈머에 집중한다. SNS 인증 문화에 익숙한 젊은 편슈머가 수많은 콘텐츠를 통해 유행을 선도하기 때문에 이들과 브랜드의 소통이 점점 중요해지고 있기 때문이다. 또 식품의 경우 어릴 때 먹던 입맛이 중장년까지 지속하는 경향이 짙다는 것도 젊은 편슈머를 공략하는 이유다. 편슈머는 기존 식품을 재해석해 새로운 식품을 만들어 내기도 한다. 빙그레의 스테디셀러 중 하나인 '메로나'는 메로나 보틀 · 튜브 · 음료와 같은 세 가지 제품으로 새롭게 출시됐다. '바밤바'를 변형한 '바밤바라떼'나 '누가바'가 변신한 '누가바라떼'도 편슈머 제품으로 인기를 끌었다.

편슈머 마케팅은 비단 식품업계뿐만 아니라 패션업계에서도 적극 활용되고 있다. 먼저, 신세계인터내셔널 여성복 브랜드 '스튜디오 톰보이'는 슈퍼마켓과 신선식품을 모티브로 한 '슈퍼마르쉐(supermarch) 캡슐 콜렉션'을 출시했다. 슈퍼마켓에 진열된 다양한 통조림의 색감, 모양에서 영감을 받아 톡톡 튀는 원색, 가공식품을 떠올리게 하는 글자들을 의상에 덧입혔다. 재미와 개성이 돋보이는 디자인이라는 평가다. 또한 패션업계에서 편슈머 트렌드는 다양한 콜라보레이션(협업)을 통해 실현되는데, 지난해 이랜드 스파오(SPAO)가 배우 김혜자 씨와 협업한 '혜자템'은 편안함과 재미로 입소문이 나면서 두 달 동안 80억 원의 매출을 올렸다.

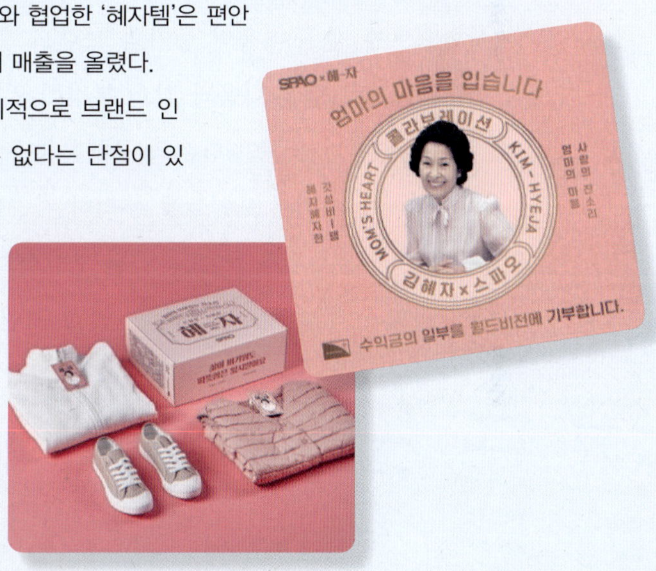

그런데 편슈머 트렌드에 부합하는 제품들은 단기적으로 브랜드 인지도 상승에는 기여하지만 규모의 경제를 이룰 수 없다는 단점이 있다. 빠른 속도로 바뀌는 '재미' 요소는 지속성을 갖기 어렵기 때문이다. 기업들이 편슈머를 겨냥한 마케팅을 장기적인 전략으로 삼기 어려운 이유다. 식품업계 관계자는 "속칭 '신박템'은 익숙해지는 순간 그 가치가 떨어진다. 더 이상 새롭지도 재미있지도 않기 때문에 찾는 사람도 줄어들게 되는 것"이라며 "빠르게 바뀌는 트렌드를 따라잡기 위한 경쟁은 더욱 치열해질 것"이라고 말했다.

자료원: 중앙일보, "4050엔 추억, 1020엔 재미…뉴트로+편슈머 마케팅 뜬다," 2019.03.18;
국민일보, "'재미있어야 구매'… 10~30대 겨냥한 '편슈머' 마케팅 바람," 2019.04.22.

이벤트는 많은 고객들에게 호응을 얻고 있으며, 경품을 통한 이용 경험은 추후 구매로 연결되기도 하므로 더욱 긍정적이다.

쿠폰이 가격에 민감한 고객에게 효과적인 촉진수단인 데 비해, 경연대회와 경품은 자극과 재미를 좋아하는 고객들에게 적절한 촉진수단이다. 따라서 레저나 엔터테인먼트 사업에서 주로 활용될 수 있다. 경연대회와 경품이 효과적이기 위해서는 철저하게 흥미로우며 환상적이고 자극적이어야 한다.

단골고객 프로그램 대부분의 판촉은 단기적으로 브랜드의 전환을 유도하는 것으로 브랜드 충성도를 형성하거나 기업의 긍정적인 이미지를 형성하지 못한다. 그와 같은 판촉의 부정적인 측면을 보완하는 방법으로 개발된 것이 단골고객 프로그램(frequent customer programs)이다. 단골고객 프로그램은 반복적으로 구매하는 고객을 보상함으로써 재 구매율의 증가와 브랜드 충성도의 형성을 목적으로 하는 것이다. 단골고객 프로그램은 다음과 같은 특징이 있다.

① 일정한 기간 동안 다수의 구매를 한 경우에 제공된다.
② 구매에 대해서 포인트를 누적하는 공식적인 수단이 있다.
③ 표준화된 보상절차가 있다.
④ 보상은 일정 포인트가 누적되었을 때 추가 서비스 제공, 가격할인, 현금보상 등으로 제공된다.

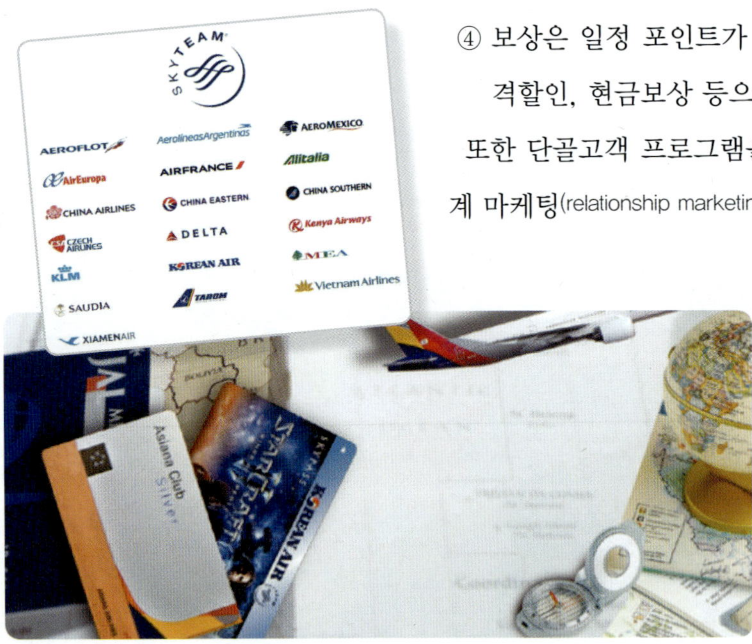

항공사 마일리지 프로그램

또한 단골고객 프로그램을 통해서 고객 데이터를 수집하여 관계 마케팅(relationship marketing)을 실현할 수 있다는 부수적 이점도 있다. 단골고객 프로그램은 상용고객 우대제도(frequent flier clubs)를 개발한 항공사들이 적극적으로 활용하고 있다.

단골고객 프로그램을 사용할 때 기업들은 이 프로그램의 장기적 비용을 주의 깊게 따져봐야 한다. 예상되는 이익이 데이터베이스를 관리하고 보상을 하는 등의 비용보다 더 큰가를 점검해야 한다. 다른 고려사항은 프로그램의 실시가 편리한지 여부이다. 실시하기 편한 프로그램일수록 비용은 적게 들지만 경쟁사들이 모방하기 쉽다. 마지막으로 점검할 이슈는 기간 설정이다. 보상기간을 설정하지 않은 프로그램(open-ended program)은 어떤 시간에나 자유롭게 이용할 수 있어서 고객에게 인기가 있다. 반면 보상기간을 정해놓은 프로그램(fixed-time program)은 기업들이 선호하고 있다.

10.3 광고는 어떻게?

광고의 역할

광고는 일반적으로 정보 제공, 고객 설득, 상품 회상, 구매행동 유도 등의 4가지 역할을 한다. 여기에 부가적으로 구매위험의 감소, 서비스의 포지셔닝 확립, 브랜드 로열티 증가 등의 역할도 한다.

정보 제공 광고는 서비스에 관한 정보를 제공하는 역할을 한다. 이러한 정보에는 영업시간, 가격, 제공 서비스의 종류 등이 포함된다. 예를 들어, 치과에서는 충치나 아픈 이만을 치료하는 것이 아니라 누런 이를 하얗게 하거나 고르지 못한 치아를 교정할 수 있다는 광고를 한다. 또는 심장마비나 고혈압의 징후를 드라마 방식의 시리즈 광고로 방영하여 정보를 제공하기도 한다.

고객 설득 설득적 광고는 고객을 특정한 관점으로 납득시키기 위해서 시행하는 것이다. 다이어트 광고나 성형외과 광고 등 다른 고객의 사용 전후 상황을 극명하게 제시해 소비자를 설득하는 것이 좋은 예이다.

상품 회상 광고에 나타난 특정 요소들로 인해서 브랜드나 기업의 회상을 강화하는 것을 말한다. 여기에 사용되는 요소는 단순한 것이 좋다. 혹은 음악을 효과적으로 이용하거나 단순한 메시지를 갖고 있는 것이 나은 방법이다. 맥주 광고의 경우 맥주를 마시는 상황과 자사의 제품 간의 연상 효과를 극대화하기 위한 다양한 카피를 내걸고 있는데, Cass 카스 맥주는 '그건 네 생각이고!'라는 카피를 통해 사회적 통념에 반기를 드는 통쾌함을 맥주가 제공하는 시원함 및 청량감과 연결시키며 타사 제품 대비 회상률을 높이고자 하였다.

구매행동 유도 고객을 설득하여 해당 서비스를 구매하게 하거나 그것에 대해 관심을 갖도록 하는 것을 말한다. 이런 목적의 광고는 대개 쿠폰이나 프리미엄 같은 다른 판촉수단과 결합되어 사용되는 경우가 많다. GS칼텍스 GS칼텍스는 주유소에서 주유를 하고 보너스카드를 제시하면 100% 당첨 영화 관람권 응모권과 시네마 브런치 1년 자유이용권을 준다고 광고를 한 바 있는데, 이것이 판촉과 결부해서 소비자의 구매행동을 유도하는 광고이다.

서비스 특성에 따른 광고

무형성 광고에서 실체적 단서를 제공함으로써 서비스는 좀 더 유형적이 될 수 있다. 대학교의 신입생 모집광고를 보면 학교 건물, 운동장, 학생들, 그리고 교수들이 강의 중인 모습 등을 보여주며 유형성을 강조한다. 그런가 하면 도미노피자는 피자가 만들어지고, 포장되는 것과 직원이 피자를 배달하는 모습을 보여주는 등 서비스 프로세스를 보여줌으로써 그 무형성을 감소시켰다. 또한 보험회사처럼 매우 무형적인 서비스를 제공하는 기업에서는 광고에서 안전모나 우산 등의 여러 가지 유형적 증거물을 제시함으로써 고객이 안심할 수 있게 한다.

서비스와 관련 있는 실체적 단서를 이용하는 것은 무형적인 서비스를 효과적으로 광고하는 방법이다. Merrill Lynch 메릴 린치(Merrill Lynch)사는 광고에 회사의 로고인 황소를 등장시켜 황소와 같은 견고함이나 적극성을 전달했고, BRITISH AIRWAYS 영국 항공은 비둘기를 단서로 사용하여 안전하고 즐거운 비행을 보장한다는 광고메시지를 전달하였다. 캘리포니아의 한 금융사는 존 웨인을 광고에 등장시킨 바 있다. 정의롭고 용감한 카우보이 역할로 유명한 그의 이미지를 통해 회사의 신뢰성을 전달하고자 한 것이다. 이처럼 서비스를 유형적 사물이나 특정 이미지를 지닌 사람과 연관시켜 서비스에 대한 신뢰성을 높일 수 있는 것이다.

무형적 서비스 속성을 청진기로 '이미지화'한 광고

비분리성 은행에서는 빠르고 편리하다며 ATM 사용을 권장하는 광고를 한다. 최근 모바일 뱅킹이나 인터넷 뱅킹을 장려하는 광고도 마찬가지이다. 이러한 방식을 통해 계좌이체, 계좌조회, 펀드가입 등 은행의 서비스를 이용하도록 하는 광고는 굳이 영업시간이 아니어도 은행 업무를 이용할 수 있도록 함으로써 비분리성을 줄이는 광고인 점이다. 또한 서비스를 이용하는 고객의 모습을 광고에 삽입하여 서비스의 제공과 그로 인한 혜택을 드라마처럼 보여 주는 것이다. 고객이 직접 경험하는 서비스를 보게 된 잠재고객은 차후에 서비스를 이용할 때 본인의 역할을 잘 수행하게 될 것이다.

이질성 광고는 서비스의 표준화나 개별화를 도울 수 있으므로 이질성을 감소시키는 역할을 한다. 표준화를 필요로 하는 서비스에서 광고는 고객들이 기대할 수 있는 것이 무엇인지 알게 하여 표준화를 돕는다. 또한 서비스 직원에게는 광고를 통해서 그들이 제공해야 하는 것이 어떤 것인지를 알게 하여 이질성을 줄인다. 그리고 개별화 서비스에서는 광고가 고객에게 서비스의 과정에 대해서 알려준다. 서비스를 인식하는 것은 그들의 구체적인 니즈를 충족시키도록 돕는 역할을 하여 발생할 수 있는 이질성을 줄인다.

소멸성 광고는 고객에게 성수기와 비수기에 대한 정보를 제공해 소멸성을 줄일 수 있다. 성수기에 대한 정보를 제공하면 고객들은 그들의 수요를 줄이고, 비수기에는 수요를 창출할 수 있다. 한국전력의 심야전력 이용에 대한 광고캠페인이나 테마파크의 비수기 특별할인 광고 등이 좋은 예이다.

서비스 광고 전략

서비스 내용을 고객에게 이해시켜라 서비스가 가지는 무형성은 두 가지를 의미한다. 즉, 서비스는 물리적으로 만질 수 없고 정신적으로 쉽게 이해되지 않는다. 물리적인 무형성보다는 정신적 무형성에 관하여 고객이 서비스를 이해할 수 있도록 더 많은 주의를 기울여야 할 것이다. 무형의 서비스를 눈에 보이듯 설명해 줄 수 있어야 하는 것이다.

이를 위해서 광고에 생생한 정보를 이용하는 것이 좋다. 정보가 흥미롭고 구체적이고 감각적이고 상상력을 불러일으킬 만큼 생생하게 묘사할 때 소비자의 이해 수준이 증진되는 것이다. 예를 들어, 모 금융회사는 우는 아이의 모습을 광고에서 보여주며 미래의 불확실성에 대한 경고와 이에 대한 대비를 촉구하는 메시지를 강조하였다. 또한 구체적인 언어를 제시해야 한다. 즉, 구체적이고 실제적인 문구로 광고를 해야 하는 것이다.

또한 광고는 고객의 언어로 표현하는 것이 중요하다. 애플 워치(Apple Watch)의 경우, 소비자에게 생소할 수 있는 웨어러블 기기의 다양한 기능들을 소개하는 데 있어, 해당 기술을 실제로 사용하는 상황, 즉 애플 워치를 사용해 전화를 받고 운동량 데이터를 기록하는 모습을 보여주며 고객들이 그 기능을 쉽게 이해할 수 있도록 하였고 동시에 사용해 보고 싶은 마음을 극대화시켰다.

상황별 적절한 광고매체의 선정도 중요하다.

애플 워치 관련 영상

YouTube
https://www.youtube.com/watch?v=Qp1SIGuL6EooigKwLa2yyA

제 목 _ Apple Watch Series 4 — Hokey Pokey — Apple
검색어 _Apple watch Nike commercial

드라마틱한 효과는 TV광고에서 가장 효과적이고 인쇄광고에서는 그 효과가 떨어진다. 유형적 단서를 강조하는 광고는 TV나 인쇄매체 광고에 매우 적합하지만 라디오에는 어울리지 않는다. 그러나 구체적이고 특정한 언어는 인쇄매체나 라디오 광고에 특히 유용하다.

고려상표군에 들어가도록 하라 고려상표군(consideration set)은 고객이 구매의사결정을 하기 전에 고려 대상으로 떠올리는 상표들의 집합이다. 서비스 상품의 경우는 고려상표군이 제한적인 경우가 많다. 왜냐하면 서비스가 최종 고객에게 접하는 방법이 제품과는 다르기 때문이다. 제품의 경우에 고객들은 상점에서 여러 가지 경쟁적인 상표를 접한다. 소매상들은 다양한 경쟁상표를 가까이 진열하고 고객들이 선택할 수 있는 대안을 제공한다. 반면에 고객이 서비스업체를 찾는 경우 각 업체는 오직 한 가지 서비스 상표만을 취급하는 경우가 많다.

일단 고객의 고려상표군에 속하지 않으면 그 상품은 선택될 가능성이 희박하다. 따라서 서비스 기업은 고객의 주의와 흥미를 끌 수 있게 표적고객이 자주 접하는 매체에 광고를 해야 한다. 예를 들어, 여성 잡지의 기획 특집에는 유명한 카페, 이름난 호텔의 명소 등을 기사처럼 광고하는 경우가 많으며 남성 잡지에는 골프나 음식점 등의 내용이 많다.

고객들이 서비스의 필요를 느낄 때 자연스럽게 특정 서비스 기업이 떠오르게 하기 위해서는 지속적인 광고를 하는 것이 필요하다. 노출의 빈도를 높여서 고객들이 자사의 상품 광고를 접하는 기회를 많이 가지게 하여 고객의 연상망에 내재되게 하는 것이다.

또 서비스와 연관된 이미지를 활용하는 것이 좋다. 즉, 기업이 제공하는 서비스와 연관 있는 이미지를 제공하여 생동감 있는 정보를 고객에게 제공하는 것이다. 상호연관성이란 상표명이나 기업명과 서비스의 관련성을 의미한다. 흔히 사용되는 상호연관성 전략은 그림이나 철자의 관련 또는 언어적 관련성을 이용한 것이다. 이삿짐센터의 000－2424(이사이사), 매매업체의 000－8949(팔구사구), 치과는 000－2875(이빨치료), 철도 역의 000－7788(칙칙폭폭) 등은 전화번호를 보면 어떤 서비스업체인지 쉽게 이해할 수 있다.

INSIGHT

모바일 광고의 시대, 키워드는 동영상과 인앱 광고

디지털 미디어렙 및 광고플랫폼 기업 DMC미디어는 최근 발표한 종합 보고서에서 모바일 메인(Mobile Main) 시대 주요 마케팅 키워드로 '인앱 광고', '동영상', 'SNS 다이어트' 등을 꼽았다. DMC미디어는 특히 최근 디지털 광고 범람으로 효용성에 대한 의문이 제기되고 있지만 모바일 광고에 대한 높은 호기심은 여전히 많은 소비자들이 앱 내 광고에 관심을 갖고 있는 것으로 풀이된다고 분석했다.

조사에 따르면 소비자들은 관심 있는 상품 정보가 나와서(45.6%), 광고 내용이 흥미로워서(35.3%), 광고 상품을 더 자세히 알기 위해서(30.4%) 모바일 인앱 광고를 클릭하는 것으로 나타났다. 뿐만 아니라, 할인 및 프로모션 참여(15.7%), 클릭을 통한 리워드 획득(10.0%) 등 구체적인 목적을 띤 경우도 적지 않은 편이었다. 반면에, 의도치 않게 실수로 잘못 클릭한 경우는 28.9%에 그쳤다. 즉, 10명 중 7명은 스마트폰 앱 내 광고를 관심 혹은 의도를 가지고 보는 셈이다.

모바일 앱 광고 형태 중에서는 동영상 광고(30.5%)가 가장 인상적이라는 답변이 많았다. 그 중에서도 20대와 40대, 남성, 안드로이드 이용자에게서 높은 호응을 얻었다. 이어 리치 미디어 광고(27.7%)가 뒤를 이었는데, 리치 미디어 광고란 마우스를 올리기만 하면 기존 광고 규격 틀을 깨고 노출되는 광고 형태를 일컫는다. 해당 광고를 클릭해 웹사이트를 이동해야만이 세부 정보를 볼 수 있는 일반 배너광고와 달리, 리치 미디어 광고는 웹사이트 이동 없이 광고 내용을 확인할 수 있다는 점에서 높은 점수를

스마트폰 인앱 광고 클릭 이유

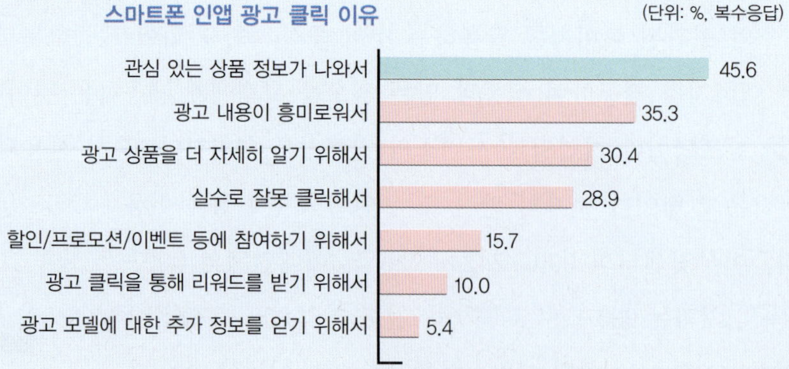

출처: DMC미디어(2018.07), 2018 스마트폰 앱 이용 행태

얻었다. 이 밖에 배너 광고는 12.8%, 네이티브 광고는 11.6%에 그쳤다.

DMC미디어는 또, 동영상이 광고 외 인터넷 콘텐츠로서도 비중이 늘어날 것이라고 전망했다. 인터넷 동영상 시청 시간은 일주일 평균 PC 5.1시간, 모바일 4시간으로 SNS 이용시간(일 평균 35분)에 육박하는 수준이다. 이에 따라 인터넷 동영상 소비 채널로써 유튜브의 영향력은 갈수록 확대 중인 것으로 나타났다. 유튜브는 인터넷 동영상 시청자의 절반 이상(PC: 53.1%, 모바일: 56.5%)이 이용하는 대표적인 채널로 지난해보다 그 비중이 늘어났다. 한편, 지난해 2위를 기록한 네이버는 비중이 하락하며 PC 2위(14.7%), 모바일 3위(9.6%)로 순위가 조정됐다. 반면 옥수수는 모바일 중심으로 전년보다 상승하며, PC 3위(9.6%), 모바일 2위(13.0%)로 순위가 올랐다. 이에 DMC미디어는 당분간 동영상 콘텐츠 마케팅에서 유튜브 중심 전략이 유효할 것이라 전망했다.

그에 비해 SNS는 'SNS 다이어트'라 할 정도로 주춤하는 모양새다. SNS 이용시간은 전년 대비 7.4분 감소한 일 평균 35.5분으로 나타났다. 이용시간이 구간에 관계 없이 전반적으로 짧아지면서, 한국 사회에 소셜 미디어 피로도가 나타나고 있다는 분석이 제기된다. 다만, SNS 채널이 여전히 마케팅 채널로 유의미하게 영향력을 잃은 것은 아니기 때문에, 향후 이용자 선호도가 높은 이미지(51.2%), 동영상 콘텐츠(30.0%)를 중심으로 전략적인 콘텐츠 기획이 필요할 것으로 보인다.

자료원: 노컷뉴스, "모바일 광고, 10명 중 7명 '관심 있어서 본다'," 2019.03.04.

직원을 고려하라 서비스 광고의 타겟은 고객과 아울러 직원이다. 제품은 기업이 만들어서 고객이 소비하는 것이지만 서비스는 고객과 직원이 함께 생산하고 소비하는 것이다. 특히 서비스가 주로 시설을 이용한 것이 아니라 사람에 의해 생산되는 것이라면 서비스의 질은 직원의 능력과 밀접한 관련을 가진다. 숙련되지 않은 승무원은 고객에게 서툰 비행기 조종사를 연상시킬 수도 있고 그것은 여행에 대한 불안감으로 이어질 수 있다.

많은 경우 서비스 직원이 행하는 행동 자체가 서비스로 고객은 이를 구매한다. 따라서 광고는 직원이 업무를 잘 수행하도록 유도하여야 한다. 즉, 서비스 기업은 서비스를 고객에게 팔기 이전에 직원에게 먼저 판매해야 한다. 직원이 잘 이해한 광고는 직원에게 긍정적인 효과를 가질 수 있다. 직원이 등장하는 광고를 본 직원들은 일하는 데 있어서 기준을 제공받는 셈이다.

햄프턴 바이 힐튼(Hampton by Hilton) 호텔은 '100% 만족 보증'을 강조하며 만족하지 못한 손님들에게는 숙박료 전액을 되돌려 준다는 광고를 내보냈다. 이 약속을 이행하기 위해 호텔의 직원들은 많은 노력을 기울였다. 한 해 동안 햄프턴 인은 1백만 달러의 숙박료를 반환해야 했지만 서비스에 만족한 고객들의 계속적 호응으로 1천만 달러의 추가 수익을 거둘 수 있었다. 아울러 직원들의 이직률도 반으로 줄었다. 이처럼 서비스 광고는 고객들에게 서비스를 알리고 이용하도록 설득할 뿐만 아니라 직원들에게도 회사에 대한 자긍심을 주거나 사기를 북돋아 주는 역할을 한다.

Hampton by Hilton 호텔의 100% 만족 보증

구전을 활용하는 광고를 하라 고객들은 의료, 법률, 컨설팅, 금융, 미용, 자동차 정비 등 서비스를 구매할 때 주위 사람들의 의견을 많이 참조한다. 흔히들 주변에서 유능한 의사, 항상 승소하는 변호사 등에 관해서 전해지는 이야기들이 있다. 서비스의 품질은 가변적이고 구매 전 위험이 높기 때문에 서비스를 사용해 본 사람들은 품

질 차이가 많다는 것을 잘 알고 있다. 그리고 품질이 서비스를 구매하는 데 중요한 역할을 하게 되는 경우 구전은 더욱 중요한 역할을 하게 된다. 구전효과를 고려한 광고는 만족한 고객들에게 프로모션 자료 등을 보내어 주위 사람들에게 전달되도록 할 수 있다. 또는 인터넷과 유튜브, 인스타그램 등 SNS 채널을 통해 온라인 입소문(eWOM)의 영역에서 특히 막강한 영향력을 행사하는 인플루언서(influencer)를 타겟으로 광고를 제작하여 자연스럽게 주위 사람들에게 소개하도록 유도할 수 있다. 아울러 서비스에 만족한 고객의 의견을 광고에 활용하거나 고객이 직접 광고에 출연하는 증언식 방법을 통해 입에서 입으로(mouth-to-mouth) 전해지는 의견을 최대한 이용한다면 효과적일 것이다.

지속적으로 광고하라 서비스는 무형적이기 때문에 다른 경쟁기업들과의 차별화가 어렵다. 그러나 서비스 기업이 차별화를 하는 것이 불가능한 것만은 아니다. 독특한 심벌이나 형식, 음악이나 테마를 지속적으로 사용하는 광고를 통해 특정 이미지를 구축하거나 강화할 수 있다. 맥도날드는 브랜드를 떠올리는 음악, 캐릭터, 로고, 색상 등을 지속적으로 광고 메시지에 사용하여 빠르고 친절한 서비스의 이미지를 효과적으로 전달하고 있다. S-OIL S-OIL 같은 경우도 회사의 로고 음악을 지속적으로 사용해 '오늘은 왜 이리 잘 나가는 걸까~ 좋은 기름이니깐~' 하는 노래를 듣게 되면 많은 사람들이 'S-OIL'을 저절로 떠올리게 만든 바 있다.

지킬 수 있는 약속을 하라 서비스가 기대에 못 미치게 되면 고객은 실망을 하게 된다. 만약 과대광고를 통해 지킬 수 없는 약속을 하게 되면 일시적으로는 판매를 증가시킬 수 있지만 높아진 기대로 고객을 만족시킬 수 없게 된다. 반복구매가 중요한 것이 서비스인 만큼 단기적 이익만을 생각하고 지킬 수 없는 것을 약속해서는 안 된다. 서비스 광고는 구매 시 어떤 혜택을 받을 수 있는지 과장 없이 보여주어야 한다. 도미노피자는 초기에 '30분 내 배달 보증'이라는 카피로 30분 내에 배달하지 못한 경우 음식값을 전액 공제해 준다는 광고를 했었다. 처음에는 신속배달에 대한 기대가 높아져 매출 성장을 이루는 듯 했다. 그러나 음식값 전액 공제 혜택이 100% 보장되지 않기 시작하고, 배달원이 30분 내 배달 약속을 지키기 위해 지나치게 서두르다가 교통사고를 일으키게 되자 부정적 언론 보도를 초래하게 되었다. 따라서 이행 가

표 10-4 | 과다한 약속을 하는 광고 캠페인이 고객의 인식에 미치는 영향

기간/캠페인의 영향력	기존고객	잠재고객	내부고객(직원)
단기	+ 또는 0 "아마 진짜일꺼야"	+ "그럴싸한데"	0 "과연 우리가 약속을 지킬 수 있을까"
중기	– "또 속았군"	0 또는 – "내가 생각했던 게 아니군"	– "애초부터 불가능한 약속이었어"
장기	– – "이 기업은 약속을 절대 지키지 않아"	– – "그냥 얘기해 본 거였구나"	– – "다른 직장을 찾아봐야겠군"

+ : 긍정적인 효과, 0 : 효과 없음, – : 부정적인 효과

자료원: Grönroos(2007), *Service Management and Marketing – Customer Management in Service Competition*, 3rd edition, p.313, 인용 및 보완.

능한 약속인 '45분 내 배달 보증'으로 바꾸게 되었다.

〈표 10-4〉는 과도한 약속을 하는 광고 캠페인이 고객의 인식에 미치는 영향력이 시간이 흐름에 따라 변화하는 양상을 보여주고 있다. 비현실적인 광고 캠페인의 부정적인 효과는 기간이 늘어날수록 더욱더 커지는 것을 알 수 있다. 따라서 서비스 기업은 지킬 수 있는 약속을 담은 광고 캠페인을 수행해야 한다.

인터넷 광고

인터넷 광고의 특징

쌍방향 커뮤니케이션 4대 매체를 이용하는 일반 광고와 달리 인터넷 광고는 일방향 커뮤니케이션이 아니라 쌍방향 커뮤니케이션이 가능하다.

데이터베이스 마케팅 인터넷은 광고의 수신 여부, 제공하는 광고에 대한 반응과 내용 등이 기록되고 측정된다. 따라서 데이터베이스 마케팅의 기초가 된다.

1 대 1 마케팅 인터넷 광고를 통하면 기존의 대중 마케팅이나 표적 마케팅과 달리 1 대 1 마케팅을 수행할 수 있다. 이것은 동시에 전달할 수 있는 수신자의 수가 적다는 단점이 있지만 획일화된 정보가 아니라 다양한 도구를 사용하여 개별화된 메시지를 수신자 개개인에게 전달할 수 있다는 장점이 있다. 최근 ICT의 발전으로 개별 고객의 거래 내역과 온 · 오프라인상의 행적을 추적하여 빅데이터를 축적할 수 있게 되면서 개인화된(personalized) 광고를 제공하기가 더욱 쉬워졌다. 가령, KST모빌리티의 마카롱 택시는 승객용 디스플레이에 승객의 출발지와 목적지의 데이터를 기반으로 주변 맛집 및 쇼핑 정보와 맞춤형 광고를 제공하고 있다.

시간과 공간의 자유 인터넷은 하루 24시간 언제라도 특정 기업의 정보를 접할 수 있고 어디에서든지 서비스를 주문하고 받을 수 있다.

자유로운 스폰서십 전통적인 4대 매체들은 매체사가 매체 집행권을 가지고 광고를 집행하지만 인터넷에서는 누구나 매체개설이 가능하고 자신의 홈페이지에 대한 스폰서를 자유롭게 유치할 수 있다.

즉각적인 구매유도 일반적으로 소비자는 매체광고를 통해 얻은 정보를 바탕으로 지식과 태도를 형성한 후에 구매를 한다. 따라서 매체광고에 노출되는 시점과 구매시점 사이에 시간적 차이가 발생하는데, 인터넷에서는 상품인지, 예약, 구매 등의 과정이 비교적 짧아질 수 있다.

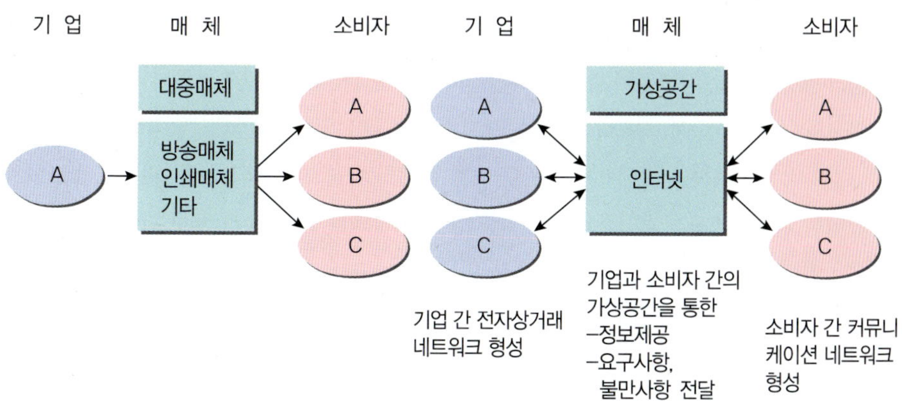

그림 10–3 | 일방향 커뮤니케이션 모형과 쌍방향 커뮤니케이션 모형

INSIGHT

온라인 광고 플랫폼의 메카, 구글

ICT의 발전과 함께 바야흐로 연결의 시대가 도래하면서, 이제 스마트폰과 비즈니스 아이디어만 있다면 누구나 자신만의 사업을 현실화하고 전 세계 수십억 명의 고객에게 서비스를 전달할 수 있다. 특히 자원과 홍보력이 부족한 중소기업, 1인 스타트업에 있어서 제품 구매자와의 연결 고리를 생성하는 데 스마트폰 기반 디지털 플랫폼이 매우 큰 도움이 될 것이다. 스마트폰의 디지털 플랫폼(앱, 동영상 사이트, 인터넷)은 사용자, 크리에이터, 퍼블리셔, 개발자 및 비즈니스 전반에 혜택을 확산시키는 생태계를 만들고 있는데, 이를 실행할 수 있는 대표적인 플랫폼이 구글이다.

1998년 두 명의 공학도가 스탠포드(Stanford) 박사과정 중 창립한 구글은 7년 만에 세계적인 공룡기업으로 성장했고, '구글하다'라는 신조어가 생길 정도로 우리의 삶에 지대한 영향을 미치고 있다. 구글은 "세상의 온갖 정보에 모든 사람들이 편리하게 접속하여 유용하게 활용할 수 있도록 하는 것"을 목표로 검색엔진을 단순히 상품으로 간주한 것이 아니라 모두가 공유하고 참여하는, 열려있는 플랫폼(platform)으로 발전시켰다. 현재 구글은 이러한 플랫폼을 기반으로 한 다양한 온라인 마케팅 서비스를 제공하고 있는데, 구글이 창조한 생태계 안에서 소비자, 광고주, 그리고 앱 개발자 및 하드웨어 제조업체 등 다양한 구성원들이 상호 연관관계를 맺으며 성장하고 있다. 구글에서는 검색엔진의 인기와 영향력을 기반으로 명확한 표적 고객층을 대상으로 타겟 광고를 제공해왔는데, 스폰서 광고 링크와 애드센스(AdSense) 서비스를 활용한 콘텐츠 광고가 대표적이다.

먼저, 구글 검색창에 뭔가를 검색하면 웹페이지의 맨 위에 스폰서 광고 링크가 뜨게 된다. 스폰서 광고 링크는 밀봉입찰식 경매(sealed-bid auction) 방식이 적용된 '클릭당 비용(cost per click)' 방법에 따라 비용이 책정되는데, 광고주가 선택한 특정 검색어와 연관하여 나타난 스폰서 광고 링크를 클릭하는 횟수에 비례하여 구글에 지불해야 하는 광고비용이 결정된다. 예컨대 '경영학 석사과정'보다는 'MBA'와 같이 더 많은 사용자들이 검색하는 용어를 선택하여 광고 링크와 연결시킬 때, 광고비는 높아지기 마련이다. 이에 더해 구글이 제공하는 애드센스 서비스를 통해 개인 블로그와 웹사이트 운영자들은 업로드한 콘텐츠 페이지에 광고를 게시하여 수익을 얻을 수 있으며, 현재는 Google Ads로 통합된 구 AdWords 서비스를 통해 기업들은 특정 검색어와 연관 있는 웹페이지에 배너광고를 게시할 수 있다.

그런데 최근 EU에서는 구글의 애드센스 서비스 등에 대해 구글의 경쟁사업자가 제공하는 온라인 검색 광고를 동시에 게시하지 못하게 막는 배타적 계약 형태가 반독점법에 대한 위반행위라고 판단하여 거액의 벌금을 부과하고 시정조치를 내리고 있으며, 프랑스 정부 역시 구글의 타겟 광고가 유럽연합의 개인정보보호관련 규정을 위반하였는지 검토하겠다고 나서고 있다. 구글은 페이스북과 함께 온라인 광고 시장 점유율의 많은 부분을 차지하며 독점적 지위를 누리고 있지만, 빠르게 변화하는 하이테크 시장에서 영원한 승자는 존재하지 않는 법이다. EU의 제재라는 악재에 더해, 제품을 검색하려는 사람이 구글을 통하지 않고 아마존에서 직접 검색을 시작하는 것으로 나타나면서 경쟁사 아마존의 광고 플랫폼 서비스의 급성장이 기대되는데, 이와 관련하여 구글의 적극적인 대응과 끊임없는 서비스 개선 노력이 필요한 시점이다.

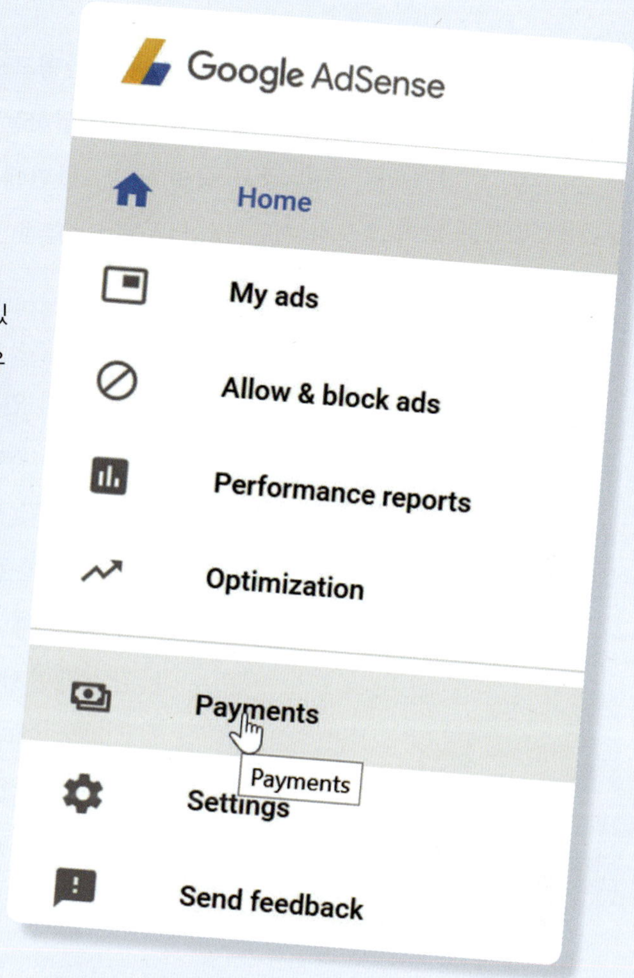

자료원: 이코노믹 리뷰, "아마존, 검색 광고 시장에서 구글 위협?," 2019.04.06;
서울경제, "[포춘US] 2019년 포춘 수정구슬(미래 예측)," 2019.01.03;
미래한국, "김용태의 변화편지 – 구글, 애드센스로 검색을 플랫폼으로 만들다," 2018.05.04.

인터넷 광고의 유형

인터넷 광고의 형태는 크게 푸쉬형과 풀형으로 나눌 수 있다. 푸쉬(push)형은 인터넷 사용자에게 광고를 밀어내기 식으로 전달하는 것으로 배너광고, 콘텐츠광고, 팝업광고, 전자우편을 통한 광고 등이 있다. 반면에 풀(pull)형의 광고는 사용자들이 자신의 광고를 보러 오도록 하는 것인데, 주로 홈페이지를 만들어 놓고 그곳을 방문하는 사용자들에게 광고를 하는 것이다.

배너광고 배너광고(banner ads)는 타사의 인터넷 사이트에 광고비를 지불하고 게재되는 띠모양의 광고이다. 배너광고는 주로 정보를 찾아주는 검색 서비스, 뉴스를 제공하는 매스미디어, 영화나 음악 등의 오락 정보를 제공하는 엔터테인먼트 사이트 등에 광고를 싣는다. 고정형 배너는 광고물을 클릭하여 광고주 사이트로 이동하게 만드는 것을 의미하는데 최근 배너광고에 대한 클릭률이 점차 감소하면서, 인터랙티브 배너가 등장하게 된다. 인터랙티브 배너는 클릭 이외의 행동을 요구하는 광고물로 게임 참여, 정보제공, 설문조사, 이벤트 참여 등을 실시함으로써 고객의 참여를 높이는 것이다.

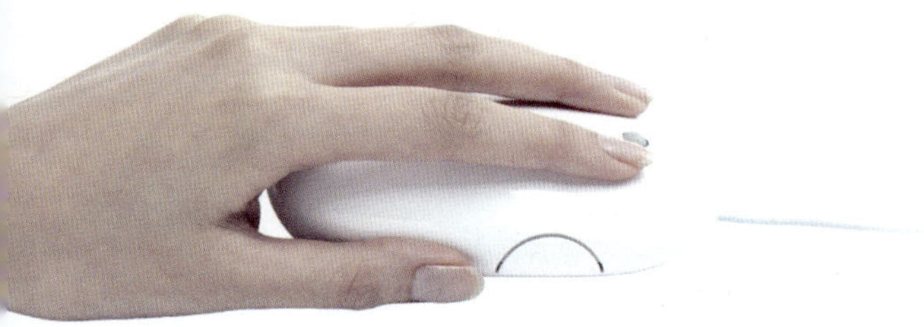

콘텐츠광고 배너광고가 많이 사용되는 광고이지만 그 상업성 때문에 싫증을 내고 반감을 갖는 고객이 있다. 또한 광고 옵션에 따라 고객에게 노출되는 위치나 시점이 고정되기 때문에 인터넷 이용자들을 따라다니며 광고를 전한다는 것은 불가능하다. 그렇기 때문에 사용자들이 주로 방문해 많은 시간을 보내는 정보나 콘텐츠를 이용하여 광고를 하는 것을 콘텐츠광고(contents ads)라 한다. 이것은 특정 사이트에 대해 스폰서를 제공하는 협찬광고와 동일한 개념이다. 구글이 제공하는 애드센스(AdSense) 서비스가 대표적인데, 이를 통해 개인 블로그와 웹사이트 운영자들은 업로드한 콘텐츠 페이지에 광고를 게시하여 수익을 얻을 수 있다. 또한 NETFLIX 넷플릭스는 오리지널 TV 시리즈인 '죽어야 사는 남자(Sick Note)'에서 등장인물들이 "어? 워킹데드 드라마가 넷플릭스에 있네? 오늘부터 달려야겠군!"이라고 대화하는 에피소드를 통해 자연스럽고 유머러스하게 자사의 콘텐츠를 홍보하면서 소비자들의 호응을 이끌어냈다.

팝업광고 인터넷에서 정보를 얻는 것은 정보의 요청, 결과의 확인, 다른 정보의 요청 등 순차적인 과정으로 이루어진다. 이 때 이 순차적인 정보의 틈새를 이용하여 광고를 내보내는 것이 팝업광고(pop-ups)라 불리는 것이다. 사실 요청한 정보를 얻기 위해 대기할 때 사용자는 높은 관여를 가지고 화면을 주시하기 때문에 이 때 제시되는 광고는 그만큼 효과가 크다. 예컨대 검색 사이트인 네이버에서 특정 정보를 찾으면 검색 내용이 나타나기까지 특정 상품 광고가 등장한다. 팝업광고는 다른 것에 비해 주목률은 높지만 사용자의 시간을 낭비하게 하는 형태로 전개된다면 광고주뿐만 아니라 해당 사이트도 사용자들의 외면을 받을 수 있다.

홈페이지광고 기업은 자신의 홈페이지를 통해 제품이나 서비스에 대한 정보를 상세히 전달할 수 있다. 여기에는 제품이나 서비스의 장점을 직접 소개하는 것에서부터 특별한 관심거리나 오락적 요소 등을 강조하여 간접적으로 홍보하는 등의 다양한 형태가 있다. 홈페이지를 통한 광고를 할 때는 경품을 제공하거나 인기 있는 사이트와 연결하는 등의 방법으로 사용자들을 유인하기 위한 방법이 필요하다. 또한 방문하는 고객들의 정보를 파악하는 것이 중요하고 그들과 상호작용할 수 있도록 홈페이지를 설계하는 것도 필요하다.

이메일광고 광고주가 이메일을 통해 광고메시지를 전달하는 것이다. 이것은 먼저 디렉트 메일(direct mail)과 같은 방법으로 고객들의 성향과 특징을 파악한다. 그 후 선정된 표적고객(target audience)에게 서비스에 대한 설명이나 구매정보를 제공하는 것이다. 하지만 이것은 사용자들의 강한 저항에 직면할 가능성이 있다.

> ***스팸(Spam)과 옵트 인(opt-in)**
> 스팸은 사용자가 요청하지 않은 이메일이 전달되는 것을 말한다. 스팸 행위는 네티켓(netiquette)에도 벗어날 뿐 아니라 법으로도 규제되고 있다. 스팸을 사용하는 것은 불필요한 정보제공을 통해 사용자의 부정적인 감정을 유발할 가능성이 높으므로 위험성을 내포하고 있다. 옵트 인은 사용자가 특정 매체로부터 이메일을 받는 것을 동의한 경우를 말한다.

검색광고 광고주가 원하는 키워드로 사용자가 검색했을 때에만 광고를 내보임으

로써 광고주의 서비스를 이용할 가능성이 높은 잠재고객에게만 광고를 내보이는 타겟화된 광고기법이다. 기존의 온라인 광고보다 브랜딩 효과가 뛰어나며, 인터넷 광고 중에서 비용 대비 효과가 가장 높은 마케팅 수단으로 각광받고 있다.

이밖에도 Google 구글과 같은 검색엔진광고(search engine advertising), 배너광고가 축소된 버튼형 광고, 광고내용이 텍스트로 구성된 텍스트 링크형 광고, 특정 웹사이트의 콘텐츠나 이벤트의 후원자가 되어 PR효과를 노리는 협찬광고, 기사형태로 제공하는 기사형 광고 등 많은 종류의 광고가 존재한다.

뉴 미디어와 마케팅 커뮤니케이션

기술이 발달하면서 타겟팅에 중요한 기회를 제공하는 새로운 커뮤니케이션 채널들이 등장해왔다. 아래 소개하는 팟캐스팅, 모바일 광고, 유튜브, 블로그, 웹툰, 그리고 소셜 네트워크 커뮤니티 등이 바로 그것이다.

팟캐스팅 팟캐스팅(Podcasting)은 'iPod'와 'broadcasting'의 합성어로서, 인터넷상의 배포-구독 모델을 통해 오디오나 비디오 프로그램을 배포하는 기술을 일컫는다. 사용자가 일단 특정한 피드를 구독하기 시작하면, 자동적으로 새로운 에피소드를 받아보게 된다. 오늘날 팟캐스팅은 상당히 대중적인 채널이 되었으며 다양한 형태를 지닌다. 비디오 클립을 전달하기 위한 비디오 팟캐스팅, 핸드폰을 통해 다운로드를 받는 모바일캐스트, 블로그에 오디오나 비디오 파일을 첨부하는 방식의 블로그캐스트에 이르기까지 다양하다. 팟캐스팅은 기업의 마케팅 커뮤니케이션 프로그램의 일부로도 여러 이점을 가지는데, 일단 청취자가 특정 쇼를 구독하면 이는 곧 그 청취자가 해당 주제에 관심이 있음을 의미한다. 즉, 팟캐스팅은 좁은 주제에 관심을 가진 넓은 시청자 풀에 도달할 수 있는 'narrowcasting'의 특성을 지니며, 이는 기업들로 하여금 타겟 시청자의 취향을 고려한 세분화된 광고메시지의 제작과 전달을 가능하게 한다. 따라서 기업 마케팅 커뮤니케이션 프로그램으로서 팟캐스팅을 활용하는 것은 높은 가치를 지니며 보다 더 확실한 성과를 담보할 수 있다.

모바일 광고 모바일 광고는 핸드폰이나 다른 모바일 무선기기를 통한 광고이다. 모바일 광고는 인터넷, 비디오, 문자, 게임, 음악 등을 포함하는 상당히 복잡한 형태를 지니며, SMS, MMS, 모바일 게임 광고 등의 형태로 진행된다. 모바일 광고를 통해 고객들은 그들이 방문하는 쇼핑몰의 특정 상점에 방문하면 쿠폰이나 할인을 제공한다는 등의 유용한 정보를 얻을 수 있다. 이는 보다 타겟화된 광고로서 소비자들에게 편리를 제공하는 한편, 그들의 프라이버시를 침해한다는 우려도 있다. 그러나 이러한 프라이버시 이슈에도 불구하고, 소비자들은 모바일 광고, 특히 스마트폰 앱 내(in-app) 광고를 상품 정보를 얻는 주요 원천으로 적극 활용하고 있으며, 모바일 광고 시장은 매우 빠른 속도로 성장하고 있다.

유튜브 유튜브(YouTube)는 비디오를 공유하는 웹사이트로서, 2005년 설립되어 2006년 구글에 인수되었다. 등록된 사용자가 비디오를 올리면, 미등록 사용자는 대부분의 비디오와 그 비디오에 대한 반응들을 볼 수 있다. 24시간, 매 분, 매 초마다 비디오들이 유튜브에 업로드되고 있으며, 광고회사들은 유튜브를 마케팅 커뮤니케이션 채널로 사용하는 이점에 주목하고 있다. 최근 조사에 따르면, 소비자들은 일주일 평균 PC 5.1시간, 모바일 4시간을 동영상 시청에 할애하면서 영상 내 in-stream 광고, 유튜브 메인 페이지의 배너광고, 특정 키워드를 검색하면 나타나는 추천 영상 광고 등 다양한 유튜브 광고에 노출되고 있다. 그 외에도 기업은 다수의 팔로워(follower)를 거느리고 있는 인기 유튜버와의 제휴를 맺고 협찬 제품의 후기(review) 영상 등을 업로드하는 인플루언서(influencer) 마케팅을 수행하고 있다.

블로그 블로그(Blogs)는 온라인 저널, 일기, 또는 개인적으로 좋아하는 것들을 올릴 수 있는 웹페이지를 의미한다. 흔히 블로거(blogger)라고 불리는 운영자들은 좁은 영역에 관심을 갖고 있으며, 특정한 분야에서만큼은 자칭 전문가로 통한다. 어떤 것

INSIGHT

다양한 채널을 통해 소비자와 소통하는 기업들

최근 자동차업계가 고정관념에서 벗어난 새로운 시도를 이어가며 다양한 채널과 플랫폼을 통해 소비자와 거리를 좁히려고 노력하는 모습이 눈길을 끌고 있다. 디지털 시대에 어울리는 친근한 콘텐츠로 대중과의 소통을 강화하면서 동시에 제품에 대한 이해도를 높일 수 있기 때문으로 분석된다. 현대차는 과거 TV 광고를 통해 제품 알리기에 주력했지만 웹툰, 영상 채널, 영화관 등 소비자와 더 가까이서 소통할 수 있는 새로운 매체들을 적극 활용해 재미와 정보를 동시에 전달하고 있다.

대표적인 예가 최근 네이버에서 연재 중인 브랜드 웹툰이다. 과거 큰 인기를 모았던 웹툰, 김규삼의 '쌉니다 천리마마트'의 외전 형식으로 '부릉부릉 천리마마트'를 선보인 것이다. 현대차를 대마자동차의 경쟁사로 설정하는 등 재미와 친근함을 고려했고 넥쏘의 자율주행기능 등 현대차의 대표 기능들이 소개됐다.

아울러 현대차의 대형 플래그십 SUV 팰리세이드의 디지털 광고도 눈길을 끈다. 자기 계발에 투자를 아끼지 않는 '뉴노멀 세대'를 타깃으로 팰리세이드의 다양한 기능 소개 영상을 3편에 걸쳐 유튜브에 게재했다. 특히 360도 VR 체험 광고 영상은 VR헤드셋 같은 별도의 장비 없이도 모바일과 PC를 통해 상하좌우 전 방향으로 클릭해 차량 내 · 외부를 생생하게 체험할 수 있다. '현대 스마트센스' 기술을 고객들에게 보다 쉽고 재미있게 전달하기 위해 전방 충돌방지 보조 등 핵심적인 5개 기능을 4DX 광고 영상으로 제작한 것도 화제다.

주류업계 역시 다양한 채널을 통해 소비자들과 소통하고 있는데, 특히 맥주 브랜드에서 음주운전 예방 캠페인, 스토리텔링 형식의 광고까지 다양한 내용으로 소비자들의 주목을 받고 있다. 또한 심야와 새벽시간에만 방영할 수 있는 TV 대신 SNS나 유튜브 등으로 유통채널을 확대하여 젊은 세대의 호감도를 높이고 있다.

최근 오비맥주는 제품 광고와 더불어 캠페인성 광고를 병행하고 있다. 가장 대표적인 사례가 음주운전 예방 캠페인이다.

도로교통공단과 업무협약(MOU)을 체결하고 '범국민 음주운전 예방 캠페인'을 진행하고 있으며, '건전음주 캠페인' 영상을 제작해 공식 SNS 채널과 유튜브 등에 공개하는 등 연초 잦은 술자리와 회식 등으로 발생할 수 있는 음주운전 사고를 예방하기 위한 노력을 기울이고 있다.

하이네켄 음주운전 캠페인 공식 포스터
(출처: 하이네켄코리아)

색다른 캠페인성 광고를 선보인 또 다른 맥주 브랜드로는 '하이네켄'이 꼽힌다. F1 레이싱 월드 챔피언 니코 로스베르크가 나와 "운전할 땐 한 잔도 안 됩니다"라며 엄중하게 경고한다. 스토리텔링 형식의 광고도 선보였다. 가상의 하이네켄 창립자를 등장시켜 1864년 네덜란드 암스테르담에서 탄생한 이래 192개국에서 하이네켄의 변함없는 맛을 즐기고 있다는 내용이다.

광고 채널 역시 TV 대신 SNS나 유튜브 사이트를 적극 활용하는 추세다. TV를 잘 보지 않는 젊은 세대를 겨냥해 기발한 문구와 트렌드에 맞는 짧은 동영상과 이미지로 눈길을 사로잡고 있다. 오비맥주 '카스' 페이스북에는 '일본인 셰프가 인정한 제철맥주', '설날 한정판 패키지' 17초 영상 등 다양한 형태의 마케팅 게시글이 올라와 있다. '카스가 1월이 제철인 이유'를 주제로 '카스배 드립력 대회'도 열었다. 흑맥주 브랜드 '기네스' 역시 유명 배우가 등장하는 TV 광고 외에도 온라인을 중심으로 '피자, 햄버거와 어울리는 맥주'라는 내용의 짧은 영상을 제작해 배포하고 있다.

자료원: 뉴스1, "술 광고 '달라졌네'…'건전 음주' 캠페인에 SNS 소통까지," 2019.01.29;
헤럴드경제, "웹툰에 올라탄 차 마케팅," 2018.12.28.

이든 블로그의 주제가 될 수 있으며, 예컨대 오늘날엔 다양한 여행 관련 사이트들이 생겨나고 있다.

tripadvisor 트립어드바이저(tripadviser.com)와 같은 여행 전문 사이트들은 사용자들로 하여금 그들 자신의 리뷰를 쓰게 하거나 더 경험이 많은 여행가들에게 질문을 할 수 있는 공간을 제공하고 있다. 마케터들은 블로그가 인터넷상에서 새로운 형태의 사회적 상호작용을 발달시켜왔다는 점에 주목하고 있으며, 블로그를 통해 상품에 대한 정보를 공유하고 사용을 촉구할 수도 있지만 반대로 상품에 대한 부정적 의견도 확산될 수 있다는 점에서 적절한 조치가 필요하다. 따라서 서비스 기업들은 수시로 블로그를 모니터하며 온라인상의 평판을 관리하고, 이를 시장 조사 및 피드백의 일환으로 활용할 필요가 있다. 최근에는 특히 젊은 층을 중심으로 동영상 시청을 통해 정보를 탐색하는 경향이 두드러지면서 동영상과 블로그를 결합한 브이로그(Vlog)가 빠르게 확산되고 있다.

웹툰 스마트폰이 일상화되고, 바쁜 일상 속에서 간편하게 여가를 즐기기 위한 '스낵 컬처(snack culture)'가 유행하면서 웹툰을 보는 인구가 폭발적으로 증가하고 있다. 기업들은 웹툰의 높은 접근성과 흥미 유발 요소에 집중하여 특히 10~30대 젊은 고객층을 공략하기 위한 마케팅 전략으로 웹툰을 적극 활용하고 있다. 웹툰은 고객들에게 기업에 대한 정보를 쉽고 재미있게 전달할 수 있는 효과적인 매체지만, 내용상 맥락에 맞지 않는 부자연스러운 방식으로 제품을 홍보하는 경우에 독자들의 반감을 일으킬 수 있어 주의를 요한다. 그래서 최근 등장하고 있는 브랜드 웹툰은 노골적으로 기업의 제품과 서비스를 홍보하기보다는 만화적 재미를 느낄 수 있는, 독창적으로 구성된 이야기를 통해서 고객들에게 기업에 대한 정보를 자연스럽게 전달하고 있다. 가령, 위스키 브랜드 '임페리얼'의 브랜드 웹툰인 '4버디스'는 12년 지기 친구들의 우정과 30대 샐러리맨의 삶을 다룬 이야기 속에서 자연스럽게 제품을 홍보하며 무려 세 시즌 동안 독자들의 큰 사랑을 받았다. 더 나아가 위스키의 클래식하고 권위적인 이미지를 보다 친근하게 리포지셔닝(repositioning)하는 데 성공하여 30대의 젊은 고객층으로부터 좋은 반응을 얻어낼 수 있었다.

소셜 네트워크 커뮤니티 페이스북, 인스타그램, 트위터, 또는 링크드인(LinkedIn)과 같은 소셜 네트워크는 마케터들에게 커뮤니케이션 및 배움의 기회를 제공한다. 소셜 네트워크가 인기를 얻게 되면서 마케터들은 커뮤니티의 네트워크를 분석하기 위해 애플리케이션을 사용하기 시작했고, 이를 통해 특정 서비스에 대한 구전(word-of-mouth)의 확산에 있어 영향력이 큰 인물들을 탐지하고, 이들의 영향력을 마케팅에 활용해 잠재고객들과 소통하고 있다. 그런데 SNS상의 온라인 네트워크의 이점을 활용하고자 하는 마케터들이 한 가지 명심해야 할 것은 커뮤니티 구성원들이 소비자들을 설득해 구매를 촉진시키려는 뚜렷한 목적을 가지고 잠입한 마케터들을 그리 반기지 않는다는 사실이다. 따라서 마케터들은 자연스럽게 네트워크의 일부가 되기 위한 창조적인 방법을 지속적으로 개발해야 할 것이다.

방탄소년단의 'DNA' 유튜브 영상

싸이의 '강남스타일' 유튜브 영상

10.4 대인 커뮤니케이션이란?

고객과 일대일로 커뮤니케이션을 하는 대인 커뮤니케이션(personal communication)에는 크게 인적판매, 고객서비스, 텔레마케팅, 구전 등이 존재하는데, 본 장에서는 주로 인적판매를 다루고자 한다.

인적판매(personal selling)는 판매원이 표적고객과 직접 대면하여 자사의 서비스를 구매하도록 설득하는 커뮤니케이션 활동이다. 인적판매는 촉진의 속도가 매우 느리고 고객 1인당 비용이 많이 들기 때문에 일반 대중을 대상으로 하는 서비스에는 적합하지 않다. 서비스의 인적판매에서 판매원(salesperson)은 매우 중요한 역할을 한다. 그들은 고객과 서비스 기업 사이에서 연결고리와 같은 기능을 한다. 판매원은 기업을 대표하여 고객과 직접 접촉하는 역할을 수행한다. 판매원은 고객이 볼 수 있는 유일한 직원이기도 하므로 그들은 고객만족과 재구매에 결정적인 역할을 한다.

인적판매는 다음과 같은 특징을 갖는다.

고객에게 선별적으로 접근 특히 우리나라의 경우 인간관계를 통해 구매성공률을 높이고 비교적 비용이 절감되는 효과를 갖고 있으므로 널리 이용되어왔다.

특정 고객 욕구에 유연하게 대응 구매자와 판매자 사이의 적극적인 상호작용이 존재하므로 특정한 고객의 욕구에 유연하게 적응할 수 있는 방법이다.

고비용 유능한 판매원의 선발, 교육, 훈련 등에는 많은 비용이 든다. 전문적 지식을 갖고 있는 판매원을 확보 · 유지하기가 어렵다.

장기적 관계구축 즉각적인 피드백을 얻을 수 있어 시간의 낭비가 적으며 고객과 장기적인 관계를 유지할 수 있다.

10.5 PR이란?

홍보와 기업광고

홍보(publicity)는 대가를 지불하지 않고 비인적 매체(TV, 라디오, 신문, 잡지 등)를 이용하여 서비스에 관한 소식을 고객에게 제공하는 활동이다. 특히 지나치게 많은 광고로 인해 그 반응이 둔해지고 광고를 정확히 기억하지 못하는 혼잡 현상이 심해지는 오늘날, 홍보는 소비자들에게 신뢰를 형성하고 기업의 긍정적인 이미지를 구축하는 데 많은 기여를 한다. 버진 모바일(Virgin Mobile) 회장인 리처드 브랜드슨은 버진 모바일의 서비스에 숨은 비용이 없음을 강조하기 위해 '숨긴 것이 없다'라는 모토를 선택하여 직접 〈풀 몬티〉를 연기하였다. 이러한 회장의 행동은 월스트리트 저널로부터 '최악의 광고상'을 받았으나 버진 모바일을 널리 알리는 기회가 되었다.

홍보는 다음과 같은 특징을 갖는다.

진실성 홍보는 진실성을 갖는다. 대중매체에 전해지는 뉴스는 대체로 객관적이며 정확성이 높다고 인식된다.

고객의 경계심 완화 고객은 홍보를 통한 정보에 대해서 더 적은 경계심을 갖는다. 광고나 판매원을 통해 접근하는 것과 달리 신문이나 방송을 통해 고객에게 다가가는 것이 더욱 친밀하게 느껴진다.

내용통제의 어려움 기업이 직접 펼치는 마케팅 수단과 달리 홍보용 기사는 언론매체에서 그 내용을 편집하기 때문에 기업이 원하는 방향대로 통제할 수 없다.

기업광고는 기업에 대한 호의적인 의견과 태도를 유도하고 사회적·환경적 이슈에 대한 기업의 철학이나 비전을 전달하는 데 목적이 있다. 즉, 기업광고는 광고와 PR의 공통영역에 존재한다고 볼 수 있다. SHINSEGAE 신세계백화점이 '아름다운 재단'에 물품을 제공해 어려운 이웃을 도왔다는 신문광고를 접한 사람은 신세계백화점에 대해 호의를 느낄 수 있을 것이고, SK telecom SK텔레콤의 사회봉사 정보를 보게 되면 SK의 기업철학에 대해 관심을 갖게 될 것이다. 최근 ICT가 발전하고 스마트폰을 활용한 모바일 광고

POSCO

두산

INSIGHT

웹툰부터 웹드라마까지… ‘트렌디’한 기업 홍보

‘정시 퇴근은 꿈도 못 꾼다.’ ‘술자리는 업무의 연장.’ ‘돈 준 만큼 부려먹는다.’ 이런 부정적인 기업 이미지에서 탈피하기 위해 대기업들이 젊고 새로운 방식을 통해 기업문화 알리기에 나서고 있다. 워라밸(일과 삶의 균형)을 중시하는 사회적 분위기와 주 52시간 근무 도입 등과 같은 제도적 변화 흐름에 발맞춰 기업들도 직원 친화적인 기업문화를 강조하며 이미지 개선에 공을 들이는 모양새다.

먼저, 삼성전자는 최근 기업문화를 알리기 위해 ‘성공의 비밀’이란 웹툰을 제작하고 외부 유통망인 ‘네이버 웹툰’을 통해 연재를 시작했다. 과거 삼성전자는 제품 등을 홍보하기 위해 웹툰을 제작하고 자체 플랫폼으로 웹툰을 내보낸 경험은 있지만 외부 유통망으로 웹툰을 연재하는 것은 이번이 처음이다. 웹툰 속에는 김성공과 김성은 두 쌍둥이 남매가 등장한다. 별셋전자를 다니던 누나 성은이 어느날 사고로 혼수상태에 빠지고, 그 영혼이 동생 성공의 몸속으로 들어가 두 영혼이 한 몸을 나눠 쓰게 된다. 성은은 성공의 몸속으로 들어가 성공을 별셋전자에 입사시키고, 성공은 별셋전자 ‘크리에이티브랩(C랩)’에서 근무를 시작한다.

C랩은 삼성전자가 2012년 도입한 사내벤처 육성 프로그램으로 삼성전자는 이 웹툰을 통해 삼성전자는 젊고 혁신적인 기업이란 이미지를 네티즌에게 알릴 계획이다. 삼성전자 관계자는 “웹툰을 통해 삼성전자 직원들이 어떻게 일하고 있고, 배경이 되는 C랩이 어떤 혁신 활동을 하는지 보여줄 것”이라며 “삼성전자를 알리고, 삼성전자 직원들이 어떤 일을 하는지 보여줄 것”이라고 말했다. ‘성공의 비밀’은 누적 조회수 1,000만을 넘으며 많은 관심을 받았는데, 네티즌들은 삼성전자의 경쟁률이 왜 높은 줄 알겠다며 웹툰을 통해 알게 된 삼성전자의 사내 제도와 조직 문화에 호감을 표했다.

현대건설 역시 웹드라마 ‘설레는 직딩청춘, 현대건썰’을 통해 기업문화를 알리기 위한 회사 측의 새로운 시도다. 1회에 10분 내외 분량으로 4회에 걸쳐 제작되는 이 웹드라마는 현대건설 신입사원으로 입사한 ‘현대건’이 입사 후 겪는 일들을 유쾌하고 재미있게 풀어냈다. 에피소드 1회 ‘이 회사 좀 낯‘썰’다’에서는 현대건이 회사 첫 출근 후 미팅 룸에서 회의를 준비한다. 화상회의가 일반적인 사내에서 오프라인 회의를 준비하는 현대건의 모습을

본 동료들은 웃음을 터뜨린다. 5시 반이 되자 회의 도중 부장이 직원들에게 퇴근하라고 얘기하고, 퇴근 후 술자리는 직원 자율 선택에 맡긴다. '빡 센' 기업 이미지로 알려진 현대건설과 사뭇 다른 기업 분위기다. 현대건설 관계자는 "젊은 세대들이 현대건설은 물론 건설 회사에 대한 보다 친근한 이미지를 갖기 바라는 마음에서 웹드라마를 기획했다"고 설명했다.

SK하이닉스 역시 최근 '반도체는 어렵다'는 기업 이미지에서 탈피하고 젊은 층들에게 친근하게 다가가기 위해 유튜브 광고 동영상을 재미있게 제작해 흥행몰이에 성공했다. 이 광고 동영상에선 '반도체 의인화'라는 스토리를 택했다. 졸업식을 맞은 반도체들은 스마트폰, 인공지능(AI) 등 여러 첨단기기들로 선발돼 보내진다는 스토리다. 우주로 가는 반도체는 기뻐하고 PC방으로 보내지는 반도체는 좌절하는 모습을 그리며 재미를 살렸다.

한 재계 관계자는 "그동안 언론을 통해 특집기사를 내는 방식으로 기업문화를 주로 홍보했는데 최근 브랜드 콘텐츠를 제작한 문화 상품 형태도 홍보 수단으로 이용하고 있다"면서 "이를 통해 기업문화를 알릴 수도 있고 취업 희망자들에게도 도움이 될 수 있을 것"이라고 설명했다.

자료원: 더피알 뉴스, "'별셋전자' 어디서 들어본 것 같은데…," 2018.08.07;
뉴스핌, "웹툰부터 웹드라마까지…'트렌디'한 기업홍보," 2018.06.12.

가 일상화됨에 따라, 기업들은 브랜드 웹툰, 웹드라마 등의 다양한 뉴미디어를 통해 기업의 사내문화, 업무내용, 실적 등에 대한 정보를 고객들에게 전달하고 있다.

스폰서십 마케팅

스폰서십 마케팅(sponsorship marketing)은 기업이 현금이나 물품 또는 서비스를 제공함으로써 스포츠, 문화, 사회, 환경 분야와 관련 있는 사람이나 단체 또는 행사를 지원하여 마케팅 커뮤니케이션의 여러 가지 목표를 달성할 목적으로 기획, 조직, 실행, 통제하는 활동이라고 정의된다. 이러한 스폰서십은 문화, 예술 또는 사회 여러 분야에 대한 대가 없는 지원이나 후원과는 달리 반대급부를 얻는 것을 주목적으로 한다는 점이 특징이다.

스폰서십 마케팅의 대표적인 예로 스포츠 스폰서십을 들 수 있다. 스포츠는 오래전부터 인류의 건강증진과 사회성 함양에 기여해온 것으로 사람들은 직접 경기에 참여하기도 하고 간접적으로 경기 관람을 통해 스포츠에 참여한다. 특히 올림픽이나 월드컵 축구경기 같은 스포츠 이벤트는 전 세계 인구의 절반 이상이 시청하는 등 대단한 위력을 가지고 있다. 스포츠 스폰서십에는 스포츠 대회의 후원, 스포츠 중계 후원, 경기장 후원, 스포츠 팀, 선수 후원, 광고 후원 등의 종류가 있다. KIA 기아자동차는 세계 4대 테니스 대회인 호주오픈 대회의 공식 후원사로서 2002년 첫 후원을 시작한 이래로 꾸준히 후원을 계속해오고 있는데, 매년 대회 기간에 경기장 내 광고판 설치, 대회 공식 차량 제공, 차량 전시 및 홍보 부스를 운영하는 등 다양한 마케팅 활동을 진행하고 있다. 기아자동차는 호주오픈 대회 후원을 통해 첫 해에 약 7천 9백만 달러 가치의 홍보효과를 거둔 것을 시작으로 매년 아태지역 및 테니스 팬 층이 두터운 유럽 시장을 중심으로 전 세계 자동차 시장에서 기아자동차의 인지도와 브랜드 가치를 높이는 데 있어서 톡톡한 홍보 효과를 얻고 있다.

김연아 선수를 후원하는 KB 금융그룹

이런 스포츠 스폰서십뿐만 아니라 문화 마케팅도 활발하게 전개되고 있다. KOREAN AIR 대한항공의 경우 프랑스 루브르 박물관에 새로 도입되는 PDA 가이드를 제작 지원해 한국어 안내를 추가하고 러시아 에르미따쥬 박물관과 영국 대영박물관에 한국어 오디오 서비스를 도입해 국민의 자긍심을 높인 바 있다. 여러 기업들이 청각 장애인을 위한 재단인 '사랑의 달팽이'의 음악회를 지원하며 기업의 인지도를 향상시키거나 신상품을 광고하는 것도 스폰서십 마케팅에 속하는 것이다.

기업은 이러한 스폰서십 마케팅을 통해서 브랜드나 기업의 인지도 향상, 이미지 제고 및 강화, 신상품 소개, 사회적 참여의 표현, 매출 증대 등을 목적으로 한다. 어떤 이벤트를 지원하는 것이 단기적으로는 매출에 큰 도움이 되지는 않는다. 그러나 브랜드나 기업의 인지도를 증가시키며 기업의 이미지를 개선시킴으로써 매출은 자연히 증가하게 마련이다.

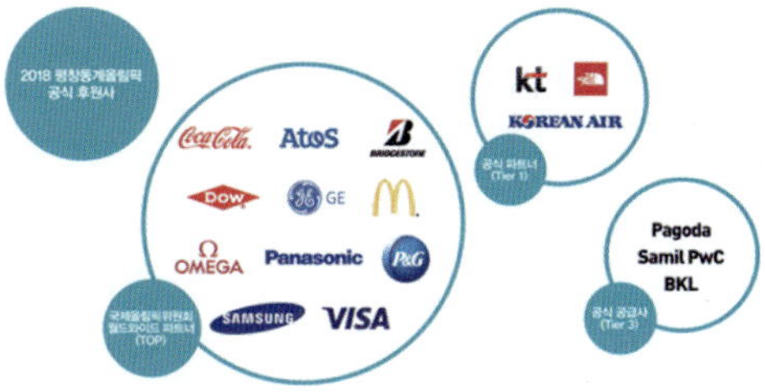

2018 평창올림픽 공식 스폰서(출처: 위클리공감)

스폰서십 마케팅은 다음과 같은 특징을 갖는다.

독점권 확보를 통해 경쟁우위 확보 기업에서 스폰서십 마케팅을 이용하는 것은 광고의 상당수가 인지되어지지 않는 등 매체에서 발생하는 혼잡(media clutter)을 피하기 위해서이다. 후원기업은 광고, 마케팅에 대한 독점권을 받음으로써 경쟁사를 제압하고 경쟁우위를 점할 수 있는 커뮤니케이션 방식이라 하겠다.

긍정적인 이미지 창출 스폰서십은 방송광고나 인쇄광고처럼 인위적으로 조성된 환경에서 실시되는 것이 아니라 긍정적으로 자리 잡고 있는 환경에서 실시된다. 따라서 스폰서십은 홍보와 마찬가지로 기업에 대해 긍정적인 이미지 창출에 효과적이다.

타겟고객의 효율적 공략 스폰서십 마케팅을 실시하는 다른 이유로 기업들이 다양한 세분시장을 겨냥하게 되었다는 것을 들 수 있다. 기업들은 이슈가 될 만한 이벤트에 투자를 하여 큰 효과를 노린다. FILA 휠라 코리아가 한국의 프로농구를 후원함으로써 스포츠를 좋아하는 젊은 층에 좋은 이미지를 갖게 하고, 외국기업에 대한 배타적 감정을 약화시키는 역할을 한 바 있다. 삼성전자 역시 중국시장에서 스마트폰 시장점유율 확대를 위해 중국의 프로축구리그 팀에 대한 스폰서십 계약을 맺고 삼성전자에 대한 중국 내부의 배타적 분위기를 완화하고 판매를 촉진하기 위한 노력을 기울이고 있다.

INSIGHT

삼성전자의 전략적 스포츠 스폰서십 마케팅

삼성전자가 중국 스마트폰 시장점유율 확대를 위해 친중(親中) 이미지 확보를 위한 행보를 보이고 있다. 내 · 외부적 분석에 따르면, 삼성전자의 스마트폰 사업에 있어 중요한 시장은 크게 중국과 인도로 꼽힌다. 지난해 삼성전자의 중국 스마트폰 시장점유율은 0.8%에 그친 반면 경쟁업체인 애플은 8.2%를 기록했다. 이렇듯 삼성전자가 연간 3억 대 이상의 스마트폰 판매량을 올리기 위해선 중국시장 확대가 필수로 지목된다. 올해 삼성전자는 '갤럭시 S10'과 '갤럭시 폴드'를 중국 시장점유율 확대의 가장 큰 무기로 내세웠다. 마케팅 측면에서는 중국 소비자들에게 친중 기업 이미지를 강조해 외국기업이라는 인식에서 벗어나기 위해 노력 중이다.

중국 총괄 부사장이 신제품 출시 행사에서 중국 전통의상을 입고 발표를 진행하는 노력을 기울인 데 더해, 삼성전자는 중국 소비자들에게 친근한 이미지를 확보하기 위해 그동안 줄여왔던 스포츠 마케팅을 중국에서 다시 시작했다. 삼성은 올해부터 2021년까지 3년간 중국 프로축구리그 팀 장쑤 쑤닝에 대한 메인 스폰서 계약을 체결했다. 지난 2014년부터 국내 프로스포츠 수원삼성블루윙즈, 삼성라이온즈, 서울삼성썬더스, 용인삼성블루밍스의 운영권을 제일모직으로 넘기고, 2005년부터 후원한 영국 프로축구팀 첼시와의 계약을 2015년 종료한 것과 비교하면 이례적인 행보다.

중국에서의 전략적 스포츠 마케팅에 더해, 삼성전자는 최근 2028년 하계올림픽까지 후원 기간을 연장하는 계약을 체결하며 IOC와 상생하는 전략적 파트너십을 이어가고 있다. IOC는 속도감이 떨어지는 경기 · 관람 방식 등으로 젊은 층 사이에서 올림픽 인기가 떨어지고 있는 점을 고민해 왔는데, 올림픽은 비인기종목이 많이 포함된 데다 전통적 방식으로 중계되면서 e스포츠 등의 속도감에 익숙한 젊은 팬 이탈이 가속돼 왔기 때문이다. 4년마다 열리는 국가 대항전 형태라는 점도 매년 열리는 유럽 프로축구나 미국 농구 등에 익숙한 팬에게는 흥미를 반감시키는 요소다. 젊은 팬 감소는

단순히 '인기' 문제가 아니라 마케팅 효과를 걱정하는 스폰서 이탈로 이어져 IOC 재정에도 문제가 될 수 있다. 따라서 디지털 · 모바일 기술을 활용해 이를 극복하고 올림픽 재미를 배가할 수 있는 방안을 찾기 위해 삼성전자와 협력하게 된 것이다. 세계 최고 정보통신기술(ICT)을 가졌을 뿐 아니라 글로벌 시장에서 마케팅 · 캠페인을 진행할 수 있는 조직력을 갖춘 점을 감안할 때 삼성전자가 최적의 파트너라고 판단한 것으로 보인다. 특히 글로벌 시장에서 스마트폰 · 워치 등 ICT 기기를 주도하면서 젊은 층에게 좋은 브랜드 이미지를 심어줬다는 것도 삼성전자의 강점이다. 삼성전자가 1988년부터 올림픽을 후원해 왔고 이건희 삼성 회장이 IOC 위원을 지내는 등 신뢰가 깊다는 점도 작용했다는 후문이다. 삼성전자로서는 올림픽을 통해 자사 ICT를 글로벌 시장에 홍보할 수 있다는 점이 매력으로 작용했을 것으로 분석된다. 삼성전자는 실제로 2012년 런던올림픽부터 현장에서 스마트기기를 체험할 수 있는 공간을 운영해 왔고, 작년 평창동계올림픽에서는 '갤럭시 노트8 올림픽 에디션'을 공개했으며, 평창 · 강릉 · 인천공항 등에 갤럭시 노트8, 기어VR, IoT 기술 등으로 구성된 '삼성 올림픽 쇼케이스'를 운영했다.

아직 논의 초기 단계라 구체적인 방안이 나오지는 않았지만 양측은 삼성전자의 디지털 · 모바일 기술을 활용해 올림픽을 좀 더 재미있게 즐길 수 있도록 하는 방안을 연구하고 있다. 예를 들어, 올림픽 중계를 TV가 아닌 스마트폰으로 효과적으로 즐길 수 있도록 하는 방안이나 삼성전자가 공급한 단말기로 경기장에서 좀 더 실감나게 관람할 수 있는 방법 등이 검토될 것으로 보인다. 이와 함께 삼성전자가 갖고 있는 AI, VR, AR 기술 등도 활용할 것으로 예상된다.

자료원: 매일경제, "젊은 층 잡을 VR올림픽, 삼성이 만든다," 2019.04.18;
현대경제신문, "삼성전자, 중국시장 전략은 '친중(親中)'," 2019.03.12.

SERVICE MARKETING

CHAPTER

11

서비스 채널관리

11.1 서비스 채널, 무엇이 다른가?
11.2 서비스 채널의 유형
11.3 서비스 채널에 대한 개방성 전략
11.4 효율적 채널관리 전략

PROLOGUE

디지털 혁신이 바꾸는 금융서비스의 미래, 금융서비스업에 부는 핀테크 바람

핀테크란 금융에 ICT 기술을 접목한 것으로 금융서비스를 효율적이고 편리한 방식으로 제공하는 것을 말한다. 최근 디지털 기술이 금융업에 활발히 도입되면서 새로운 서비스가 개발되고 활용됨에 따라 국내외 금융부문에서 디지털 혁신이 크게 진전을 이루고 있다.

금융부문의 디지털 혁신을 주도하고 있는 핵심 기술에는 블록체인, 분산원장기술, 무선통신기술과 사물인터넷, 바이오 인증, 빅데이터와 인공지능, 클라우드 컴퓨팅이 대표적이다. 이러한 기술들은 디지털 통화, 거래정보기록, 모바일 지급, 생체정보이용인증, 로보어드바이저, P2P 대출, 크라우드 펀딩 등 다양한 형태의 금융서비스에 활용되고 있다.

금융부문에서 디지털 기술 활용이 심화됨에 따라 기존 금융회사가 담당하던 소비자금융, 자금이체 및 결제, 투자 및 자산관리 영역에서 기술을 보유한 비금융 회사의 역할이 더욱 확대될 것이다. 즉, 비금융회사가 기존 금융회사의 역할을 수행함으로써 금융업이 기능별로 언번들링(unbundling)되는 현상이 심화될 것으로 전망된다. 언번들링이란 하나의 금융회사에서 종합 판매되던 금융상품이 분할되어 단일 상품으로 제공되는 것을 의미한다. 언번들링은 하나의 특화된 금융상품을 전문으로 하는 핀테크 회사가 등장하는 배경이 되었다.

예를 들어, 페이코, 토스, 카카오페이 등은 간편결제와 간편송금에 대하여 온라인에서 소액의 수수료를 통해 간편하게 송금할 수 있도록 서비스를 제공하며, 두물머리 '불리오', 에임(AIM), KEB하이로보는 로보어드바이저 기술을 활용하여 온라인 자동 포트폴리오 관리 서비스를 제공한다. 컴퓨터 알고리즘을 통해 보다 저렴한 비용으로 각종 투자와 자산관리 포트폴리오를 구성할 수 있다. 또한 테라펀딩, 레딧, 8퍼센트 등은 P2P 대출 서비스를 제공하고 있으며, 킥스타터, 텀블벅, 와디즈 등은 다수의 개인으로부터 직접 자금을 조달하는 금융서비스를 제공한다. 더불어 뱅크샐러드, 크레딧카르마(Credit Karma), 너드월렛(Nerdwallet) 등은 금융상품을 추천하는 서비스를 제공한다.

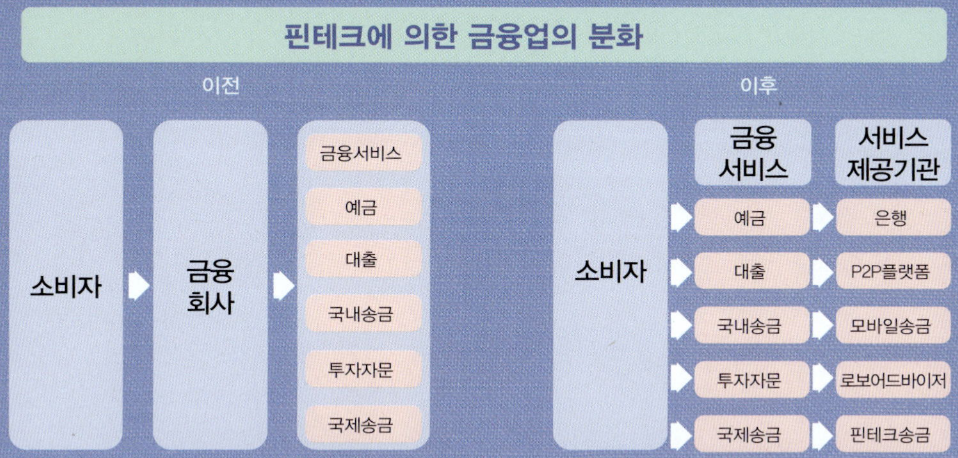

핀테크에 의한 금융업의 분화(출처: 한국은행)

하나의 금융기관에서 이뤄지던 서비스가 분화됨에 따라 다양한 서비스를 제공하는 채널 또한 다양해 질 것으로 예상되는 가운데 디지털 기술의 혁신은 ▲ 보험사업은 인공지능과 빅데이터를 이용하여 고객확보와 관리를 효율적으로 이루는 방향으로 변할 것이며, ▲ 예금대출시스템은 오프라인 점포 운영보다는 인터넷 전문은행의 등장으로 낮은 수수료와 상시 이용가능한 서비스를 제공할 것이며, ▲ 투자자문 시스템 또한 로보어드바이저를 활용하여 보다 정확하고 고객 개인의 특성에 맞춤화된 자문 서비스를 제공할 것으로 예상된다. 이러한 변화들은 ▲ 금융서비스 채널의 변화를 이끌 것이다.

보험사업의 변화

보험사업은 축적된 데이터를 기반으로 미래에 대비하는 산업이기 때문에 컴퓨터, 인공지능이 활용될 부분이 많다. 보험사업은 고객 맞춤형 상품 개발과 다양한 채널을 통한 신규고객 확보, 자동화된 언더라이팅 시스템을 통한 비용 효율성 제고 등 디지털 기술로 인한 혁신으로 가치 사슬이 재정립되고 있다. 보험사들은 인공지능 컴퓨터 기술을 보험료율 산출, 보험계약심사, 판매채널 등에 도입할 것이며 판매채널이 고비용 설계사 중심에서 저비용 채널로 전환될 전망이다. 인공지능과 빅데이터를 통해 보험회사는 고객들의 건강, 활동 레벨 등을 파악하여 더 정확한 보험료를 부과할 수 있다.

AIA생명이 내놓은 인공지능 스마트폰 앱

예금대출시스템의 변화

인터넷 전문은행은 점포운영비, 인건비 부담 등을 줄여 높은 예금 금리와 낮은 대출 금리 및 수수료를 가능하게 할 것이다. 중국의 알리바바, 텐센트, 한국의 카카오뱅크 등이 있으며 빠른 속도와 간결한 이용방법으로 상시 사용가능한 금융서비스를 제공한다. 계좌 가입 시에도 스마트폰이나 태블릿 PC로 고객이 모든 것을 직접 결정하며 현금이 필요 없는 은행으로 일상적 거래에 대해서 수수료가 면제되고 온라인 모바일 카드, P2P 자금이체 등의 서비스를 제공한다.

투자자문 시스템의 변화

투자 및 증권 산업에서는 로보어드바이저의 보편화로 많은 사람들이 시공간을 초월한 고객 맞춤형 자산운영 서비스 혜택을 누리게 될 것이다. 로보어드바이저는 투자에 대한 의사결정 및 실제 트레이딩을 수행함으로써 투자수익을 창출하는 역할을 할 수 있으며 뛰어난 정보 분석력을 바탕으로 개인 고객의 특성에 특화된 신용평가, 심사, 자문 서비스를 수행할 수 있다. 은행과 대출기관은 인공지능 시스템을 사용함으로써 더 정확하게 대출자들에 대한 리스크를 파악할 수 있을 것이다. 인공지능은 향후 고수익 추구를 위한 금융 분야의 분석 및 예측에 활용될 수 있으며, 전문가들이 갖고 있던 지식을 기반으로 자동화가 이뤄질 것이다. 이러한 미래의 인공지능은 데이터베이스 규칙뿐 아니라 뉴스기사, 시장상황 등을 분석해 상품이나 서비스를 혁신하는 데 사용될 것이다.

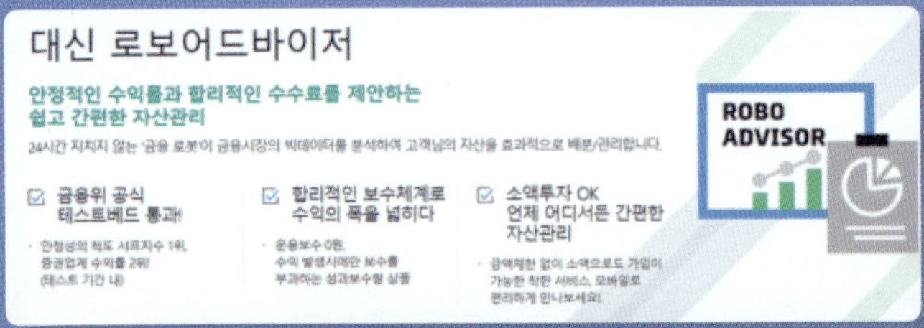

대신증권의 로보어드바이저

로보어드바이저 영상

YouTube
https://www.youtube.com/watch?v=YJfS_BM3edk

제 목 _ 대신증권 로보어드바이저 – 투자에도 내비게이션이 있다!
검색어 _로보어드바이저, 대신증권

금융서비스 채널의 변화

이러한 ICT 기술 발전은 모바일 기기 등을 통해 언제 어디서든 원하는 금융서비스를 이용할 수 있는 유비쿼터스 금융 환경을 조성하는 등 소비자의 편의성을 높이고 금융서비스에 대한 접근성을 제고하는 방향으로 채널이 변화할 것이다. 동시에 금융소비자 선택권이 확대되고 기존의 서비스 채널이 제고되며 금융서비스 이용에 따른 가격이 인하될 뿐 아니라 투자 및 관리 비용이 절감되고 거래에 관한 리스크가 축소될 것이다. 이에 따라 새로운 서비스 채널을 통한 금융서비스가 제공될 것으로 전망된다.

자료원: 한국금융연구원, "4차 산업혁명과 금융의 미래," 2017.05; 한국은행, "디지털 혁신과 금융서비스의 미래," 2017.01.18.

11.1 서비스 채널, 무엇이 다른가?

서비스 채널의 특징

간결한 전달경로 생산과 소비가 동시에 일어나는 서비스의 성격 때문에 서비스 채널은 서비스 제공자와 고객으로 구성되며 서비스 제공자가 직접 고객에게 서비스를 전달하므로 중간상이 존재하지 않는 경우가 많다. 이러한 경로의 대표적인 예로는 경영컨설팅, 회계법인, 변호사, 건축가 등 전문 서비스업체를 들 수 있다. [그림 11-1]은 이러한 전형적인 서비스 유통경로를 보여주고 있다. 본 장에서 채널과 유통경로는 같은 의미로 사용된다.

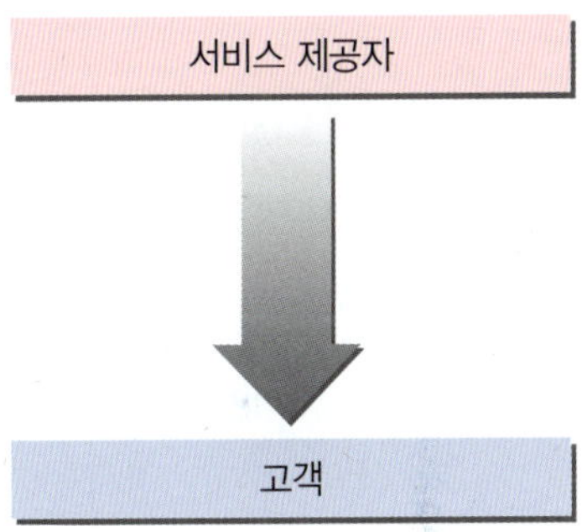

그림 11-1 | 전형적인 서비스 유통경로

그러나 서비스의 경우에도 중간상이 존재하는데 다음 세 가지가 그것이다.

- 서비스를 사용할 권리를 제공받은 프랜차이즈 형태
- 전화나 TV 혹은 인터넷 등 온라인(on-line)을 이용하여 서비스를 제공하는 전자채널
- 호텔이나 항공사의 서비스를 대신해 주는 여행사 등의 브로커나 에이전트

이러한 중간상들은 생산자 대신 자신들이 서비스를 제공하거나 단순히 서비스를 전달하는 매체로서의 역할만을 한다. 이러한 중간상을 이용한 유통경로는 [그림 11-2]로 표현된다. 따라서 서비스의 경우 제조업의 경우에 비해 적은 수의 중간상이 존재하며 그 단계나 영향력이 작아 대부분의 서비스 유통경로는 제품 유통경로에

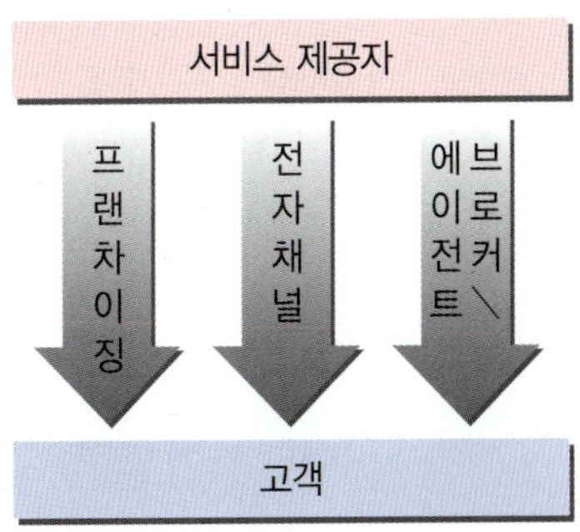

그림 11-2 | 중간상을 이용한 서비스 유통경로

비해 짧고 간결하다.

다양한 전달방법 전달방법과 관련된 것은 위에서 밝힌 간결한 전달과정과도 관련이 있다. 일반적으로 제조업체에 있어서 제품의 경우 '제조업자→도매상→소매상→최종소비자'에 이르는 기본적인 제품흐름을 갖게 되는데, 서비스의 경우는 인터넷, 홈쇼핑 등 다양한 전달매체를 통해서 중간상의 수가 축소되거나 사라지고 기업이나 고객의 상황에 적합한 전달방법이 개발되고 있다.

이것은 제품에 있어서 유통기관의 중요한 존립근거의 하나로 작용했던 시간과 공간의 제약이 극복되면서 나타나는 현상이라 하겠다. 인터넷 뱅킹, 텔레뱅킹, 모바일 뱅킹, 모바일 예매, 인터넷 진료, VOD(video on demand), 인터넷 세금결제, 전자정부 시스템 등 다양한 전달 형태를 지닌 기업 및 공공기관의 서비스는 고객만족을 유도하며 삶의 질을 높이고 있다.

서비스 채널 설계의 고려사항

채널의 설계는 고객이 원하는 서비스를 제공받을 수 있도록 채널 상의 여러 요소들을 적절히 배열하여 구성하는 것을 말한다. 일반적인 채널 설계는 중간상의 수, 중간상의 형태, 경로참가자 간 부가가치 기능의 할당, 경로참가자가 사용하는 물적 · 기술적 지원, 제공되는 서비스 특징 등의 요소에 의해 영향을 받는데, 기업은 자사의 목표와 전략을 최우선으로 고려하여 채널을 설계하게 된다.

채널 설계에서는 우선 서비스 특징을 고려해야 할 것이다. 서비스 특징을 고려할 때 서비스가 제공되는 곳으로 고객이 직접 오는 것이 필요한가를 검토해야 한다. 아울러 서비스 제공하는 지점을 몇 개로 할 것인가도 고려해야 한다. 이 두 가지 고려사항을 조합하면 〈표 11-1〉에서 정리된 채널 유형이 나올 수 있다.

고객이 서비스 기업으로 감 이 유형의 경우, 입지(location)선정과 운영 스케줄의 결정이 고객의 서비스 체험에 중요한 영향을 미친다. 예를 들어, 패스트푸드점의 경우 어느 곳에 지점을 개점할 것인가는 매우 중요하다. 또한, 항공, 버스, 기차, 전철 등의 경

표 11-1 | 서비스가 제공되는 채널의 유형

		서비스가 제공되는 지점	
		단일 지점	복수 지점
고객과 기업의 접촉형태	고객 → 서비스 기업	개인 법률 컨설팅	버스, 패스트푸드, 레스토랑
	서비스 기업→ 고객	(해충)방역, 인테리어/수리	택배, 긴급자동차 수리, 출장 뷔페
	원격 접촉	지역TV방송	방송네트워크, 전화회사

우, 노선 결정이나 운행 시간 등의 운영 스케줄은 서비스 체험의 질을 결정할 수 있다.

서비스 기업이 고객으로 감 기업입장에서는 시간, 물적 자원이 많이 소비되는 유형으로서 점차 감소되고 있는 추세인데, 개인 고객을 방문하기보다는 B2B(Business to Business) 고객을 방문하는 형태가 확대되고 있는 상황이다. 그러나 좀 더 많은 비용을 지불하고서라도 개별 서비스를 받고 싶어 하는 개인 고객을 대상으로 하는 방문서비스도 틈새시장이 될 수 있다.

서비스 기업이 고객에게 가는 서비스–매트리스 케어 서비스

고객과 기업이 원거리에서 접촉함 이 유형의 경우, 고객은 서비스 설비나 서비스 제공자와 직접 마주칠 일이 거의 없지만 콜센터나 이메일 등을 통해 서비스 제공자와 접촉할 기회가 늘어난다.

한편 고객 유형에 따라 어떤 채널 형태를 선호하는가를 파악하는 것도 중요한 문제이다. 해당 서비스에 대한 신뢰가 높고 지식이 많은 고객은 비대면 채널이나 셀프서비스 채널을 더 선호하는 것으로 나타났다. 그러나 대다수의 고객은 채널 선택 시 편리성을 가장 중요한 요소로 여기고 있다. 이는 채널에서 서비스의 핵심적 부분뿐만 아니라 예약, 문제해결 등의 보조적 부분까지 편리하게 전달해야 함을 의미한다.

INSIGHT

마이리얼플랜 '보험닥터', 자사 앱 이용자 중 51%가 잘못된 보험 가입

인슈어테크 스타트업 마이리얼플랜이 자사가 운영 중인 인공지능 보험진단 앱 보험닥터(이하 '보닥') 이용자 중 51.83%(1,076명)가 잘못된 보험에 가입 중이라고 알렸다. 마이리얼플랜은 보험 종류와 가격 등을 분석하는 보험 정보 플랫폼이다. 이들은 8만 명 넘는 회원을 보유하고 있다. 보닥은 마이리얼플랜이 2015년부터 약 3년간 수집한 보험 빅데이터를 바탕으로 머신러닝 기술을 사용해 이용자들의 보험을 진단한다. 보닥은 이용자가 회원 가입만 하면 본인이 잘못 알고 가입한 보험이 있는지, 앞으로 보험료를 얼마나 줄일 수 있는지를 알려준다. 여기에 이용자 성별 · 소득 · 직업 등 각자 상황에 맞는 적합한 보험상품을 찾아 주는 것이 장점이다. 또한 보닥에서 추천한 보험이 아니더라도 이용자가 추천받은 보험이 있다면 해당 보험상품이 이용자에게 맞는 상품인지 점검해 준다.

마이리얼플랜의 맞춤 보험 플랜 서비스

지난 1월에 런칭 이후 약 한 달간 보닥 서비스를 운영한 결과, 전체 보닥 이용자 2천여 명 중 44.51%(924명)가 '조정'이 필요한 보험에 1개 이상 가입돼 있다고 마이리얼플랜 측은 말했다.

마이리얼플랜 측에 따르면, 당장 '해지'해야 하는 보험에 1개 이상 가입한 이용자도 전체 이용자의 7.32%(152명)에 달하는 것으로 나타났다. 보닥은 이용자가 가입한 보험을 불러와서 인공지능이 진단해 주고, 자체 개발한 설계봇을 통해 잘못된 보험을 해약 시 이용자가 절약할 수 있는 보험료까지 알려주는 것이 특징이다. 이는 가성비 점수, 브랜드 점수, 보장기간 점수 등 보닥만의 알고리즘을 기초로 한다. 즉, 일반 보험설계사의 보장분석 서비스는 주관적인 요소가 강한 데 반해 보닥은 인공지능을 이용함으로써 보다 객관적으로 보험을 진단해 설계할 수 있는 것이 장점이다.

보닥 이용자는 "보닥은 '내가 가입한 보험을 유지해야 할지 해약해야 할지'에 대한 분석 결과를 빠른 시간 내 알려준다"며 "보험설계사와 대면 전 앱에서 잘못된 보험에 대한 조정 의견, 해지 의견, 유지 의견 등을 받을 수 있어서 좋다"고 말했다. 이어 그는 "덕분에 보험설계사와 만났을 때 보다 논의가 수월했다"고 말했다. 보닥 관계자는 "상대적으로 좋지 않은 상품이라도 해지나 조정에 대한 대안이 없다면, 보닥은 함부로 조정이나 해지 의견을 주지 않는다"며 "인공지능 기술을 활용해 명확한 대안이 있을 때만 조정이나 해지 의견을 주는 것이 보닥만의 차별점"이라고 강조했다.

자료원: 한국금융신문, "마이리얼플랜 '보험닥터', 자사 앱 이용자 중 51%가 잘못된 보험가입," 2019.03.04; 한국경제, "보험 가입 잘했나 걱정될 때 AI가 맞춤형 진단," 2019.02.10.

11.2 서비스 채널의 유형

직영 채널

서비스는 특성상 서비스 제공자가 고객에게 서비스를 직접 전달하는 형태가 많기 때문에 중간상을 포함하지 않고 기업이 직접 채널 접촉점을 관리하는 본사 직영 채널을 소개하는 것도 의미가 있을 수 있다. 본사 직영 채널의 예로는 주변에서 흔히 마주칠 수 있는 소규모 병원, 세탁소, 미용실 등이 있는데, 좀 더 큰 기업 형태로서는 본사가 모든 지점을 직접 운영 관리하는 스타벅스가 있다.

본사 직영 채널의 가장 큰 장점은 모든 지점에 대해 완벽한 통제가 가능하다는 것이다. 이는 서비스 설비 등에 있어 일관성을 유지할 수 있다는 것을 의미한다. 뿐만 아니라, 직원의 고용 및 해고, 교육 등을 직접 통제할 수 있다. 스타벅스의 경우, 매장 내에서 고객과 접촉하는 모든 직원을 직접 채용하고 매장에서 커피를 만들고 서비스하는 바리스타에게 에스프레소를 추출하여 고객이 원하는 커피를 만들고 서비스하는 일련의 과정을 직접 교육시킴으로써 어느 매장에서나 동일한 서비스와 커피 맛을 낼 수 있음을 자랑한다.

본사 직영 채널의 다른 장점은 고객관계를 관리할 수 있다는 것이다. 전문적이고 숙련된 직원이 필요한 서비스의 경우 고객과의 관계를 누가 관리하는가는 중요한 문제가 된다. 고객의 충성도가 기업에 대한 것인지 아니면 서비스 직원에 대한 것인지가 고객과의 관계 유지에 중요하기 때문이다. 예를 들어, 미용실의 헤어 디자이너가 전직을 할 경우 많은 고객은 이 디자이너를 따라 다른 곳으로 옮겨 가기도 하고, 전직한 보험설계사를 따라 보험 가입을 바꾸기도 한다.

한편 본사 직영 채널은 몇 가지 단점을 가지고 있다. 첫째, 본사가 직영 채널의 모든 재무적 위험을 감수해야 한다. 둘째, 대규모 기업일수록 소규모 지역 시장에 관해

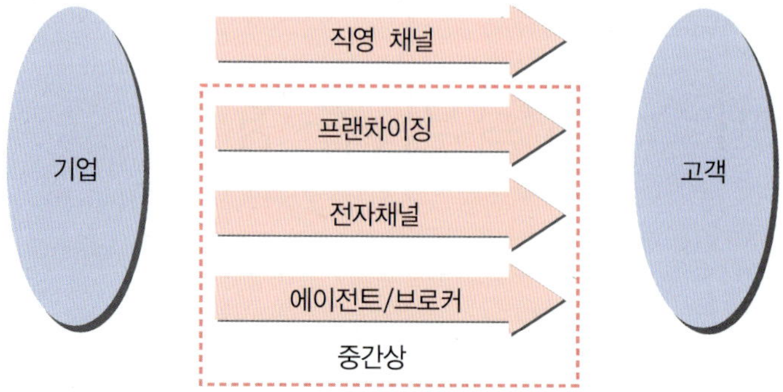

그림 11-3 | 직영 채널과 중간상

서는 전문 지식을 갖기 힘들다는 점이다. 이는 특히 다른 문화를 가진 지역이나 국가로 지점을 확장해 나갈 때 중요한 장애요인이 될 수 있다. 따라서 스타벅스의 경우, 미국 본국에서는 본사 직영 채널을 고수하되 해외로 진출할 경우는 위험 분산 및 현지 영업의 노하우 확보를 위해 미국과 현지국 간의 프랜차이징 방식을 도입했다.

프랜차이징

프랜차이징(franchising)이란 서비스에 대한 특권(franchise)을 가지고 있는 프랜차이즈 본부(franchiser: 이하 본부)에서 시장 확대를 위해 체인을 구성하고 여기에 가입하는 프랜차이즈 가맹점(franchisee: 이하 가맹점)들과 일정한 계약을 맺고 특정 지역에서의 판매를 독점할 수 있는 권한을 주어 브랜드, 표준화된 상품 및 서비스, 판매기술, 마케팅 노하우 등을 전수해 주고 대신 일정한 로열티(royalty), 보증금, 가입금을 받는 것을 말한다.

정보통신기술의 발달과 경제 사회적 여건의 성숙으로 인해 전국 어디서든 동일한 서비스나 상품을 원하는 소비자들의 니즈를 충족시키기에 가장 적절한 것이 프랜차이징이다. 즉, 프랜차이징을 통해 표준화된 서비스와 상품, 광고, 촉진, 보증 등을 제공할 수 있고 많은 자본을 들이지 않고도 가맹점과 본부가 위험을 공유함으로써 효과적으로 수익을 창출할 수 있다.

프랜차이징은 19세기 중반 미국의 SINGER 싱어(Singer) 미싱기 회사가 처음으로 라이센스/프랜차이즈 형태를 도입한 후 1920년대와 30년대 주유소들과 도소매업자

식품 프랜차이즈 – 더본코리아

들이 이것을 발전시켰다. 이후 1940년대와 50년대를 거치면서 경제적 · 문화적 · 법적 환경을 조성하며 성장하였다. 이 때 GM(General Motors)과 포드를 비롯한 자동차 회사들이 상표명 프랜차이징을 통해 성공을 하면서 다른 업계에 널리 퍼지게 되었다. 1952년 KFC가 패스트푸드에서 이 기법을 이용했다. 이후 프랜차이즈 시스템을 세계적으로 가장 성공적으로 운영하고 있는 맥도날드(McDonald's)가 1955년 창업을 했고, 3년 뒤 피자헛(Pizza Hut)이 프랜차이즈 형태로 도전을 하며 프랜차이징은 그 전성기를 맞이한다.

한편 국내에는 1979년 LOTTERIA 롯데리아가 햄버거 전문점으로, '난다랑'이 커피전문점으로 사업을 시작하면서 프랜차이즈 시스템이 도입되기 시작했다. 이후 1980년대 이화여대 앞에서 시작한 E·LAND 이랜드가 의류 체인점으로 확대되면서 양념 통닭 체인, 국수 체인, 커피 체인점이 잇따라 등장했다. 이후 1990년대에는 피자 전문점을 비롯하여 스티커 사진 체인, 아이스크림 업체 등이 진출하여 그 시장이 확장되었고, 패밀리 레스토랑 등을 비롯한 외국계 프랜차이즈들도 업종과 규모를 확대하였다.

최근의 프랜차이징은 선진국을 중심으로 패스트푸드, 소매업뿐만 아니라 B2B 서비스, 금융, 컨설팅, 부동산, 헬스케어 서비스, 개인편의 서비스까지 다양화되고 있고, 국내의 경우에도 요식업을 비롯하여 문화, 레저, 의료, 쇼핑 등 다방면에서 생겨나며 성장하고 있는 추세이다.

프랜차이징의 종류

프랜차이징은 그 속성에 따라 상표명 프랜차이징, 사업 형태 프랜차이징, 전환 프랜차이징 등의 3가지로 나눌 수 있는데, 서비스의 경우 사업 형태 프랜차이징이 가장 일반적이다.

상표명 프랜차이징 상표명 프랜차이징(trade-name franchising)은 주로 제품의 경우에 사용되는 것으로 가맹점이 본부의 제품을 본부가 등록한 상표명으로 판매하는 형태로 가맹점과 본부는 공급자와 딜러 관계가 된다. GM이나 포드 등의 자동차 업체나 Coca-Cola 코카콜라 등의 음료, 주유소 등이 이 유형에 속한다.

사업 형태 프랜차이징 사업 형태 프랜차이징(business format franchising)은 가장 일반적으로 사용되는 프랜차이징이다. 본부가 제품/서비스, 등록상표, 운영방식, 지속적인 경영지도 등 사업에 필요한 모든 요소를 가맹점에게 제공하는 형태를 말하는데, 본부는 이에 대한 대가로 가입금, 보증금 등을 받는다. 예를 들어, 롯데리아 프랜차이즈 같은 경우에 롯데리아 본부에서 각 지역의 가맹점들에게 내부 인테리어, 음식메뉴, 운영 시스템, 광고 등을 제공하고 이에 상응하는 보증금과 프랜차이즈 가입금 등을 받는다.

전환 프랜차이징 전환 프랜차이징(conversion franchising)은 독립적으로 운영되던 지점을 프랜차이즈 시스템에 끌어들여 형성한 프랜차이징 형태를 말한다. 대체로 시장이 성숙하고 경쟁이 치열한 경우 독립 지점들은 프랜차이즈 본부의 상표가 가지고 있는 명성이나 고객확보능력, 강력한 구매력이나 고도의 운영기술에 의한 비용절감 등의 장점을 활용하길 원하게 된다. 본부의 입장에서는 이들 독립 지점을 자신의 프랜차이즈 시스템에 끌어들임으로써 단기간에 성장할 수 있는 기회를 가지게 된다.

프랜차이징의 장점

고객 고객들은 프랜차이징을 통해 본부의 표준화되고 일관된 품질의 서비스를 제공받을 수 있고 지역과 시간에 구애받지 않고 동일한 가격으로 원하는 형태의 서비스를 받을 수 있다. 즉, 맥도날드 체인점의 똑같은 햄버거를 대도시뿐만 아니라 설악산의 유원지에서도 같은 가격과 표준화된 서비스로 구매할 수 있다. 이렇듯 고객입장에서는 낯선 지역이나 관광지 등에서 바가지요금으로 손해볼 위험을 줄일 수 있을 뿐 아니라 믿을 수 있는 음식점을 선택하기 위한 탐색비용도 줄일 수 있다.

표 11-2 | 유명 창업 잡지인 앙트레프레뉴어(Entrepreneur)가 선정한 Top 10 글로벌 프랜차이즈

	2016	2017	2018
1	Jimmy John's Gourmet Sandwiches 패스트푸드	7-Eleven Inc. 편의점	McDonald's 패스트푸드
2	Hampton by Hilton 숙박	McDonald's 패스트푸드	7-Eleven Inc. 편의점
3	Supercuts 미용	Dunkin' 패스트푸드	KFC US LLC 패스트푸드
4	Servpro 청소	The UPS Store 배송	Pizza Hut LLC 패스트푸드
5	Subway 패스트푸드	Jimmy John's Gourmet Sandwiches 패스트푸드	Subway 패스트푸드
6	McDonald's 패스트푸드	Dairy Queen 패스트푸드	Kumon Math & Reading Centers 교육
7	7-Eleven Inc. 편의점	Ace Hardware Corp. 홈데코	Re/MAX LLC 부동산
8	Dunkin' 패스트푸드	Wingstop Restaurants Inc. 패스트푸드	Dairy Queen 패스트푸드
9	Denny's Inc. 패스트푸드	Sport Clips 미용	Dunkin' 패스트푸드
10	Anytime Fitness 피트니스	Re/MAX LLC 부동산	Baskin-Robbins 패스트푸드

자료원: www.entreprenuer.com

프랜차이즈의 대명사인 맥도날드

또한 각 지역의 가맹점들이 본부의 시스템 개발이나 경영 노하우를 전수받아 규모의 경제 효과를 통해 제품이나 서비스를 제공하기 때문에 고객은 낮은 가격으로 높은 품질의 서비스를 받을 수 있다.

프랜차이즈 본부 프랜차이즈 본부는 프랜차이징을 통해 사업 영역을 확장하고 확장된 사업 영역에서의 수입 증대, 시장점유율 확대, 브랜드 인지도 증가, 규모의 경제 등을 얻을 수 있다. 또한 본부는 직접 자사의 유통망을 갖는 것보다 재무적 위험을 줄일 수 있고 가입금과 로열티 등의 수입을 통해 안정되게 사업을 유지할 수 있다. 뿐만 아니라 상표명, 지점의 외관, 종업원의 유니폼, 가격 등에서 일관성을 유지할 수 있기 때문에 소비자에게 지명도를 높여 신뢰를 줄 수 있고, 지속적인 관계를

표 11-3 | 프랜차이징의 장점

고 객	본 부	가맹점
• 장소에 제약 없이 표준화 되고 일관된 서비스 이용 • 낮은 가격으로 높은 수준의 서비스 이용	• 사업 확장의 용이성 • 재무위험의 공유와 안정된 수익 보장 • 일관성 있는 이미지 유지 • 지역시장에서의 밀착경영 가능 • 유연한 유통망 확보	• 소자본 창업 가능 • 표준화된 사업 형태 취득 • 본부의 경영지원 • 인지도 있는 브랜드의 취득

유지하게 하는 원동력이 된다.

또한 본부 단독으로 전국의 유통망을 담당하는 것보다 지역 시장에서의 밀착경영이 가능하다. 즉, 각 지역의 가맹점들은 표준화된 시스템 아래에서도 각 지역의 사정에 맞게 독자적으로 운영을 할 수 있으므로 본부의 부담이 줄어든다. 그리고 유능한 지역 전문가를 직접 채용하지 않고도 공짜로 고용하는 셈이 되어 인사채용의 문제를 해결할 수 있다. 또한 전체적인 경기의 흐름이나 환경의 변화에 맞춰 가맹점의 수를 조절할 수 있기 때문에 자사의 유통망을 가질 때보다 더욱 유연한 경영을 할 수 있다.

프랜차이즈 가맹점 가맹점의 입장에서는 사업을 시작하는 데 많은 자본이 필요하지 않고 실패에 대한 위험이 적다는 것이 가장 큰 장점이다. 일반적으로 자영업자가 독자적으로 사업을 시작하여 첫 해에 실패할 확률이 40%에 달하는 반면 프랜차이즈 사업이 실패할 확률은 10% 정도라고 한다.

특별한 경험이 없어도 쉽게 창업할 수 있고 본사로부터 기술이전이나 영업관리, 입지선정이나 법률적인 문제해결 등을 지원받을 수 있기 때문에 단시일에 안정화할 수 있다는 장점이 있다. 또한 영업에 필요한 시설에 대해서 융자를 받거나 임대를 할 수 있다. 게다가 전국적으로 지명도가 높은 본부의 우수한 상품, 표준화된 서비스, 디자인, 상표 등을 사용해서 사업을 수행하기 때문에 효과적인 판매가 가능하며 본부에서 일괄적으로 광고를 수행하기 때문에 별도의 광고를 하지 않아도 된다.

프랜차이징의 단점

고객 본부와 가맹점의 관계에서 가맹점이 불리한 협상 위치를 갖게 된다면 본부의 횡포에 의해 불리한 가격이나 불합리한 서비스를 받을 수 있으며, 가맹점들이 지나치게 난립하면 부실 가맹점을 믿고 거래를 했다가 예기치 않은 피해를 보는 고객이 나타난다. 또한 프랜차이징 업체에 불만을 갖게 된 경우 본부와 가맹점의 책임 소재를 명확히 파악하기 어렵기 때문에 해결이 힘들다는 문제가 있다.

본부 본부는 지속적으로 프랜차이즈 가맹점의 운영에 관한 지원을 해야 하는 부

INSIGHT

‘오너 리스크’ 피해 가맹점주 손해배상 받을까?

일본라멘 프랜차이즈 아오리라멘은 3월 14일 “새로운 전문경영인으로 컨설팅 전문기업 네모파트너즈 류재욱 대표를 영입했다”고 밝혔다. 이번 영입은 가수 승리(본명 이승현)가 지난 1월 대표이사직에서 사임하면서다. 승리는 1월 폭행 사건이 벌어졌던 클럽 버닝썬 사태에 휘말렸다. 그는 버닝썬 사내이사로 지내는 동안 마약 유통, 성매매 알선, 경찰과 유착 등의 논란에 휩싸이면서 경찰 수사를 받고 있다. 승리 측은 “아오리라멘 대표 사임은 버닝썬 사태 이전에 3월 예정됐던 군 입대 때문이었다”라고 해명했지만 승리에 대한 반감에 ‘아오리라멘 불매운동’ 움직임이 일고 있다. 승리의 인기를 기반으로 성장해온 브랜드인 만큼 아오리라멘 점주들은 매출 타격이 불가피해졌다. 이에 아오리라멘 운영법인인 아오리F&B는 “이번 불매운동으로 피해를 본 가맹점을 위해 가맹비 전액을 환불 보상하기로 결정했다”며 “3월 7일 가맹점주들과 회의를 열고 매출액 대비 지원금 형태로 지원하기로 했으나, 가맹점주들을 위해 가맹비 전액을 환불 보상하는 방안으로 결정을 바꿨다”고 설명했다.

01

결국 ‘승리 리스크’에 따른 피해는 오롯이 가맹점들의 몫이 됐다. 사실 아오리라멘처럼 오너 리스크로 브랜드 가맹점주가 피해를 보는 사례는 어제 오늘 일은 아니다. 지난 2017년엔 최호식 전 호식이두마리치킨 회장의 여직원 성추행 사건으로 브랜드 이미지 실추와 매출 하락으로 가맹점주 피해가 발생했다. 지난해엔 권원강 전 교촌치킨 회장의 친척인 권순철 교촌에프앤비 상무가 직원을 무차별 폭행하는 동영상이 유출돼 논란이 일었다.

프랜차이즈는 ‘브랜드 파워’를 기반으로 하기 때문에 오너들의 범법 행위나 갑질 등은 곧장 가맹점의 매출 급감으로 이어지게 마련이다. 실제로 최호식 전 회장의 직원 성추행 사건 이후 매출이 40% 줄었다. 김영주 더불어민주당 의원실이 호식이두마리치킨 가맹점 매출을 4대 카드사(신한 · KB · 현대 · 삼성) 매출액 자료를 토대로 분석한 결과, 이 사건이 발생한 일주일 간 가맹점 평균 매출이 30~40% 감소했다. 김영주 의원은 "프랜차이즈 본사의 불공정행위나 회장의 불미스러운 행동으로 가맹점 매출이 급감했다는 사실이 구체적 수치로 드러났다"며 "프랜차이즈 본사 잘못으로 가맹점주가 피해를 입을 경우 가맹점주도 계약을 해지할 수 있도록 하고, 그 과정에서 발생한 손해를 본사가 배상할 수 있도록 하는 법적 장치가 필요하다"고 주장했다.

이렇듯 재벌 회장이나 대주주 개인 등 오너(총수)의 잘못된 판단이나 불법행위로 인해 기업에 해를 입는 것을 오너 리스크라고 말한다. 되풀이되는 오너 리스크에 가맹점주를 보호하기 위한 장치도 마련됐다. 공정거래위원회는 지난 1월 24일 프랜차이즈 경영진의 부도덕한 행위로 가맹점주가 피해를 봤을 경우 가맹본부가 손해배상을 하는 '가맹사업거래의 공정화에 관한 법률'(가맹거래법) 개정안을 반영해 표준가맹계약서를 개정했다. 개정안은 외식 · 도소매 · 교육서비스 · 편의점 업종에 적용된다. 개정안에 따르면 가맹본부는 가맹점주와 가맹계약을 맺을 때 가맹본부 임원의 위법행위 또는 브랜드 명성 · 신용을 훼손하는 행위로 가맹 사업자에 브랜드 이미지 실추, 매출액 급감 등 손해가 발생할 경우 본부가 배상 책임을 진다는 내용을 계약서에 명시해야 한다.

자료원: 이코노미스트, "['오너 리스크' 피해 가맹점주 손해배상 받을까?] 올해 계약 맺거나 갱신한 점주만 배상받아," 2019.04.15; 프랜차이즈월드, "프랜차이즈 '오너 리스크법' 개정안 의결… 가맹본부 귀책 사유로 인한 가맹점 피해 배상 규정 신설," 2018.05.23.

표 11-4 | 프랜차이징의 단점

고객	본 부	가맹점
• 본부의 횡포로 인한 불합리한 가격과 서비스 • 가맹점과 본부 사이의 책임 소재 분명하지 않음	• 유통경로의 통제력이 낮음 (가맹점과의 갈등) • 투자수익률 저하 • 가맹점의 일관성 없는 서비스로 인한 명성의 훼손 • 가맹점을 통해 고객 접촉	• 본부의 지나친 통제와 관리 (본부와의 갈등) • 시장의 잠식과 포화 • 높은 보증금과 가입금 • 오너 리스크

담이 있다. 또한 가맹점이 급증하는 경우 본부가 원하는 대로 표준화된 서비스와 가격, 촉진 등의 활동을 진행하는 데 어려움이 있으며 기업이 직영 경로를 갖는 것보다 낮은 투자수익률을 얻을 수 있다. 재무위험을 가맹점과 공유하지만 가맹점이 운영을 잘못하여 손해가 발생할 경우 본부가 부실 채권을 가지고 있는 것과 마찬가지가 된다. 한편 가맹점이 운영을 잘못하여 고객에게 일관된 서비스를 제공하지 못할 경우 프랜차이즈 본부의 명성을 훼손하여 다른 가맹점에게까지 나쁜 영향을 미칠 수 있다. 또한 가맹점을 통해서 고객과 접촉하게 되므로 고객의 소리를 직접 듣지 못하고 고객의 충성도가 본사가 아니라 해당 가맹점에 대한 것이 될 수 있다.

가맹점 본부에서는 전체의 효율을 위해서 가맹점을 통제하고 관리하므로 개별 가맹점이 처한 상황에서는 본부의 방침이 최적의 형태가 아닐 수 있다. 또한 가맹점의 수가 증가하면 서로 시장을 잠식하기 때문에 개별 가맹점의 입장에서는 손해를 보게 되지만 본부는 보증금, 가입금, 로열티를 많이 받을 수 있기 때문에 이해관계 대립이 생길 수 있다. 근본적으로 본부가 상품 제공과 마케팅 노하우 등의 경영기법, 상권 설정 등을 지도하지만 구체적인 영업까지 책임지지는 않기 때문에 지나치게 본부에 의존하면 안 된다. 또한 체인 본사가 계약 후 문을 닫거나 계약 내용을 제대로 이행하지 못할 경우 이를 해결할 중재기관이나 관련 법규가 명확히 마련되어 있지 않기 때문에 가맹점만 비싼 보증금, 가입비 등을 잃게 될 가능성도 있다. 아울러 프랜차이즈 오너의 예기치 못한 발언이나 비윤리적인 행위는 소비자의 불매운동으로 이어질 수 있기 때문에 가맹점주는 이러한 오너 리스크로 인해 매출 감소와 같은 피해를 입을 수 있다.

전자채널

전자채널(electronic channel)이란 서비스 전달이 인간과의 접촉을 통해서가 아니라 전자매체를 통해 이루어지는 것을 말한다. 이러한 전자채널이 활성화되기 위해서는 정보, 교육, 엔터테인먼트 등 미리 설계된 서비스와 이를 전달하는 전자매체(electronic media)의 두 가지 요소가 필요하다. 전자매체로는 스마트폰, TV, 인터넷, 위성, 컴퓨터, PDA(Personal Digital Assistants), PMP(Portable Multimedia Player) 등이 있다. 공중파나 케이블을 이용한 TV방송과 라디오 방송, 이동전화에 증권, 날씨, 스포츠 등의 정보를 제공하는 업체, 인터넷을 비롯한 가상공간에서 영화나 음악, 게임, 소프트웨어 등의 정보를 제공하는 IP(Information Provider) 사업자들, 전자 도서관, 온라인 교육업체, 사이버대학 등이 전자채널을 기반으로 사업을 하는 예이다.

최근 전자기술의 발달은 서비스 혁신을 불러와 서비스를 좀 더 편리하고 효율적인 방법으로 전달할 뿐 아니라, 기존의 오프라인(off line)에 기반한 회사들도 인터넷을 통하여 자신의 서비스를 제공하고 있다. 예를 들어, THE WALL STREET JOURNAL 월스트리트저널(Wall Street Journal)은 고객 스스로 신문 콘텐츠를 자신의 기호에 맞게 재조정할 수 있는 양방향 버전(interactive edition)을 제공하고 있고, 호텔의 경우 할인이나 판촉 등을

통해 대면이나 전화 예약 대신 온라인 예약을 권장하고 있다.

더 나아가, 자사의 서비스 한 부분을 인터넷 채널로 확장하는 것뿐 아니라 이를 통해 인터넷 채널을 기반으로 성장한 기업과 경쟁하고 있다. 예를 들어, BARNES&NOBLE 반스앤노블의 경우, 오프라인 서점과는 별도로 인터넷 매장을 운영하여 amazon 아마존과 같이 온라인에 기반을 두고 오프라인 매장을 확장하는 기업과 경쟁을 벌이고 있다. 오프라인 매장을 가지고 있는 백화점의 경우에도, 인터넷 쇼핑몰을 운영하여 온라인 쇼핑몰과 경쟁을 벌이고 있다. 특히, 인터넷 채널은 전통적인 채널에 비해 고객의 정보 탐색 행동에 대한 데이터를 수집하기 쉽고 고객으로부터의 즉각적인 피드백도 가능하므로, 온라인 커뮤니티를 만들어 고객의 관심과 충성도를 높이는 데 도움을 준다. 그러나, 기존의 전통적인 채널에 인터넷 채널을 더하는 것은 양날의 검과 같은데, 기존 채널과의 마찰이나 갈등, 초기 설계비용, 기타 여러 면을 고려해야 하기 때문이다.

전자채널의 장점

표준화된 서비스의 전달 전자채널을 이용하여 서비스를 전달하면 인간이 수행하는 이질적인 서비스와 달리 표준화되고 일관성 있는 품질을 제공할 수 있는 이점이 있다. 또한 고객이 원하는 상황에 종업원이 없어도 서비스를 제공받을 수 있기 때문에 서비스가 가지는 비분리성의 문제를 해결할 수 있다.

저비용, 광범위한 유통 전자채널을 이용하면 사람을 통해 제공하는 서비스보다 더 저렴한 비용으로 보다 광범위한 지역의 사람들에게 전달할 수 있다. 게다가 전자매체는 그 효과의 측정이 비교적 쉽다.

고객의 편의성 증대 무엇보다도 고객이 원하는 시간과 장소에서 서비스를 이용할 수 있는 이용가능성과 접근가능성의 증대가 전자채널의 가장 중요한 이점이다. 전자채널을 이용하면 늦게 퇴근하는 직장인들도 손쉽게 쇼핑을 할 수 있고, 유통업체를 직접 찾아가야 하는 번거로움도 줄일 수 있다.

고객의 선택폭 증대 및 맞춤화 가능 고객은 기업이 제공하는 서비스나 제품을 그대로 수용하는 것이 아니라 자신이 원하는 제품을 직접 디자인하고 선택하여 주문할 수 있다. 나이키는 인터넷 채널을 통해 고객이 추가비용을 지불하고 모양, 소재, 색상 등을 직접 디자인할 수 있는 맞춤형 운동화 서비스를 제공하고 있다.

고객의 신속한 피드백 기업은 고객이 서비스에 대해 어떻게 생각하고 있는지 즉각적인 피드백을 얻을 수 있으며 이 피드백을 통해 서비스 문제를 즉시 개선할 수 있다.

개별화 서비스 가능 ICT 기술의 발전은 빅데이터, 클라우드 컴퓨터 기술을 기반으로 기업이 고객의 정보를 보다 정확하게 수집하도록 하였다. 기업은 이를 개별고객을 위한 맞춤형 서비스 제공에 활용할 수 있다. 예를 들어, NETFLIX 넷플릭스는 사용자가 선호하는 콘텐츠를 파악한 후 이를 바탕으로 유사한 콘텐츠를 사용자에게 추천해 주는 시스템을 사용한다. 넷플릭스의 추천 시스템에는 머신러닝이 적용되어 있으며 사용자가 넷플릭스 콘텐츠를 많이 감상할수록 사용자의 취향과 더욱 일치하는 추천 결과가 나온다. 아마존의 경우 고객의 구매 정보는 데이터에 저장되어 고객이 어떠한 제품을 다음 구매 시에 구매할지를 예측하여 고객에게 상품을 권유하기도 하고 빠른 배송을 위해 고객이 거주하는 지역과 인접한 물류 창고에 고객이 구매할 것으로 예상되는 제품을 미리 보관해 두기도 한다.

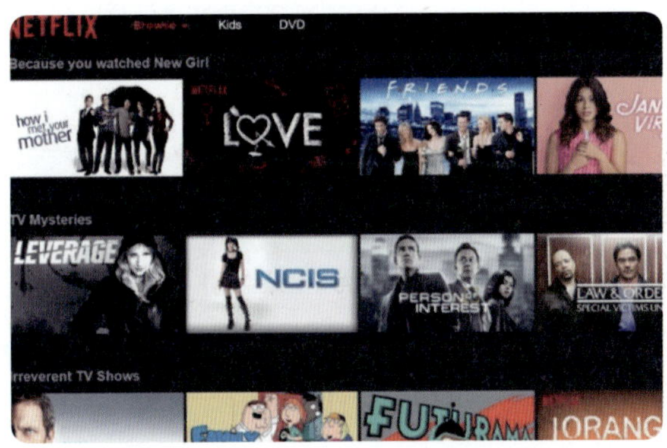

사용자의 취향에 맞는 영상을 추천하는 넷플릭스

전자채널의 단점

가격경쟁 심화 전통적으로 서비스는 다른 서비스와 직접적으로 비교하기에 어려운 점이 많았다. 제품은 한 지점에서 비슷한 제품 간의 가격 비교가 가능했지만 여행 서비스나 비행기 티켓의 경우, 다양한 원천으로부터 정보를 수집하여 한 번에 가격을 비교하기는 매우 어려웠다. 그러나 지금은 인터넷의 가격 비교 사이트를 통해 고

표 11-5 | 전자채널의 장단점

장점	단점
• 표준화된 서비스의 전달 • 저비용, 광범위한 유통 • 고객의 편의성 증대 • 고객의 선택폭 증대 및 맞춤화 가능 • 고객의 신속한 피드백 • 기술의 발전으로 개별화 서비스 가능	• 가격경쟁 심화 • 개별화 수준의 한계 • 고객 개입으로 인한 일관성 저하 • 보안문제 • 서비스 지역의 확장으로 인한 경쟁 심화

객은 손쉽게 자신이 원하는 서비스 상품의 가격을 비교할 수 있기 때문에 기업 간 가격경쟁이 심화되고 있다.

개별화 수준의 한계 ICT 기술의 발전이 개별화된 서비스를 제공하는 데 기여하고 있지만 개별화 수준에는 여전히 한계가 존재한다. 예를 들어, 가상대학에서 제공되는 수업은 원하는 시간에 강의를 들을 수 있다는 장점이 있지만 질문에 대한 답변을 즉시 들거나 교사와 즉각적으로 상호작용을 할 수 없다는 단점을 지니고 있다.

고객의 개입으로 인한 일관성 저하 전자채널은 서비스 제공자나 직원들로부터 야기되는 서비스의 이질성 문제를 최소화할 수는 있지만, 한편 서비스를 수용하는 고객이 다양한 특성을 가지고 있기 때문에 서비스 품질의 일관성 저하를 초래할 수 있다. 예를 들어, 고객이 인터넷이나 신기술을 사용하는 데 익숙하지 않거나 심지어 기업이 제공하는 서비스를 받을 전자매체를 가지고 있지 않은 경우, 문제점이 야기되거나 서비스 제공에 장애가 될 수 있다.

보안문제 전자매체를 이용하여 서비스를 이용하거나 제품을 구매할 때 고객들은 대금의 결제나 정보의 보안문제 등에 대해 염려하게 된다. 전자매체를 이용하여 결제를 할 때 거래가 잘못되거나 고객의 개인 정보가 유출될 위험이 있다.

서비스 지역의 확장으로 인한 경쟁 심화 전자채널은 서비스를 제공하는 지역의 경계를 허물어뜨려 기존의 지역 경계에 따라 자연스럽게 차단되던 경쟁을 심화시키

INSIGHT

옴니채널 시대, 통합적이고 일관된 고객경험 창출이 생명

최근 채널전략의 초점은 단일채널에서 멀티채널을 거쳐 옴니채널로 이동하고 있다. 옴니채널(Omni-Channel)은 '모든 것의, 모든 방식으로, 모든 곳에'를 뜻하는 Omnis에 유통채널이 복합된 단어로 유통시장의 채널이 다양해지면서 채널 간 구분과 경계가 사라지는 것을 의미한다. 매장, 태블릿, 데스크톱, 이메일, 콜센터, 스마트폰 앱 등 모든 채널에 걸친 옴니채널 비즈니스는 소비자에게 통합된 쇼핑 경험을 제공한다. 세계적으로 온라인 시장의 성장곡선이 가파르게 변화하면서 오프라인과 온라인 채널을 넘나들며 구매할 수 있는 옴니채널 소비 플랫폼 구축의 시기가 도래한 것이다. 2018년 통계청의 온라인 쇼핑 동향에 따르면 7월 기준 전체 온라인 쇼핑은 9조 4,567억 원으로 전년 대비 22.7%가 증가한 것으로 드러났다. 또한 모바일이 차지하는 비중도 62.9%로 꾸준히 증가하고 있다고 보고하였다.

이러한 현상을 반영하듯 현재 전 세계적으로 오프라인 유통의 점포 수가 줄어들고 있다. 미국의 대표 백화점인 시어스, 메이시스, 일본의 미쓰코시, 세이부 등은 부실점포를 폐점하고 있고 '갭', '홀리스터' 등 유명 SPA 브랜드도 비효율을 이유로 오프라인 매장 수를 감소시키고 있다. 이와 같은 현상에 대해 많은 전문가들이 온라인 시장의 급속한 성장을 주요 요인으로 꼽았고 앞으로도 오프라인 유통의 감소는 계속될 것이라고 예측했다.

유통 전문가들은 이와 같은 현상을 극복할 수 있는 대안으로 진정한 옴니채널의 전략이 실행되어야 한다고 강조하고 있다.

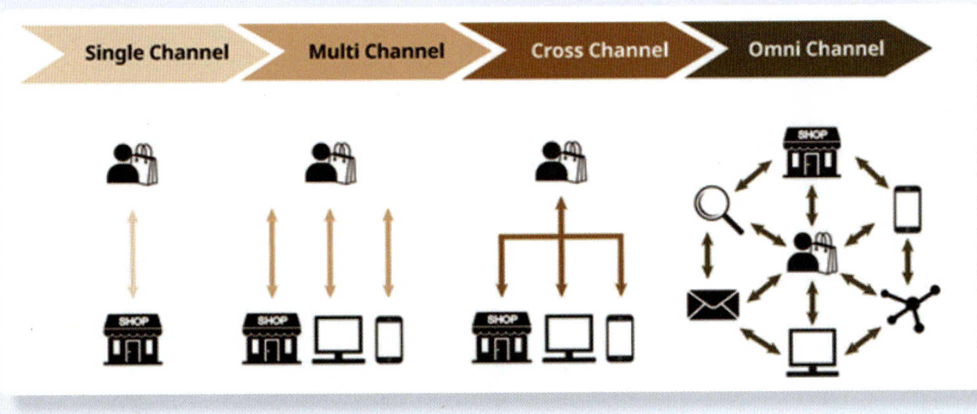

채널별 상호작용 대상과 상호작용 방향의 특징

다만 기존처럼 오프라인 상점의 온라인 채널 확장, 온라인 쇼핑몰의 오프라인 점포 오픈과 같이 유통채널의 확장 개념으로만 이해하는 것이 아니라 온-오프라인의 진정한 병합, 브랜드 체험의 동일화가 필요하다. 전 세계적으로 네트워크를 확장하고 있는 온라인 쇼핑몰 역시 온라인에서의 쇼핑 체험을 오프라인으로 연결하기 위해 오프라인 점포를 오픈하는 것도 이러한 맥락에서 이해할 수 있다.

즉, 옴니채널(Omni-Channel)은 고객이 어디서 어떻게 접근하든지 통합적이고 일관된 고객경험을 창출하는 방식으로 마케팅, 판매 및 서비스하는 다중 채널 방식이 되어야 한다. 특히 오프라인, 온라인의 유통채널 간 진정한 옴니채널 전략이 마련되어야 하지만 유통채널 외에도 홈페이지, 블로그, 페이스북, 인스타그램 등 브랜드 SNS 채널 역시 커뮤니케이션과 e-커머스 채널로서 역할을 하고 있기 때문에 동일한 경험과 서비스를 제공해야 한다.

또한 옴니채널(Omni-Channel)과 멀티채널(Multi-Channel)을 동일하게 이해해서는 안 된다. 홈페이지, 브랜드 자사몰, 종합 쇼핑몰, 페이스북, 블로그, 인스타그램, 트위터 등 온-오프 채널을 다양하게 운영하는 것은 멀티채널 전략이며 이들 모든 채널에서 통합된 브랜드 경험을 제공하는 것이 진정한 옴니채널이다.

디지털 마케팅 플랫폼 업체인 이마시스(Emarsys)는 멀티채널과 옴니채널의 차이에 대해 △channel vs. customer △ consistency vs. engagement △ effort vs. effortless △ optimization으로 설명했다.

● channel vs. customer

멀티채널은 최대한 많은 수의 채널을 통해 고객을 참여시키는 것을 목표로 한다. 기업은 두 개 이상의 채널을 선택하여 고객과 소통하는데 이 때 가장 인기 있는 것은 소셜 미디어와 이메일이다. 반대로 옴니채널은 모든 채널을 상호연관시켜 고객을 참여시킴으로써 각 채널 전체에서 브랜드에 대한 훌륭한 전반적인 경험을 체험하도록 한다. 옴니채널의 중점은 고객과 브랜드 간 강한 관계를 구축하는 데 있다. 실제로 옴니채널 전략이 잘 구축된 기업은 그렇지 않은 기업보다 평균적으로 고객 유지율이 91% 높은 것으로 드러났다.

● consistency vs. engagement

옴니채널은 고객경험에 중점을 둔다. 옴니채널은 다양한 각 채널에서 동일한 고객경험을 보장하기 위해 노력한다. 이러한 일관된 브랜드 이미지와 메시지는 고객이 느끼는 친숙성과 브랜드와의 관계를 강화하는 것을 도모한다.

● effort vs. effortless

단순히 고객과 연결할 수 있는 많은 채널을 고려하는 것은 멀티채널이지만 옴니채널은 데이터를 활용하여 고객의 경험 중 어떠한 부분이 더 많은 노력을 요구하는지를 이해하고, 그러한 노력을 없애는 것을 포함한다. 즉, 고객에게 노력을 요구하지 않는 구매경험을 제공하고자 한다.

● **optimization**

각 채널의 사용을 더 효율적으로 운용하고 최적화하는 것이 옴니채널이다. 옴니채널 마케팅은 개인화되고 일관적인 고객경험을 제공하는 것을 의미한다. 즉, 멀티채널은 최대한 많은 채널을 확보하는 것이 목적이고 옴니채널은 모든 채널을 상호 연관시켜 고객을 참여시킴으로써 각 채널 전체에 대한 경험을 보장, 고객과 브랜드 간 강력한 관계를 구축하는 것이다. 이를 위해 멀티채널은 여러 채널을 구축하기 위해 노력을 기울이지만, 옴니채널은 데이터를 사용해 고객이 브랜드를 경험함에 있어 어떤 노력을 기울이고 있는지 분석하고 이러한 노력을 제거함으로써 간편한 구매경험을 제공할 수 있어야 한다.

이유재와 이미아(2019)는 옴니채널에서 고객경험이 접근성, 개인화, 편리성, 동시성의 차원으로 구성되고 있음을 확인하고 고객경험의 각 차원이 옴니채널 로열티를 높이며 궁극적으로 고객관계성과를 증진하는 것을 보였다. 고객경험의 차원이 미치는 영향은 리테일 형태에 따라 달라졌는데 개인화는 백화점에서, 편리성은 할인점에서 더 중요한 요인으로 나타났다.

자료원: 패션채널, "멀티채널이 아닌 옴니채널," 2019.02.01;
Emersys, "The Difference Between Multi-Channel and Omnichannel," https://www.emarsys.com/en-uk/resourcesblog/multi-channel-marketing-omnichannel/;
이미아, 이유재(2019), "옴니채널에서 고객경험이 리테일러 로열티 및 성과에 미치는 영향," 경영학연구, 48(1), pp.211-241.

고 있다. 예를 들어, 과거에 은행은 지점 주변 고객을 대상으로 서비스를 했으나 인터넷 뱅킹의 사용으로 고객의 지역 경계는 별 의미가 없어졌다.

에이전트와 브로커

에이전트(agent)와 브로커(broker)는 거래의 대상이 되는 서비스에 대해 소유권을 갖지 않고 단지 거래를 촉진시키는 역할을 수행하는 중간상을 일컫는다. 에이전트(agent)는 대리점 또는 대리인으로 불리는데 주로 서비스 제공자나 고객 중 어느 한쪽을 대표하며 이들과 지속적인 관계를 갖는다. 이들은 서비스 제공자를 위한 여러 가지 마케팅 기능을 수행하며 마케팅 서비스에 대한 법적인 권한을 가지고 있는 경우가 대부분이다. **Cheil** 제일기획, **TBWA**TBWA 등의 광고 대행사, 여행 업무를 대신하는 여행사들을 에이전트의 예로 들 수 있다. 이러한 에이전트에는 판매 에이전트, 구매 에이전트 등이 있다.

판매 에이전트(selling agent)는 영화배우, 가수 등 연예인이나 스포츠 선수의 매니저 등이 대표적인 예이다. 서비스 제공자인 영화배우나 스포츠 선수는 본연의 업무인 영화와 운동에만 주력하고, 에이전트가 서비스 구매자와의 협상에 관한 계약금이나 기간, 부대조건 등에 관한 모든 권한을 위임받아 계약금액의 일정 지분을 수수료로 받고 협상을 수행한다. 구매 에이전트(purchasing agent)는 구매고객을 대신하여 서비스를 평가하고 구입하여 고객과 장기적인 관계를 유지한다. 그들은 특정 서비스에 대해 많은 정보와 지식을 가지고 최상의 조건으로 계약하도록 돕는 한편 가지고 있는 정보를 판매하는 부수적인 서비스도 제공한다. 골동품이나 귀금속 전문가들이 그러한 예이다.

브로커(broker)는 중개인 또는 거간꾼으로 불리는데 서비스 제공자와 고객 간의 거래를 중개하여 촉진시키는 것을 주요 기능으로 하여 거래가 성립되면 수수료(commission)를 받는다. 브로커는 에이전트보다 단기적 관계이며 거래에 대한 위험 부담을 지지

INSIGHT

기업가치 30조 원 스포티파이의 성공비결

빅데이터와 인공지능(AI) 기술이 퍼지며 개인 맞춤형 서비스가 확산되고 있다. 일종의 취향 비즈니스가 새롭게 등장하고 있는 것이다. 디스커버 위클리로 빠르게 성장한 스포티파이가 대표적이다.

스포티파이는 2006년 다니엘 에크(Daniel Ek)가 스웨덴에서 만든 음악 스트리밍 서비스다. 전 세계 79개국에서 서비스 중이며, 한국에서도 곧 출시를 앞두고 있다. 시가총액만 250억 달러에 달하는 세계 1위 음원 스트리밍 업체다. 전 세계 이용자 수는 지난해 말 기준 2억 700만 명에 육박하며 이 중 유료 가입자만 7,500만 명이다. 스포티파이는 매주 월요일마다 각 사용자에게 디스커버 위클리라는 추천 음악 리스트를 제공한다. 사용자 취향에 맞춰 추천하기 때문에 매주 7,500만 개의 음악 플레이리스트를 새롭게 찍어내고 있는 것이다. 소피 린드블롬 스포티파이 엔지니어는 "2011년 크리스마스 추천 음악을 만들다 사용자 취향을 고려한 맞춤형 플레이리스트에 대한 아이디어가 나왔다"며 "2014년 디스커버 위클리 서비스를 시작하게 된 계기가 됐다"고 말했다.

디스커버 위클리는 리듬, 박자, 장르 등 세분화한 음악 빅데이터를 활용해 맞춤형 서비스를 제공한다. 방탄소년단을 내 음악 리스트에 추가하면 블락B나 위너 등 한국 아티스트가 포함된 맞춤형 리스트를 제공하는 식이다. 스포티파이는 음악 빅데이터뿐만 아니라 날씨, 이모지(Emoji), 심장박동 수 등을 음악 추천 서비스와 결합하기 위한 연구를 진행하고 있다.

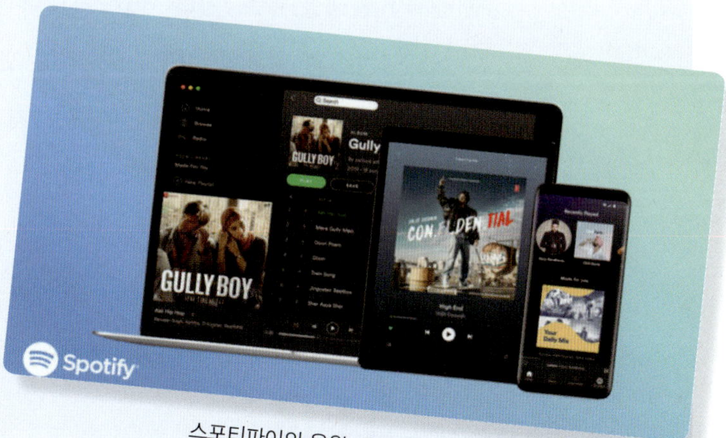

스포티파이의 음원 제공 서비스 화면

스포티파이가 만든 취향 서비스는 후발 주자들에게도 영향을 미치고 있다. 2015년 첫 선을 보인 애플뮤직(Apple Music)도 이용자의 취향을 분석해 음악을 추천한다. 애플뮤직 유료 가입자는 이달 초 4,000만 명을 넘어서 스포티파이를 위협하고 있다. 사용자가 원하는 데이터를 얼마나 잘 추천해 주느냐에 따라 지갑이 열리는 시대가 다가온 것이다.

자료원: 중앙일보, "기업가치 30조 원 스포티파이의 성공비결은," 2018.04.16.

않는다. 부동산 중개인이나 보험, 증권 중개인 등이 이러한 브로커의 전형적인 예이며, 최근에는 여러 가지 방법으로 만남을 주선하는 결혼정보회사들도 브로커의 역할을 하며 성공을 거두고 있다.

에이전트와 브로커는 중간상으로서 혜택을 제공한다. 고객들은 에이전트나 브로커를 통해 시간, 노력 등의 비용을 줄일 수 있다. 외국 여행을 가기 위해 항공사나 호텔 등에 직접 연락을 취하는 노고를 여행사를 이용하면 쉽게 해결할 수 있다. 또한 여러 가지 보험을 취급하는 대리점에 간다면 각 보험회사의 상품을 비교하여 가격이나 품질이 가장 나은 것을 선택할 수도 있다.

서비스 제공자와 고객은 에이전트나 브로커를 통해 판매나 유통비용을 감소시킬 수 있으며, 전문적 기술과 지식, 정보를 갖고 있는 이들을 통해 다양한 업무를 대행시킬 수 있다. 유능한 매니저를 고용한 가수는 이 매니저가 관계를 맺은 PD나 기자 등을 통해 여러 매체에 인터뷰를 하고, 음반을 소개하는 등의 촉진활동을 수행할 수 있으며 음반 취입을 하거나 콘서트를 할 때 또는 광고 계약을 할 때 도움을 받을 수 있다.

에이전트와 브로커로 인해서 편리한 점도 있지만 반면에 대리인 문제(agency problem)가 발생할 수도 있다. 에이전트와 브로커의 요구에 따라 서비스 제공자는 제공하는 서비스의 형태를 바꾸는 경우도 생길 수 있고, 가격이나 다른 마케팅 측면에 대해서 통제력을 상실하여 자신이 원하지 않더라도 에이전트나 브로커의 방침에 따라야만 하는 불이익을 당할 수도 있다.

11.3 서비스 채널에 대한 개방성 전략

기업이 서비스 전달경로 상에 중간상 포함 여부를 결정했고 어떤 유형을 선택할 것인지도 정했다면 그 다음 문제는 얼마나 많은 지점을 열어서 자신들의 서비스를 노출시킬까이다. 서비스 제공 지점의 개방성(intensity) 전략이 이와 연관된다. 기업은 고객에게 노출하려는 지점의 수를 기준으로 개방적(intensive) 채널전략, 선택적(selective) 채널전략, 전속적(exclusive) 채널전략을 선택할 수 있고 전략 선택에 있어 가장 중요한 것은 고객이 서비스를 찾아 나서고자 하는 욕구다. 각 전략은 편의서비스(convenience services), 선매서비스(shopping services), 전문서비스(specialty services) 등에 연결해 설명할 수 있다.

개방적 채널전략-편의서비스 개방적 채널(intensive distribution)전략이란 서비스업체가 가능한 많은 지점에서 자신의 서비스를 취급하도록 하는 정책을 말한다. 고객이 구매에 많은 시간과 노력을 소비하려고 하지 않는 택배 및 우편배달 등의 편의서비스(convenience service)는 가능한 한 지점의 수를 늘려서 고객이 접근하기 편리하도록 개방적 경로를 선택해야 한다.

이러한 전략의 사용 예는 여러 곳에서 찾아볼 수 있다. 시중은행들은 가능한 한 지점의 수를 늘려서 고객들에게 침투하려 한다. 따라서 각 은행들은 소비자들이 찾기 쉬운 곳에 여러 개 지점을 설치하고, 심지어는 출장소라는 형태의 소규모 지점을 운영하고 있기도 하다. ATM도 고객의 이용가능성과 접근가능성을 높여 자사의 접촉지점을 확대하기 위한 수단이다. TACO BELL 타코벨(Taco Bell) 같은 패스트푸드 식당 역시 이러한 채널전략을 사용하는데, 그들은 학교, 병원뿐만 아니라 공항, 기차역, 슈퍼마켓, 백화점, 쇼핑몰, 테마파크에 이르기까지 가능한 많은 곳을 그들의 매장으로 삼으려 노력하고 있다.

VISA 비자, mastercard 마스터카드, AMERICAN EXPRESS 아메리칸익스프레스 등의 카드업체들은 자사의 카드를 취급하는 점포가 많을수록 고객들이 소비하기 쉽고 따라서 자신에게 이익이 되므로 되도록 많은 업체들이 자신의 카드를 사용하도록 한다. 그리고 이러한 내용은 광고를 통해 고객에게 알리기도 한다.

선택적 채널전략-선매서비스 가격, 디자인, 품질 등을 비교하기 위하여 소비자가 여러 점포를 돌아다니며 시간이나 노력을 들이는 것을 가치 있게 생각하는 선매서비스에는 노출의 수준을 선택적으로 제한하는 선택적 채널(selective distribution)을 사용한다. 예를 들어, 삼성생명은 자사 전속대리점을 통해 보험을 판매하지만 여러 보험을 취급하는 독립적인 보험대리점을 통해서도 보험상품을 판매하고 있다. 이 때 독립적인 대리점은 삼성생명의 상품 외에도 교보생명이나 한화생명의 상품을 취급한다. 따라서 삼성생명이 선택적 유통전략을 채택하게 되면 자사의 전속대리점을 통해 영업을 하는 것보다는 비용을 감소시킬 수 있으며 전속적 유통경로를 채택하는 것보다 더 많은 상품을 판매할 수 있다.

전속적 채널전략-전문서비스 고객이 특별한 매력을 느끼고 구매를 위해 시간과 노력을 아끼지 않는 전문서비스의 경우에는 일정 지역 내의 특정 점포에게만 자사의 서비스를 독점적으로 판매할 수 있는 권한을 부여함으로써 자사 상품의 노출 수준을 엄격히 제한하는 전속적 채널(exclusive distribution)전략을 사용하는 것이 바람직하다. 이 때 전속(exclusion)이란 오로지 특정 대상에만 속해 있음을 의미하는 것으로 방송사나 연예기획사가 전속 모델, 전속 아나운서 등을 사용하는 것이 그 예이다. 전속적 채널 전략은 대체할 만한 상품이 없거나 극히 적은 경우에 해당하는 것으로 대리점이나 중간상들이 제공하는 서비스를 고품질로 유지시키려 할 때 사용한다. 이렇게 되면 특정 지역을 전속적 유통업체에만 할당하여 그 지역을 책임지게 한다. 따라서 유통 채널의 통제성이 매우 높게 되고 개별화되고 수준 높은 서비스를 제공할 수 있다.

11.4 효율적 채널관리 전략

서비스 접근을 용이하게 하라.

서비스는 제아무리 독창적인 특성과 효과적인 광고와 매력적인 가격요건을 갖추고 있다고 하더라도 고객들이 접근하기가 쉽지 않다면 서비스가 아니다. 따라서 기업에서는 이러한 고객의 접근용이성을 항상 염두에 두어야 할 것이다. 고객들의 서비스 시설에 대한 접근용이성을 높여준다는 의미에서 복합화라는 개념은 그 자체로 하나의 채널전략의 대안이 될 수 있다. 롯데월드몰에서는 롯데월드타워전망대, 놀이기구, 극장과 스케이트장 등 레저 및 스포츠 서비스, 호텔과 민속박물관 등 관광서비스, 백화점과 대형마트 등 쇼핑서비스가 가능하다. 접근용이성을 위해서는 입지가 중요하며 서비스 기업은 자사와 고객 간에 존재하는 시간 및 공간적인 차이를 극복해야 한다.

입지선정 기업의 입지선정은 자사의 능력을 최대로 발휘하고 고객의 접근을 용이하게 할 수 있는 체계적인 방법으로 이루어져야 하며, '지역선정→지구선정→지점선정'의 3단계를 거치는 것이 바람직하다. 지역이란 가장 넓은 의미의 공간단위로서, 관광서비스 산업에서는 하나의 관광지(제주도, 경주, 설악산 등)가 이에 해당한다. 지구란 지역 내 단위의 묶음을 말하는데, 소매업이나 음식산업의 경우 상점가가 이에 해당한다고 하겠다. 마지막으로 지점이란 지구 내에서 특정의 서비스 기업 자체가 위치하는 점을 말한다. 입지는 서비스 채널전략상 중요한 의미를 가진다. 왜냐하면 좋은 입지는 고객의 접근가능성을 높여주고, 반복구매 등으로 상품구매 패턴을 변화시킬 수 있을 뿐 아니라, 상품이나 기업 자체에 대한 충성도를 유발시킬 수도 있기 때문이다.

시간 · 공간 제약의 극복 ATM이나 자동판매기 같은 무인 점포의 강점은 무엇보다도 시간 및 공간적 제약의 극복이다. 즉, 심야시간과 토/일요일에도 대부분 영업을 한다는 점이 고객들에게 크게 어필할 수 있으며, 점포망의 수가 급증하면서 고객에게 보다 밀착된 형태로 공간적 제약의 극복에도 기여하고 있다. 이처럼, 무인 점포 및 무인 시스템은 인건비가 상승하는 상황에서 생산성을 높일 수 있는 방안으로서

INSIGHT

기업의 운영시간을 연장하게 하는 주 요인들

최근 기업들이 점포를 24시간 운영하고 연중 무휴로 운영하는 추세가 증가하고 있다. 이런 트렌드는 미국과 캐나다에서 출발하여 전 세계로 퍼져가고 있다. 이렇게 운영시간이 변화하는 데는 다음과 같은 이유가 있다.

24시간 운영하는 미국의 드럭스토어 – CVS

● 고객의 요구

맞벌이 가정이나 1인 가구의 증가로 일반적인 근무시간 외의 시간에 쇼핑을 하고 서비스를 이용하는 고객들이 증가되고 있다. 또한 쇼핑을 하고 서비스를 이용하는 것에 있어서 언제든지 자신이 원하는 때 즐기고자 하는 소비자의 욕구가 증가하고 있다. 한 점포가 이러한 소비자의 수요를 충족시키기 위해 운영시간을 늘릴 경우, 이에 대응하여 경쟁 점포들도 따라서 운영시간을 연장하는 경향이 있다. 또한 프랜차이즈 점포는 특히 이러한 경향을 더욱 촉진시킨다.

● 법의 변화

전통적인 종교 관점에서 특정 날짜에 점포 운영을 금하는 법적 제지가 줄어들고 있다. 무슬림에게 금요일은 거룩한 날이며, 유대인에게 토요일은 안식일이지만 이러한 특정한 날짜가 다문화 사회에서는 동시에 지켜지기 어렵고 무신론자는 이를 지킬 필요가 없다. 최근 서방 국가에서는 이러한 특정한 날짜에 대해서 영업을 제지하는 법안이 점차적으로 줄어들고 있다.

● 자원활용을 높이려는 경제적 동기

많은 자본이 점포 운영에 투자된다. 운영시간을 늘리는 것에 대한 시간당 원가가 높지 않고 고객의 수요를 적절히 분산시켜 혼잡을 줄이고 점포 이익을 늘릴 수 있다면 운영시간을 증대하는 것이 경제적

으로 매력적이다. 또한 기계 설비를 완전히 멈추게 한 후에 다시 재개하는 것, 슈퍼마켓 같은 경우 온도 조절이나 부분 조명을 24시간 운영하는 것, 보안 직원이 24시간 7일 근무하는 비용이 존재하기 때문에 운영과 마케팅 측면에서 24시간 운영이 도움이 될 수 있다.

● '비사회적'인 시간에 근무하는 직원의 활용

라이프스타일에 대한 변화와 파트타임 직업에 대한 욕구로 밤 시간에 근무하고자 하는 노동력 풀이 증가했다. 수업시간 이외에 근무를 하고자 하는 학생들이나, 퇴근 후에 파트타임 업무를 하고자 하는 사람들, 단순히 저녁에 일하고 낮에 쉬고자 하는 사람들이 해당된다.

● 자동화된 셀프서비스 설비

셀프서비스 장비가 점점 더 안정적이고 사용자 친화적으로 발전하고 있다. 많은 기기들이 코인, 지폐, 카드, 스마트폰을 통한 지불이 가능하다. 특히 직원들이 서비스를 제공하기 어려운 지역의 경우 무인 기계가 경제적으로 가능한 대안이 되었다. 물론 셀프서비스 기기는 꾸준한 정비가 필요하고 파손의 위험이 존재하지만 그럼에도 불구하고 이런 기기들을 제한된 시간 동안 운영하는 것에서 24시간 운영하는 것으로 변경할 때 수반되는 추가비용은 적은 수준이다.

자료원: Wirtz, Jochen(2017), *Winning in Service Markets*, World Scientific, pp. 150–151.

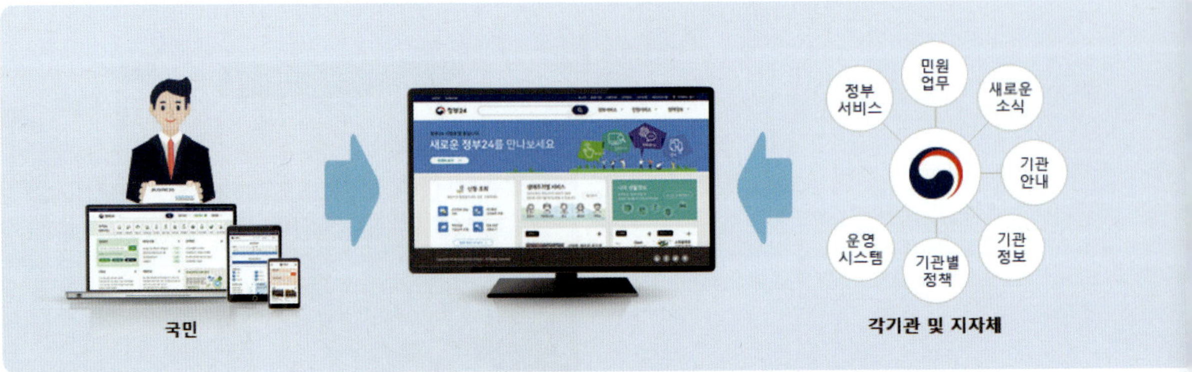

통합된 정부서비스를 제공하는 정부24(www.korea.go.kr)

서비스 기업에게 하나의 대안이 될 수 있다. 즉, 조그만 출장소 하나를 개점하려면 무인 점포 설치에 비해 몇 배에 달하는 비용이 필요하다. 인터넷 뱅킹이나 모바일 뱅킹은 고객입장에서 붐비는 은행에 직접 갈 필요 없이 편리한 시간에 컴퓨터나 스마트폰 등으로 원하는 업무를 간단히 처리할 수 있게 했다. 이제 언제든지 어디서나 온라인 쇼핑으로 각종 상품을 손쉽게 구매하고, 항공사와 호텔의 전자시스템을 통해 항공 여행과 숙박을 즉시 예약할 수 있게 되었다. 게다가 정부24 사이트를 이용하면 시간과 공간의 제약이 없이 각종 민원 서비스를 받을 수 있다.

적합한 중간상 관리 전략을 선택하라.

중간상을 통해 서비스를 제공하는 기업의 경우, 중간상으로 하여금 서비스 제공을 효율적으로 하게 하고 기업 이미지를 증진시켜 궁극적으로 이윤을 확대하고자 하는 바람을 가질 것이다. 그렇다면 이를 위해 중간상을 자사의 일부로 보고 관리할 것인지 아니면 고객이나 파트너로 보고 관리할 것인지 등에 대한 의문은 항상 존재한다. 중간상을 효율적으로 관리할 수 있는 전략에 대해서 알아보자.

통제전략 통제전략(Control strategies)은 기업이 채널에서 가장 강력한 주체이거나 고객의 충성도가 매우 높은 독특한 서비스를 가지고 있거나 또는 경제적 파워를 가지고 있을 때 수행할 수 있다. 예를 들어, 프랜차이징 본부는 가맹점이나 가맹인으로부터 지속적으로 고객과 관련된 데이터를 피드백 받음으로써 가맹점이라는 중간상을 통해 전달되는 서비스 질을 통제할 수 있다. 자동차 딜러의 경우, 세일즈 실적이나 고객서비스에 대해 기업으로부터 규칙적으로 체크받으면서 이 데이터를 바탕으로 보상과 처벌을 받는다. 이 전략의 가장 큰 장점은 기업이 중간상에 대한 통제력을 가질 수 있다는 것이지만 중간상이 기업의 이런 전략이 자신들을 통제하고 처벌하기 위한 것이라고 느낀다면 기업과 중간상 간의 신뢰가 허물어질 수 있다는 단점이 있다.

임파워먼트 전략 임파워먼트 전략(Empowerment strategies)은 기업이 통제전략을 사용하기에는 채널에 대해 충분한 파워를 가지고 있지 못할 때 유용한 전략으로 기업은 중간상에게 자율적 재량권을 부여한다. 예를 들어, 프랜차이징 본부는 가맹점이 개별적으로 수행하기 힘든 고객정보 수집이나 서비스 표준화 연구 등을 수행하여 자료를 제공하고 중간상이 고객지향적인 서비스를 전달할 수 있도록 도울 수 있다. 또한 중간상이 필요로 하는 지원시스템을 개발하여 다른 경쟁자들과의 차별화를 모색할 수도 있는데, 서비스 기업이 자사의 예약시스템을 지원하는 것이 그 예이다. 뿐만 아니라 중간상으로 하여금 더 좋은 서비스를 제공할 수 있도록 업무관련 지식이나 기술을 전수하고 교육시킬 수도 있다. 더 나아가, 중간상과의 관계를 통해 기업의 관리구조를 변화시킬 수도 있다. 타코벨은 중간상인 각 지점에 본사의 권한이던 직원의 고용, 교육 및 재무적 위험 등을 취급하는 부서를 신설하여 본사의 관리 수준을 축소시켰고 이를 통해 매출 및 이윤뿐만 아니라 직원의 사기도 높일 수 있었다.

표 11-6 | 중간상 관리 전략

통제전략	임파워먼트 전략	파트너 전략
• 중간상에 대한 규칙적인 체크 • 지속적인 매출 목표 설정 및 할당	• 고객지향적인 서비스 과정 제공 • 지원시스템 제공 • 서비스 질 개선 • 기업의 관리 구조 변화	• 중간상과 목표 공유 • 컨설팅과 협조

파트너 전략 파트너 전략(Partnering strategies)은 중간상을 대등한 파트너로 대하며 중간상과 본사의 강점을 살리고 상호 신뢰감을 쌓아 관계를 발전시키는 것이다. 이 전략을 효율적으로 사용하기 위해서는 관계 초기에 본사의 목표를 중간상과 공유하는 것이 매우 중요하다. 드라이브 인 햄버거 체인인 소닉(Sonic)은 가맹점과 공동의 목표를 갖기 위해 열린 관계를 유지하면서 변화하는 고객 니즈와 가맹점의 제안에 대해 본사가 지속적으로 대응한다.

파트너 전략에 있어서는 중간상에 대한 컨설팅과 협조가 중요하다. 이를 위해 기업은 우수 서비스에 대한 금전적 보상에서부터 서비스 제공 환경에 이르기까지 해당 정책을 세우기 전에 중간상의 의견을 듣고 그들을 의사결정과정에 참여시켜야 한다. 이를 통해 중간상들은 자신들이 경영에 참여한다는 느낌을 가질 수 있고 꾸준히 아이디어를 제공할 수 있기 때문이다. 프린트 서비스 사업자인 알파그래픽스(Alpha Graphics)는 가맹점으로부터 지점에 대해 판촉활동이 필요하다는 의견을 듣고 고객에 대한 메일 서비스를 통해 가맹점에 대한 판촉활동을 시행해 주었다. 뿐만 아니라, 가맹점이 일방적인 계약조건에 불만이 있다는 것을 알고서는 가맹점이 계약을 쉽게 해지할 수 있도록 조항을 고쳤을 뿐만 아니라 매출에 따라 로열티 금액을 조절할 수 있고 로열티 금액을 어디에 사용할지에 대해서도 그들이 결정할 수 있도록 계약을 조정하였다.

탈중개화를 감지하라.

최근 전통적인 중간상이 사라지는 서비스 탈중개화(disintermediation)가 일어나고 있다. 한 가지 원인은 반복되는 공통 역량을 공유하고, 공유로 얻어지는 효율을 분배하여, 개별 사업자는 핵심역량에 집중하게 하는 플랫폼의 성장이라고 볼 수 있다. 플랫폼에는 창업 및 신사업을 지원해주는 혁신 플랫폼, 아마존이나 알리바바와 같은 중개 역할을 하는 유통 플랫폼, 에어비앤비나 우버와 같이 다양한 자원을 공유하는 공유 플랫폼 등이 존재한다. 이러한 플랫폼들은 기존의 중간상이 했던 역할들을 흡수함으로써 기업은 핵심역량에 집중하도록 하고 고객은 보다 경제적으로 서비스를 이용할 수 있게 한다.

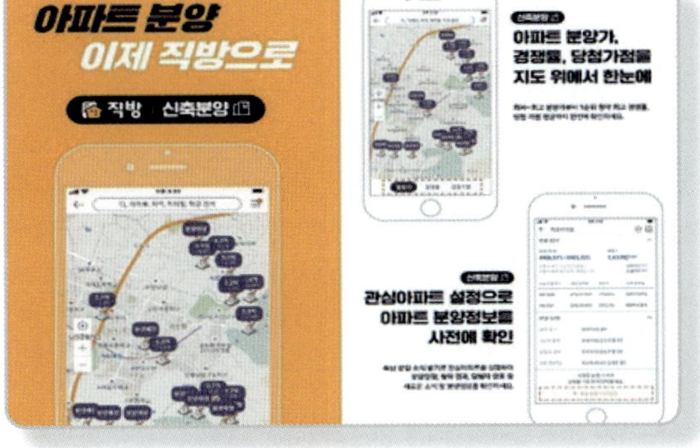

부동산 중개 플랫폼 – 직방

부동산 직거래 플랫폼 – 피터팬의 좋은 방 구하기

또 다른 원인은 고객의 학습이라고 볼 수 있다. 고객이 서비스 과정에 대해서 학습하면 자신의 욕구를 더 효과적으로 충족시키기 위해 스스로 서비스 생산 및 전달에 참여하게 된다. 이처럼 고객 스스로 서비스 제공자와의 상호작용과 관련된 프로세스를 줄이거나 제거할 때 탈중개화가 발생한다. 이러한 경우 고객은 단순히 서비스 이용자가 아니라 서비스 생산자나 중간상의 경쟁자가 되는 셈이다.

성장전략을 고려하라. – 멀티마케팅

멀티마케팅(multi–marketing)은 기업이 제공하는 서비스(service), 점포(site), 표적시장(segment)을 다양화하는 것을 말한다. 여기에는 복수 점포 전략, 복수 서비스 전략, 복수 시장 전략 등의 3가지 기본적인 방법이 있고 이를 혼합한 복합적인 방법도 있다.

INSIGHT

첨단 ICT 접목… 부동산 산업 새 지평 연다

정보통신기술(ICT) 융합의 시대다. 첨단 ICT를 다른 산업영역에 접목시켜 새로운 부가가치를 창출하려는 움직임이 활발하다. 부동산 분야도 예외가 아니다. 주택 매매와 임대차 계약, 건물관리 등 업무전반에 다양한 정보통신기술을 활용하는 모습이 더 이상 낯설지 않다. 최근 20~30대 세입자를 중심으로 인기를 얻고 있는 부동산 중개 애플리케이션은 '부동산 + ICT 융합'의 좋은 예이다.

프롭테크란?

우리나라뿐만 아니라 미국과 영국, 중국 등 외국에서도 ICT 기반의 부동산 거래 및 서비스가 활기를 띠고 있다. 특히 부동산(Property)과 기술(Technology)을 결합한 '프롭테크(Proptech)'가 새로운 산업영역으로 점차 뿌리를 내리고 있다. '프롭테크'는 부동산업과 기술영역을 접목시켜 탄생한 새로운 형태의 산업과 서비스, 기업 등을 모두 포괄하는 개념이다. KB금융지주경영연구소의 보고서에 따르면 프롭테크는 2010년대 들어 유럽을 중심으로 모바일 채널과 빅데이터 분석, 가상현실(VR) 등 하이테크를 발판으로 본격적으로 활성화하기 시작했다. 프롭테크의 사업영역은 △부동산 중개 및 임대 △부동산 관리 △프로젝트 개발 △투자 및 자금조달 등 크게 4개 분야로 나뉜다. 중개 및 임대영역의 프롭테크는 부동산 매물정보의 등재에서부터 데이터 분석, 거래에 대한 자문, 광고 및 마케팅에 관한 업무를 아우른다. 최근 국내에서 사업을 확장하고 있는 '직방', '다방' 등 모바일 기반 부동산 중개서비스가 여기에 해당된다. 부동산 관리영역의 프롭테크는 사물인터넷(IoT)과 센서기술 등을 바탕으로 건물관리의 효율성과 입주자의 편의성을 높이는 데 초점을 맞춘다. 지능형 건물관리스템 및 보안관제시스템을 비롯해 스마트홈 기술을 이용한 원격제어시스템 등이 이 영역에 해당된다고 볼 수 있다. 프로젝트 개발영역의 프롭테크는 VR 및 3D, ICT 기반의 인테리어 디자인 등을 통해 구현할 수 있다. 건물 설계에 VR · 3D 기술을 활용하거나, 모바일 도면 제공 등을 통해 대규모 부동산 개발 사업에 대한 이해를 높이는 방식이다.

향후 전망 및 활성화 과제

부동산 분야의 ICT 융합은 주택 수요자와 공급자 간 거래를 촉진함은 물론, 관련업무의 편의성을 높이는 데 훌륭한 원동력을 제공할 것으로 기대된다. 또한 다양한 부동산 서비스 제공을 위한 플랫폼 구축, 소프트웨어 개발 등 연관산업의 활성화에도 촉매제 역할을 할 것으로 보인다. 특히 급속한 ICT 발

전의 거센 조류를 타고 프롭테크의 활용영역과 응용분야는 더욱 넓어질 전망이다. 외국의 사례를 보면, 스웨덴은 최근 블록체인 기술을 활용해 부동산 거래를 안전하게 할 수 있는 디지털 토지장부를 개발했다. 이는 부동산 거래의 투명성을 높이고 위조 및 사기 등의 범죄를 방지하는 데 크게 기여할 것으로 예상된다. 미국의 경우 분산스토리지 기술 등을 활용해 중앙서버 없이도 방대한 부동산 데이터를 배포 및 공유할 수 있는 프로세스를 구현했다. 국가별로, 세부 분야별로 속도의 차이가 있을 수 있지만, 프롭테크가 부동산 시장에서 거스르기 어려운 주된 흐름이 될 것이란 분석이다.

자료원: 정보통신신문, "첨단 ICT 접목…부동산 산업 새 지평 연다," 2019.04.15.

복수 점포 전략 대부분의 서비스는 한 지역에서 시작한다. 성장하기 위해서 다른 지역으로의 확장을 꾀하는데 확장된 곳이 성공을 하게 되면 제3, 제4의 곳 등으로 그 영역을 넓혀가게 된다. 이러한 복수 점포 전략(multi-site distribution strategy)은 가장 보편적인 성장전략으로, 서비스의 종류가 많지 않고, 전문적인 경우에 적합하다. 버거킹, 맥도날드, 롯데리아 등 패스트푸드점의 경우를 예로 들 수 있는데, 서비스가 매우 전문화되어 있기 때문에 서비스가 쉽게 이전될 수 있다. 그러나 중간상의 존재가 비효율적으로 작용할 경우 이들에 대한 관리문제가 대두될 수 있고 복수 점포를 경영하는 것은 많은 운영비를 필요로 한다.

복수 서비스 전략 복수 서비스 전략(multi-service distribution strategy)은 기존 서비스에 새로운 서비스를 추가하는 것이다. 예를 들어, 패스트푸드 식당에서 배달서비스를 추가하는 것이나 피부과에서 피부 관리실을 운영하거나 자체 화장품을 개발하여 판매하는 것 등을 말한다.

이러한 전략은 고객에게 초점을 맞추고 고객의 편의를 도모해야 하는데, 핵심 서비스와 보조 서비스를 제대로 파악해야 한다. 핵심 서비스를 추가하는 것보다 보조 서비스를 추가하는 것이 보다 용이하다는 것은 알려진 사실이지만 그렇다고 해서 보조 서비스의 추가로 인해 핵심 서비스가 방해받아서는 안 된다. 미용실에서 피부 관리 서비스를 보조 서비스로 제공한다고 할 때, 지나치게 많은 침대를 마련해서 본연의 업무인 헤어 커트와 파마 등에 나쁜 영향을 줘서는 안 될 것이다.

또한 핵심 서비스를 추가할 때는 관리가 어렵다는 것을 염두에 두어야 한다. 잔디 관리업체가 보안서비스를 시작한다면 이것은 핵심 서비스를 추가하는 것이 된다. 분명히 보안업무는 잔디관리와 별개의 것이지만, 고객은 업무상의 친분으로 인해 잔디 관리업체에 보안업무까지 계약할 수 있다. 그러나 문제는 해당 업체의 보안업무가 마음에 들지 않을 경우에 계약자는 잔디관리 업무마저도 해약할 수 있다는 것이다. 따라서 핵심 서비스를 추가할 때에는 각각의 장점을 살릴 수 있도록 관련성을 고려해야 한다.

GS칼텍스는 주유소 내에 GS25를 두어 간단한 자동차 용품에서 패스트푸드에 이르기까지 다양한 상품을 판매하고, 택배, 꽃배달, 현금자동 입출금기 등의 서비스를 실시하는 등 보조 서비스를 추가하고, 자동차 정비소인 autoOasis 오토오아시스를 설치해 핵심 서비스를 추가하였다. 운전자가 차에서 내려 주유를 하는 셀프 주유소가 늘어나는 추세는 이런 추가 서비스에게 기회가 되고 있다.

미국의 유통업체 Walmart 월마트는 고객들의 원스톱 쇼핑(one-stop shopping) 욕구를 인지하고 매장 내에 여러 가지 서비스를 추가해 성공을 거두었다. 월마트는 매장의 앞쪽에 미용실, 세탁소, 은행 출장소 등을 구비했다. 또한 대부분의 월마트 매장에 월마트의 종업원과 이용 고객들을 위해 맥도날드 등의 패스트푸드점을 유치해 고객을 만족시킬 새로운 서비스를 추가했다.

월마트 내에서 운영하는 미용실인 스마트스타일

복수 시장 전략 복수 시장 전략(multi-segment distribution strategy)은 서비스를 새로운 세분시장에 제공하는 것을 말한다. 이 전략은 특히 현재의 설비를 충분히 이용하지 못하고 있는 기업에게 효과적이다. 이 전략은 기존 시장의 수요가 적은 시간대에 이 서비스를 원하는 세분시장을 공략해야 한다. 만약 기존 시장의 수요가 피크인 시간대에 새로운 세분시장도 이 서비스를 원한다면 기업의 자원 사용에 무리가 따르기 때문이다. 골프장에서 주중 평일 시간대에 주부들을 겨냥한 프로모션을 하는 것이 좋은 예이다. 골프장을 많이 이용하는 직장인들이 주중에는 근무를 하기 때문에 이 시간대에는 유휴시설이 발생하게 되는데, 이것을 이용해 새로운 고객들을 끌어 모으는 것이다.

복수 시장 전략은 다른 세분시장 고객들이 서로 상호작용하지 않을 때 적합한데 현재 세분시장 고객들과 다른 수요 패턴을 지닌 세분시장을 발견하는 것, 그리고 현재 제공하고 있는 서비스를 원하는 새로운 세분시장을 발견하는 것이 어려운 점으로 꼽힌다. 멀티플렉스 극장들이 많은 상영관을 확보하고 어린이와 주부를 포함한 온 가족이 각기 다양한 영화를 관람할 수 있도록 한 것도 복수 시장 전략의 난점을 극복한 예라 하겠다.

INSIGHT

옴니채널 강화전략, 온 · 오프라인 기업의 '모바일 체크아웃 서비스'

메이시스(Macy's) 백화점은 2016년 이후 100개 점포 이상을 폐점하고 옴니채널(Omnichannel) 전략을 중심으로 디지털 투자를 확대하고 있다. 또한 무인매장인 아마존 고(Amazon Go)가 등장하면서 매장에서 모바일로 간편하게 제품을 탐색하고 구매하고 배송을 할 수 있는 '모바일 체크아웃(Mobile Checkout)' 서비스를 제공해 옴니채널 서비스를 강화하고 있다.

모바일 체크아웃 서비스는 계산대에서 줄 서서 기다릴 필요없이 모바일로 간편하게 상품을 구매할 수 있는 서비스이다. 모바일 체크아웃은 상품 바코드를 스캔하면 모바일 앱의 장바구니에 제품이 담기며, 번거롭게 카드를 꺼낼 필요없이 등록된 카드로 자동결제된다. 결제가 끝나면 서비스센터의 모바일 체크아웃 전용 배송라인에서 직원 확인을 거치면 쇼핑가방에 상품을 담아준다. 원하는 상품을 장바구니에 담기만 하면 일일이 무거운 장바구니를 들고 다니거나 결제를 위해서 계산대에서 줄을 서거나 하는 등의 번거로우면서도 불편한 상황을 제거해 고객경험을 높여주고 있다.

그 중에서도 미국 메이시스 백화점은 옴니채널을 적극 실행하는 대표적인 업체이다. 이들은 2013년에는 옴니채널 전담 부서를 배치해 온라인에서 제공할 수 없는 체험형 매장을 도입했으며 온 · 오프라인을 결합한 옴니채널 서비스를 강화하고 있다. 메이시스는 마이메이시스, 옴니채널, 매직셀링의 앞자를 따서 'M.O.M' 전략으로 고객의 쇼핑경험을 향상시키고 충성도 있는 고객을 확보하는 데 주력하고 있다. 이들은 통합적인 옴니채널 추진을 위해 온 · 오프라인 채널이 이원화되어 생기는 부서 간의 충돌이나 업무 차질을 방지하고 회사의 일관된 전략을 수행한 조직 구축을 단행했다. 더불어 메이시스는 고객에게 일관된 경험을 제공하기 위해 상품과 고객정보를 하나로 통합하여 온 · 오프라인 어느 매장을 가더라도 동일하게 상품 주문, 배송, 반품 등의 지원을 받을 수 있게 하고 있다. 이를 위해 온라인 주문 뒤 매장에서 물건을 찾을 때 결제하는 방식인 '클릭 앤드 콜렉트(click and collect)' 매장을 확대하고, 매장에 재고가 없을 경우 온라인에서 상품을 주문하여 받아볼 수 있는 '서치 앤드 센드(search and send)' 프로그램을 운영하고 있다. 2010년에는 매장 내에서 가상으로 옷을 입어 볼 수 있는 체험이 가능한 '매직 피팅룸(magic fitting room)'을 제공해 많은 호응을 받았다. 메이시스는 온 · 오프라인 고객 구매 접점에서 모바일, 온라인을 활용한 다양한 옴니채널 서비스를 제공하기 위한 기술 도입에도 적극적이다. 매장에 '샵킥(shopkick)'이나 애플의 아이비콘을 설치하여 매장 방문 고객의 위치를 파악해 근처 매장 정보와 할인 행사 및 상품 추천 등의 맞춤화된 혜택을 제공하고 있다.

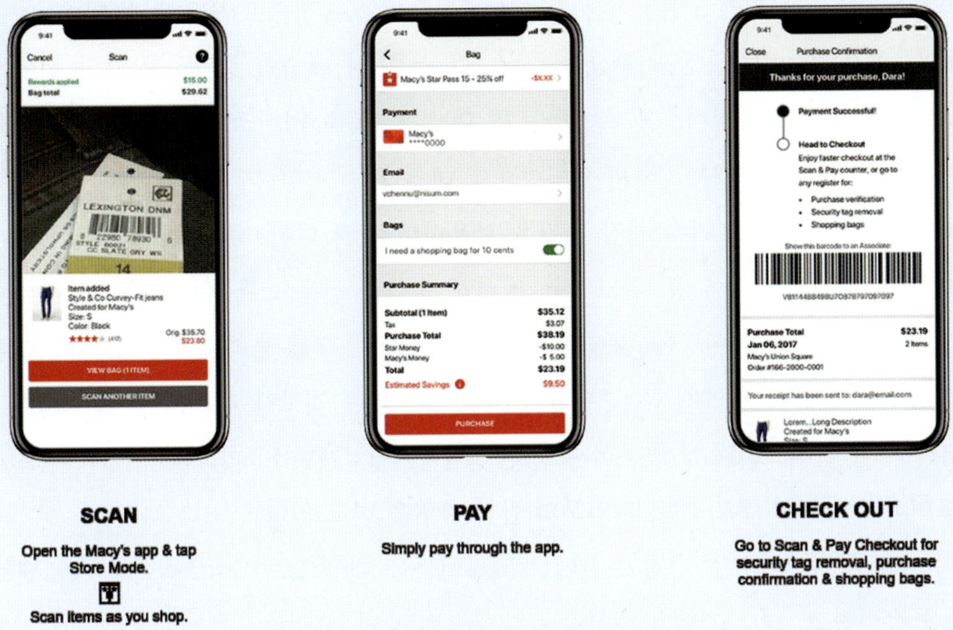

모바일 체크아웃 서비스 – 메이시스

아마존은 '아마존 고(Amazon Go)'를 런칭하면서 유통업계에서의 입지를 굳히고 있다. 아마존은 아마존 고의 옴니채널 전략을 통해 마트 계산대에서 줄을 서지 않고 자유롭게 쇼핑하는 꿈을 현실로 가져온 것이다. 오프라인 기업이 온라인 모바일을 적극 활용하면서 옴니채널 전략을 실행하는 것이 일반적인데, 이와는 반대로 아마존은 온라인 기업이 옴니채널 전략을 통해 오프라인으로 진출한 경우로 그 의의가 있다.

아마존 고 이용 과정

자료원: 디지털리테일트렌드, "메이시스(Macy's)의 옴니채널 강화전략 '모바일 체크아웃서비스(Mobile Checkout)'," 2018.07.18; 이호택, 정난희(2017), "국내외 옴니채널 트렌드와 사례," 경영컨설팅연구, 17(3), pp.231-240; 김형택(2015), 옴니채널 & O2O 어떻게 할 것인가?, e비즈북스, 2015.

복합전략 이 외에 3가지 기본 전략을 혼합하여 복합적으로 사용할 수 있다. 예를 들어, 피자헛의 경우, 점포 확장에 주력하다 더 이상 매출이 증가하지 않자 전에는 실시하지 않던 배달서비스를 추가하는 복수 점포, 복수 서비스 전략을 사용하여 도미노피자 등의 경쟁자들에게 효과적으로 대응할 수 있었다. 레스토랑 체인인 얌(Yum)은 복수 점포, 복수 시장 전략을 사용하여 각기 다른 패스트푸드 시장에 5개 브랜드를 내놓았다. 이 중 '타코벨'은 멕시칸 음식을 전문으로, KFC는 치킨 종류를 전문으로 하며, 피자시장은 '피자헛'을 통해 시장의 수요를 충족시키려 했고 이 전략을 통해 한 레스토랑에서 세 종류의 음식을 제공하는 것보다 더 성공할 수 있었다. CJ는 패밀리 레스토랑 VIPS, 비비고, 계절밥상, 제일제면소, 더플레이스, CJ푸드월드 이외에도 공항 푸드코트, 기업체의 급식 사업을 하고 있다.

그 외, 문화센터처럼 아침 시간에는 직장인들을 대상으로 에어로빅이나 재즈댄스반을 운영하고, 낮 시간에는 주부들을 대상으로 공예, 요리강좌를, 이른 저녁에는 초등학생을 대상으로 음악교실을 운영하는 복수 서비스, 복수 시장 전략을 사용할 수도 있고 스타필드코엑스몰(Starfield Coex mall)처럼 멀티플렉스 영화관, 별마당 도서관, 대형 서점, 수족관, 오락실, 식당, 의류 상점 등을 갖추고 다양한 고객을 맞이하는 복수 점포, 복수 서비스, 복수 시장 전략을 사용할 수 있다.

글로벌 시장으로 확대하라.

기술의 발전으로 인해 기업은 해외시장으로까지 고객을 확장할 수 있게 되었다. 서비스 기업이 해외로 진출하기 위해 고려해야 될 사항은 서비스의 특징과 전달시스템이다. 고객처리 서비스(people processing services)인가, 소유물처리 서비스(possession processing services)인가, 정보처리 서비스(information-based services)인가에 따라 해외 진출의 유형이 달라질 수 있다.

고객처리 서비스

서비스 컨셉트 수출 레스토랑, 호텔, 렌터카, 비만 관리 클리닉 등을 예로 들 수 있는데, 진출 지역의 공급자와 파트너 관계로 가거나 혹은 단독으로 해외지역에 진출할 수 있고 해당 지역에 고객과의 접촉 지점을 설립하는 것이 필수적이다. 기업 고객으로는 은행, 기업 대상 전문서비스, 물류서비스 등을 예로 들 수 있다.

고객의 수입 해외시장의 고객에게 국내 또는 해외에서 서비스를 제공하는 것이 이에 해당된다. 의료 관광을 통한 외국인 고객의 국내 유치, 중국 등 외국 지점에서의 출장 진료, 국제 컨벤션이나 학술대회의 국내 유치 등을 예로 들 수 있다. 관광과 의료를 결합하는 경우에는 본국보다 저렴한 가격, 해당 지역의 여행 등을 겸할 수 있다는 점을 강조할 수 있다.

새로운 지역으로 고객 수송 항공사에서 새로운 지역의 항공노선을 개발하여 현지의 신규고객을 유치하고 기존고객의 선택권을 넓혀주는 서비스 등이 이에 해당된다.

소유물처리 서비스

해충 박멸, 엘리베이터 수리, 세탁, 동물병원 등의 경우처럼 고객의 소유물에 대한 서비스로 상품 운송, 수리, 보관, 도소매 유통, 설치, 이사, 청소 서비스 등을 포함한다. 고객과 직접 접촉이 필요한 서비스보다는 고객이 관여하는 정도가 낮지만 여전히 접촉 지점이 필요하다. 때에 따라서 해당 서비스의 전문가를 해외지역으로 파견하는 것도 가능하다.

정보처리 서비스

해당 지역으로 서비스 수출 신문이나 엔터테인먼트 서비스는 해외지역으로 바로 수출할 수 있다. 예를 들어, 할리우드 영화나 월스트리트저널 같은 신문은 세계

각국으로 수출되기 때문에 현지 고객은 미국까지 오지 않더라도 해당 지역에서 서비스를 받을 수 있다.

고객의 수입 고객이 직접 해당 국가를 찾아오는 유형으로 국내 대학의 외국인 학생 유치, 외국 기업인들을 대상으로 한 교육프로그램, 해외 기업을 대상으로 한 경영 컨설팅 등이 해당된다.

원거리 통신을 이용한 지식 수출 이제는 해외시장의 각 지역에서 음악, 영화 등 다양한 콘텐츠를 접근하게 함으로써 지적 재산권을 판매하는 것이 가능하다. 실제로 온라인 게임업체의 경우 중국이나 일본 시장은 매우 큰 비중을 차지하고 있다

옴니채널 전략을 고려하라.

날로 경쟁이 심화되고 있는 시장상황에서 판매 및 유통 채널의 다양화는 고객 맞춤형 마케팅과 함께 기업의 주요 이슈로 떠오르고 있다. 특히, ICT 기술의 발전으로 인해 옴니채널에 대한 관심은 더욱 증가되고 있다. 소셜 미디어와 모바일 기술의 발전으로 고객이 다양한 채널을 활용해 언제 어디서나 원하는 제품을 합리적으로 구매하고자 하는 욕구가 늘어났다.

옴니채널(omni channel)은 모든 것을 의미하는 라틴어의 '옴니(omni)'와 유통 경로인 '채널(channel)'이 합성된 단어이다. 베인&컴퍼니의 다렐 릭비는 옴니채널을 "온라인 쇼핑의 풍부한 정보를 물리적 스토어의 장점 안에 녹여 통합된 고객 경험을 제공하는 것"이라고 정의했으며 옴니채널의 선구자로 불리는 윌리엄스 소노마는 옴니채널 전략을 "인터넷, 모바일, 카탈로그, 오프라인 매장 등 여러 채널을 유기적으로 결합해 고객 경험을 극대화해 판매를 촉진하는 전략"이라고 하였다. 즉, 옴니채널은 고객을 중심으로

모든 채널을 통합하고 연결하여 일관된 커뮤니케이션을 제공해 고객 경험 강화 및 판매를 증대시키는 채널전략이다.

옴니채널의 특징을 살펴보면 다음과 같다.

첫째, 쇼핑 채널 및 구매 프로세스와 관련된 모든 과정을 대상으로 한다. 옴니채널은 온·오프라인 유통 채널 외에 상품, 서비스, 조직, 시스템, 프로세스, 물류 등 구매와 연관된 모든 전후방의 지원 체계를 포함한다.

둘째, 모든 구매 프로세스가 통합되고 연결된다. 즉, 온·오프라인에서 제공되는 상품, 가격정책, 서비스 전달, 배송 등이 동일하게 운영되어야 하며, 동일한 조건으로 서비스를 받을 수 있도록 각 채널이 통합적이고 유기적인 방식으로 상호 연결되어야 한다.

셋째, 옴니채널은 구매와 관련된 모든 과정에서 일관된 경험을 제공한다. 고객이 상품을 구매하기 위해서 상품을 인지할 때부터 사후 관리까지의 전 과정에서 고객과 끊김없는 커뮤니케이션이 이뤄져야 한다.

마지막으로, 커뮤니케이션이 고객을 중심으로 통합된다. 모바일을 통한 구매의 일상화, 오프라인 매장에서 보고 구매는 온라인에서 하는 쇼루밍 현상이 의미하는 것은 단순히 기업 중심의 판매 채널 통합이 아닌 고객 중심의 커뮤니케이션 통합이 이루어져야 한다는 것이다.

기업은 왜 옴니채널 전략을 중요하게 고려해야 할까? 고객의 욕구가 점점 다양해지고 있는 상황에서 최적의 단일 채널이 존재하기는 힘들 수 있고 기업입장에서는 과거와는 달리 채널을 통합하고 조정할 수 있는 기술의 발전을 기반으로 옴니채널 전략을 통한 비용절감과 시너지 효과를 통한 경쟁우위를 예상할 수 있기 때문이다.

이케아의 카탈로그 앱은 AR을 통해 미리 제품을 집안에 배치해서 확인하는 서비스 제공

예를 들어, 인터넷 쇼핑몰에서만 서비스나 제품을 구입하길 원하는 고객이 있을 수도 있고 반대로 오프라인에서 실물을

INSIGHT

진격의 아마존, 오프라인 진출 '가속도'

세계 최대 전자상거래 기업 아마존의 최근 행보가 거침없다. 온라인 시장을 뛰어넘어 오프라인까지 빠르게 영역을 확장하면서 유통업계에 초비상이 걸렸다. 온라인을 넘어 오프라인 시장까지 확장하고 나선 아마존은 올해 말 로스앤젤레스(LA)를 시작으로 미국 주요 도시에 중저가 식료품 매장 십여 곳을 오픈할 계획이다. 아마존의 오프라인 진출 소식이 전해지면서 미국 최대 식료품 체인인 '크로거'를 비롯한 경쟁업체들의 주가는 큰 폭의 하락세를 보였다. 말 그대로 아마존이 새로운 영역에 손을 뻗을 때마다 관련업계는 공포에 떨고 있다. 미국 서점의 대표격 보더스는 폐점했고 장난감 체인 토이저러스도 파산을 신청했다. 글로벌 최대 유통회사 월마트도 부진에 허덕이고 있다.

아마존, 오프라인 매장의 새로운 포식자로 부상

아마존은 올해 로스앤젤레스 1호점을 시작으로 내년 초에 적어도 두 도시에서 오픈할 계획이며, 샌프란시스코, 시애틀, 시카고, 워싱턴, 필라델피아 매장도 현재 협의를 진행 중이다. 아마존의 연이은 출점 계획은 경쟁이 격화되고 있는 미국 유통업계에 큰 충격을 주고 있다. 크로거, 월마트, 타깃 등 미국 유통업계 대표주자들은 아마존과의 경쟁을 위해 최근 전자상거래 사업에 주력하고 있으며, 당일 배송

아마존의 오프라인 매장

대상 지역을 확대하고 있다. 또 고객이 인터넷으로 주문 후 매장 주차장에서 물건을 받을 수 있는 커브사이드 서비스(curbside service)도 늘리고 있다. 이들 업체들이 아마존과 맞붙기 위해 막대한 비용을 쏟아 부으면서 오히려 신규 출점 속도는 눈에 띄게 둔화됐다. 전자상거래 시장에서 아마존 대책을 강구하던 유통업계가 아마존의 오프라인 공격에 기습을 당한 셈이다.

아마존, "온라인과 오프라인 동시에 잡겠다"

전자상거래 시장은 여전히 성장 중이지만 미국 소매업 전체 매출에서 차지하는 비중은 아직 10% 정도에 그치고 있다. 특히 미국 식품 · 소비재 지출액은 연간 1조 달러에 달하지만 전자상거래 비중은 5% 미만이다. 미국 소비자들은 식품과 퍼스널 케어 제품 등의 소비재를 오프라인 매장에서 구입하려는 경향이 강하다. 아마존이 오프라인 진출에 나서는 이유가 여기에 있다. 아마존은 2017년 유기농 신선 식품체인 '홀푸드' 인수 후 펼친 일부 식료품에 대한 파격적인 가격 인하와 공격적인 마케팅으로 미국 유통업계에 큰 반향을 일으켰다. 하지만 홀푸드는 유기농 식품을 다루는 좋은 식료품 매장이라는 인식은 심었지만 '값이 비싸다'는 이유에서 여전히 '홀페이첵'(Whole Paycheck: 월급의 대부분이 값비싼 식료품 지출로 사라진다는 뜻)이란 비난을 받고 있다. 따라서 새롭게 선보이는 슈퍼체인은 미국 중산층을 겨냥해 홀푸드보다 저렴한 가격으로 상품을 판매할 것으로 보인다.

또한 아마존의 강점인 온라인 판매, 빠른 배송, 픽업 전용 주차장을 크게 확대해 온 · 오프라인의 시너지 효과를 노릴 것으로 예상된다. 아마존의 최대 강점은 지난해 4월 1억 명을 돌파한 자사 유료 회원 프로그램 '프라임'(Prime)이다. 회사는 일정 가입비를 지불한 프라임 고객에게 쿠폰, 포인트, 무료배송 등 모든 쇼핑 혜택을 집중한다. 이는 가격과 혜택에 따라 쇼핑 사이트를 옮기는 '체리피커'를 막는 한편 충성도 높은 고객을 확보하는 효과가 있다. 아마존은 지난해 프라임 회원을 대상으로 '홀푸드'의 10%

아마존의 프라임 서비스

상시 할인을 공표하기도 했는데 이번에 전개할 슈퍼체인도 이 같은 특전을 도입할 가능성이 높다. 온라인 영업으로 세계 정상의 자리에 우뚝 선 아마존은 이제 오프라인에 대한 야욕도 숨기지 않고 있다. 아마존은 무인 슈퍼마켓인 '아마존 고'를 비롯해 앞으로 식료품 매장과 서점 등 앞으로 2,000개에 달하는 다양한 오프라인 매장을 운영할 계획이다. 글로벌 기업의 새로운 이정표를 제시하고 있는 '유통 공룡' 아마존의 향후 행보에 귀추가 주목된다.

자료원: 데일리포스트, "진격의 아마존, 오프라인 진출 '가속도'," 2019.03.07.

옴니채널 영상

YouTube
https://www.youtube.com/watch?v=rxBdkHnn-mU

제 목 _ 성공적인 고객 경험 제공을 위한 옴니채널 통합 솔루션

검색어 _Iot 옴니채널

보지 않고는 절대 구매하지 않는 고객이 있을 수도 있다. 전자의 고객을 대상으로 인터넷 채널만을 설계할 경우 3D 입체영상을 제공한다고 하더라도 후자의 고객을 만족시키기는 쉽지 않을 것이다. 이런 상황에서 인터넷 채널과 오프라인 채널의 결합이 대안이 될 수 있다. 포레스트 리서치(Forrester Research)에 따르면 온라인, 오프라인, 카탈로그 등 여러 채널을 통합적으로 관리하는 기업이 온라인이나 오프라인에 하나의 채널을 가지고 있는 기업에 비해 우위를 보이고 있다고 한다.

옴니채널 전략이 시너지 효과를 내기 위해서는 각 채널에서 취급하는 제품 및 서비스의 가격 조정, 고객정보의 공유 등 채널 간 통합이 필수적이며 고객의 다양한 욕구에 따른 채널별 기능 조정 등이 필요하다.

PART

04

서비스 마케팅의 전략적 이슈

SERVICE MARKETING

SERVICE MARKETING

CHAPTER

12

서비스 경쟁전략

12.1 산업 분석

12.2 서비스 마케팅 경쟁전략

12.3 경쟁우위 지속 전략

12.4 효율성 관리의 함정

PROLOGUE

“모든 상품은 아마존으로 통한다?” 4차 산업 기술의 선두주자 아마존 제국의 영토 확장

아마존이 우리의 모든 삶을 지배하는 날이 오는 것이 아닐까? 세계 최대의 전자상거래 기업이자 세계 최대의 유통 기업인 ‘아마존 제국’의 영토 확장이 그칠 줄을 모르고 있다. 인공지능(AI) 기술과 결합한 무인상점, 드론 배달 등 유통 · 물류 산업의 기술 혁신을 주도하는 아마존의 물류 산업 진출이 장기적으로 미국의 우편 배달 시스템까지 바꿀 것이란 관측이 나오면서 물류 산업도 아마존발 ‘파괴적 혁신(disruption)’의 격랑 속으로 들어갔다는 분석이 나온다.

2017년 2월 9일 월스트리트저널(WSJ)은 “아마존이 몇 주 후 미국 로스앤젤레스에서 제3자 화물이나 수하물의 배송 사업을 시작하기로 했다”고 보도했다. 월스트리트저널은 “아마존은 우선 온라인 상거래 플랫폼에서 제품을 판매하는 판매자들에게 배송 서비스를 제공할 계획”이라며 “궁극적으로는 다른 모든 사업자들을 상대로 배송 서비스를 제공할 것”이라고 보도했다.

아마존의 택배 등 물류 산업 진출은 사실 시간 문제로 여겨졌다. 기존 유통 사업과의 시너지, 예상 수익이 엄청나기 때문이다. 업계에선 매년 UPS, 페덱스에 배송 비용으로 200억 달러를 지불하는 아마존이 직접 배송 사업을 할 경우 배송비를 10% 가량 절감할 수 있다고 보고 있다. UPS의 2016년 매출이 510억 달러에 달하는 등 아마존이 거대한 물류 시장 진출을 통해 새로운 수익을 창출할 수 있다는 분석도 있다. 소비자가 아마존을 통해 구입한 상품의 배달 시간을 절약하고 배달의 신뢰성을 높이는 이점도 크다. 아마존은 지난 2013년 연말 성수기에 UPS를 통한 배송이 일주일 이상씩 늦어지면서 고객들에게 공개 사과한 이후 자체 배송 서비스를 준비해온 것으로 알려졌다. 아마존의 물류 사업 진출이 곧 글로벌 유통 기업들의 사망을 뜻하는 것은 아니다. 헬렌 베커 코웬 앤 코 애널리스트는 “아마존이 전 세계 곳곳에 퍼져 있는 물류 시설과 비행기, 트럭이 연결된 글로벌 물류 네트워크를 구축하려면 1,000억 달러가 필요할 것”이라고 말했다. 가격 경쟁은 불가피하지만 막대한 시설, 노하우를 갖춘 글로벌 물류 기업들이 아마존의 도전으로 바로 빈사 상태에 빠지지는 않을 것이란 주장이다. 하지만 인공지능, 자율주행차, 드론 등 아마존이 보유한 최신 테크놀로지와 아마존의 막대한 물류 시설이 유기적으로 결합되면 일반 택배 서비스 분야에서도 엄청난 경쟁력을 가질 수 있다는 주장도 만만치 않다.

세계 최대의 유통기업, 아마존

최근 아마존은 인공지능, 빅데이터, 클라우드 서비스, 드론 등 4차 산업을 주도하는 기술의 선두주자로 급부상하고 있다. 2015년 출시된 아마존의 인공지능 스피커 에코 시리즈는 폭발적으로 팔려 나가면서 3년 만에 인공지능 생태계의 허브 자리를 차지했고 아마존 클라우드 서비스(AWS)는 구글, 마이크로

인공지능 생태계의 허브 기기로 자리 잡은 아마존의 인공지능 비서 '에코' (출처: 조선비즈)

소프트를 따돌리고 클라우드 서비스 분야에서 부동의 선두를 달리고 있다. 아마존이 최근 선보인 무인 상점 '아마존 고(Amazon Go)'는 "몇 년 안에 우리가 물건을 사고 소비하는 방식을 완전히 바꿀 진정한 게임 체인저(Game Changer)"(더 버지)란 찬사와 함께 유통 혁명의 미래를 제시했다는 평가를 받고 있다. 아마존 프라임 비디오는 넷플릭스 등과 함께 온라인 스트리밍 시장의 폭발적 성장을 이끌면서 구글, 애플 등 실리콘밸리의 기술 기업들은 물론, 디즈니 등 할리우드 영화사, AT&T 등 거대 통신사들의 대형 M&A(기업 인수 · 합병)를 촉발하고 있다. 아마존의 창업자이자 최고경영자인 제프 베조스가 세운 블루 오리진은 일론 머스크 테슬라 CEO가 만든 스페이스X와 재활용 로켓 기술, 로켓 크기 경쟁을 벌이면서 민간인이 주도하는 우주 개발 시대를 열고 있다. 자칫하면 가까운 미래에 인류가 소비하는 모든 상품이 아마존을 통하게 될지 모른다는 전망이 그래서 나오고 있다.

자료원: 조선비즈, "[Top-Notch]55 아마존발 물류 혁명 시작되나? 아마존 택배 사업 진출," 2018.02.11.

12.1 산업 분석

기업이 속해 있는 산업의 구조와 변화는 기업의 전략 방향과 수익성에 영향을 미친다. 기술의 발전과 확산은 서비스의 차별화를 어렵게 하며 기업마다 시장에 대한 지식을 축적함에 따라 전략의 차별화도 어려워진다. 또한 시장의 성장패턴이 변화함에 따라 고객의 태도와 욕구가 변하여 대체재 산업으로부터의 위협이 나타나게 된다. 산업의 구조와 변화는 기업에게 매우 중요한 환경요소로 작용하며 이에 대한 분석과 이해가 마케팅 전략 수립 과정에서 필수적이다.

구조-행동-성과 모형

기업의 전략은 환경의 위협을 피하고 기회를 활용하는 동시에 기업의 강점을 이용하고 약점을 회피하기 위해 취하는 행동이다. 따라서 우수한 전략을 개발하기 위해 기업은 반드시 환경 분석을 통해 기회와 위협을 발견할 수 있어야 한다. 환경위협과 기회를 분석하는 데 사용할 수 있는 가장 대표적인 이론적 틀로는 산업조직론에서 개발된 구조(structure)-행동(conduct)-성과(performance) 모형(SCP모형)을 들 수 있다. SCP모형에 의하면 산업구조가 기업의 행동과 경영성과를 결정한다. 여기서 산업구조는 산업 내 구매자와 판매자의 수, 제품 차별화의 정도, 진입장벽, 비용구조, 수직통합 등으로 측정된다. 기업행동은 각 기업의 구체적 활동으로 가격정책, 상품정책, 광고, 연구개발, 공장 및 설비에 대한 투자 등을 들 수 있다. 기업성과는 평균 이하, 평균, 평균 이상의 재무적 성과로 측정된다.

완전경쟁에 가까운 산업에서는 기업의 행동선택의 폭이 좁으며 많은 제약요인에 직면하게 된다. 따라서 기업들은 단순히 가격수용자가 되며, 평균적인 성과만을 얻게 된다. 이에 반해 덜 경쟁적인 산업에서는 기업의 행동선택의 폭이 넓어지고 행동을 선택함에 있어 제약조건이 상대적으로 적기 때문에 평균 이상의 성과를 얻을 수 있다.

구조–행동–성과 모형에 의하면 환경기회는 산업 내 경쟁을 줄여서 기업의 성과를 증진시키는 요소이다. 환경위협은 산업 내 경쟁을 증가시켜 기업의 성과를 저하시키는 요소를 말한다. 그러므로 기업은 산업 내 위협요인을 분석하여 환경위협을 완화시킬 수 있는 전략을 개발해야 한다.

포터의 5요인 모형

마이클 포터(Michael E. Porter)는 다섯 가지 요인이 서로 상호작용하면서 산업의 장기적 매력도와 구조를 결정짓는다고 제시하였다. 기업은 이러한 구조를 이해함으로써 산업에서 성공하기 위해 어떠한 자원과 전략이 필요한지 판단해야 한다.

기존 경쟁자들 간의 경쟁 산업이 얼마나 매력적인가는 그 산업에 참여한 기업들 간의 경쟁 강도와 관련이 있다. 경쟁이 치열해 질수록 지출해야 하는 비용은 더 많아지게 되고, 수익성은 악화되어 시장 매력도가 낮아지게 된다.

잠재 경쟁자로부터의 위협 경쟁자의 수가 많아질수록 시장에서의 수익성은 낮아지게 되기 때문에 새로운 경쟁자들이 쉽게 진입할 수 있는 시장은 매력도가 낮다. 따라서 시장에 진출해 있는 기존의 기업은 새로운 경쟁자들이 쉽게 들어오지 못하도록 진입장벽을 쌓기도 한다.

구매자의 교섭력 구매자는 시장에서 상품을 구매하는 사람으로, 최종 소비자를 비롯하여 유통업자나 다른 서비스업체까지도 포함한다. 구매자의 교섭력이 강할수록 시장의 매력도는 낮아진다. 교섭력을 가진 구매자는 기업에게 가격인하를 요구하거나 추가적인 서비스를 요구하여 시장의 수익성이 낮아지게 된다.

공급자의 교섭력 공급자는 구매자와 반대로 생각할 수 있다. 공급자의 교섭력이

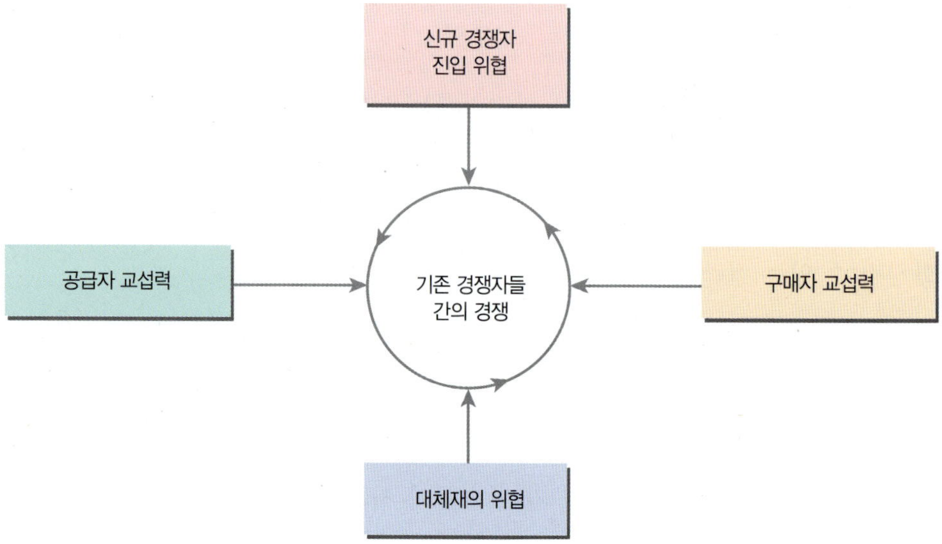

그림 12-1 | 포터의 5요인 모형
자료원: Porter, E. Michael(2008), "The Five Competitive Forces That Shape Strategy," *Harvard Business Review*, January.

높아질수록, 시장의 수익성은 위협을 받게 되며 시장매력도는 낮아진다.

대체재의 위협 대체재란 해당 산업의 상품과 유사한 기능을 가지고 있거나 고객들이 유사하다고 인식할 수 있어 결과적으로 동일한 욕구를 충족시킬 수 있는 상품을 의미한다. 대체재의 종류가 많을수록 경쟁 관계의 상품이 증가하여 시장의 수익성은 낮아진다.

12.2 서비스 마케팅 경쟁전략

기본 경쟁전략의 유형

서비스 기업이 택할 수 있는 경쟁전략의 기본 유형은 원가효율성(Cost Efficiency), 개별화(Customization), 서비스 품질(Service Quality)의 세 가지이다.

원가효율성 전략 자본 투자를 줄이기 위해 절차 표준화를 강조하는 전략이다. 이 전략을 취하는 기업들은 비용을 줄이고 운영을 효율적으로 하길 원한다. 목표는 경쟁업체보다 더 낮은 가격으로 서비스를 제공하는 것이고 수익은 규모로 획득된다. 이것의 좋은 예는 패스트푸드 업계에서 IT 기술을 사용해 효율성을 증가시킨 것이다.

개별화 전략 고객들의 특정 니즈를 충족시키기 위해 서비스를 설계하는 접근방식이다. 경영컨설팅이 여기에 속하는데 각각의 컨설팅 프로젝트는 고객의 특정 니즈를 충족시켜야 한다. 의료서비스의 경우에도 의사들은 환자들마다 다르게 진료, 처방해야 할 것이다. 개별화 전략을 추구하는 방식은 '개별화된 제공물(Custom Offering)'과 '개별화 가능한 제공물(Customizable Offering)'로 구분할 수 있다. 개별화된 제공물(Custom Offering) 방식은 서비스 제공자가 고객들에게 개별화된 서비스를 제공하는 것이다. 반면 개별화 가능한 제공물(Customizable Offering) 방식은 서비스를 이용하는 고객이 개별화를 할 수 있는 서비스를 제공하는 것이다.

서비스 품질 전략 우수한 서비스 품질을 중요시하는 접근방식이다. 품질을 강조하는 기업들은 경쟁자보다 더 높은 품질의 서비스를 제공하기 위해 노력한다. 우수한 품질은 기능적 품질(Functional Quality)이나 기술적 품질(Technical Quality)에 의해 나타낼

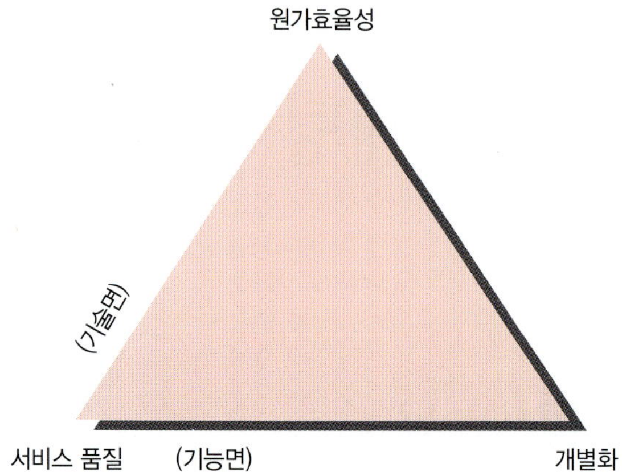

그림 12-2 | 전략 포지셔닝 맵

수 있다. 기능적 품질은 서비스의 과정 차원에서 고객을 만족시키는 프로세스를 강조한다. 이는 호텔이나 의료기관과 같은 곳에서 강조되는 품질의 차원이라고 볼 수 있다. 기술적 품질은 서비스의 결과 차원에 중점을 둔다.

전략 포지셔닝 맵 서비스 관리자에게 유용한 도구로 전략 포지셔닝 맵이 있다. [그림 12-2]에서 삼각형의 점들은 원가효율성, 서비스 품질, 그리고 개별화를 나타낸다. 서비스 품질은 기술적 품질과 기능적 품질로 나눌 수 있으므로 이는 삼각형의 두 면에 표시되어 있다. 서비스 품질의 기술적 요소는 원가효율성과 동일한 면에 위치한다. 반면에 서비스 품질의 기능적 요소는 개별화와 동일한 면에 있다. 서비스 품질의 기능적 측면을 강조하는 기업은 개별화에 더 중점을 둘 것이고 기술적 측면을 강조하는 기업은 원가효율성에 중점을 두게 되기 때문이다. 경쟁전략을 선택할 때에 서비스 기업들은 경쟁사들이 전략 포지셔닝 맵상에서 어느 위치에 있는가를 고려해야 한다.

기본 경쟁전략의 선택

기본 경쟁전략은 서비스 프로세스의 성격에 따라 선택할 수 있다. 쇼스택(Shostack)에 의하면, 서비스는 프로세스로 규정되며 그것은 복잡성과 다양성으로 구성된다. 복잡

표 12-1 | 복잡성/다양성에 따른 경쟁전략

		복잡성	
		높다	낮다
다양성	높다	개별화 전략	기능적 서비스 품질 전략
	낮다	기술적 서비스 품질 전략	원가효율성 전략

성(complexity)이란 서비스를 수행하는 데 필요한 단계들의 수 또는 프로세스를 구성하는 단계와 절차를 의미하는 것으로, 여러 기능이 중첩되어 있는 경우 복잡성이 증대된다. 다양성(divergence)이란 서비스 프로세스의 각 단계에서 허용되는 자유도 또는 각 단계의 절차의 범위 및 가변성을 말하며, 통상 서비스가 표준화될수록 다양성의 정도는 하락하게 된다.

서비스 프로세스를 설명하는 복잡성과 다양성은 서비스 기업의 경쟁전략의 선택에 도움을 준다. 〈표 12-1〉은 서비스의 복잡성과 다양성 차원에 따른 효과적인 경쟁전략을 제시하고 있다. 이에 따르면 패스트푸드 식당처럼 복잡성이 낮고 다양성이 낮은 서비스 기업의 경우에는 원가효율성 전략이 최적이다. 반면 컨설팅처럼 복잡성과 다양성이 모두 높은 서비스 경우에는 개별화 전략을 선택하는 것이 최적이다. 호텔 등과 같이 복잡성은 높고 다양성이 낮은 경우에는 기술적 서비스 품질 전략을 택하는 것이 최적이다. 한편 복잡성은 낮고 다양성이 높은 서비스의 경우에는 서비스 품질의 기능적 측면을 강조하는 것이 바람직하다.

원가효율성 전략

원가효율성 전략은 흔히 상품의 차별화가 어렵거나 산업이 성숙기에 접어들어 경쟁이 치열한 경우 채택된다. 전략적 원가분석을 통해 경쟁기업과 비교해 자사의 원가구조를 파악하고 원가 리더십(cost leadership)이나 원가절감을 성취하고자 노력하게 된다. 원가효율성 전략을 선택한 기업은 그들의 서비스 운영에서 복잡성과 다양성을 낮추어야 한다.

세계 최대 피트니스 프랜차이즈 브랜드로 성장한 Curves 커브스(Curves)는 '하루

한 잔의 커피 값으로 운동하여 건강을 얻자'라는 슬로건 아래 불필요한 것은 없애고 필요한 것에 집중하여 월 회비를 30달러 수준으로 낮출 수 있었다. 여성에게 불편한 세 가지(남자, 거울, 화장) 요소를 없애는 '3NO' 전략을 통해 여성들이 운동에 몰두할 수 있는 환경을 조성했다. 또한 일반 여성들이 특별히 관심을 기울이지 않는 피트니스 요소들(다양한 운동기구들, 수영장, 라커룸 등)을 제거하고, 자체 연구개발 센터에서 개발한 운동기구들을 복잡한 유통 구조를 거치지 않고 가맹점에 제공하여 비용을 효과적으로 감소시켰다. 이러한 방식으로 복잡성과 다양성을 낮춰 원가 리더십을 달성하면서 커브스는 세계적인 여성 전용 피트니스 브랜드로 자리 잡았다.

한편, 기술의 발달은 서비스 혁신을 이끌며 고객들에게 보다 효율적으로 서비스를 제공하도록 이끌어왔다. IoT, AI, 빅데이터 등 4차 산업 기술은 이러한 효율성을 혁신적으로 극대화할 수 있도록 해준다. 피자업계의 선두주자인 피자헛은 한국계 스타트업 베어로보틱스와 공동으로 개발한 자율주행 서빙 로봇 '페니(Penny)', 배달 로봇 '딜리 플레이트(Dily Plate)'를 운영하고 있다. 또한 주행 중 자동으로 피자를 요리하는 픽업 트럭인 '툰드라 파이 프로(Tundra Pie Pro)'를 공개하며 장거리 피자 배달의 자동화를 예고하고 있다. 이러한 '푸드 로봇' 기술의 발달은 서비스 운영에서 생산성과 효율성을 극대화하여 더욱 혁신적인 비용절감을 일으킬 것으로 보인다.

이제 원가효율성 전략에 따른 기업의 운영목표, 점포의 입지와 배치 및 직무설계 방법에 대해 살펴보기로 하자.

운영목표 원가효율성 전략을 취하는 기업들은 두 가지 주요 목표를 가질 것이다.

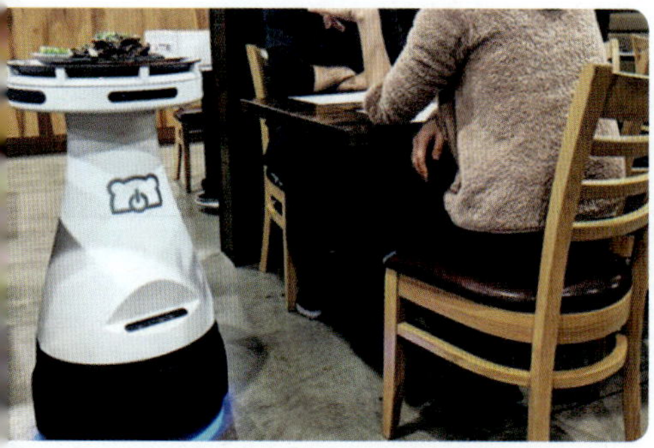

피자헛의 자율주행 서빙 로봇 '페니'
(출처: Startup Selfie)

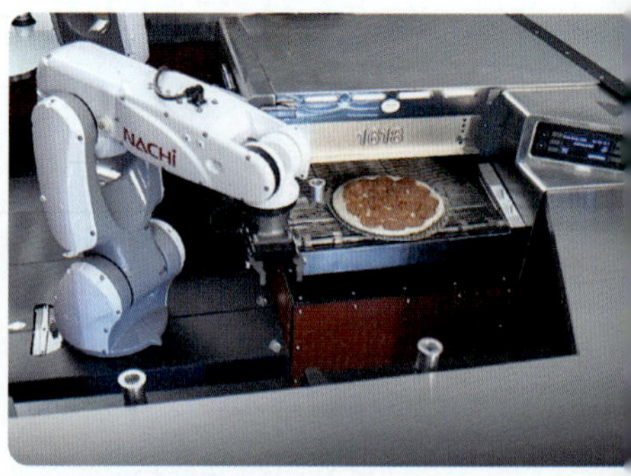

피자헛의 자동 피자 조리 트럭, '툰드라 파이 프로'
(출처: 글로벌오토뉴스)

즉, 효율성 극대화와 생산성 극대화이다. 서비스 운영을 청사진화하면 병목지점과 생산성과 효율성에 영향을 미치는 지점을 나타낼 수 있다. 원가효율성 전략을 성공적으로 추구하기 위해서는 기업이 수행하는 모든 활동에서 비용절감 가능성을 검토하고 불필요한 활동을 제거하려는 노력을 해야 한다. 원가효율성 전략을 구사하는 기업에는 흔히 최고경영층이 주도하는 원가지향적 문화가 널리 퍼져 있다.

1960년대에 AMC 엔터테인먼트를 필두로 하여 생겨난 멀티플렉스는 홈비디오, 케이블 TV와 경쟁하기 위해서 보다 효율적이고 생산적인 접근방식을 택했다. 여러 개 극장에서 영화를 동시에 상영할 수 있도록 하는 유연성은 고객들에게 여러 가지 다른 대안들을 제공함으로써 가족들을 영화관으로 데리고 오는 요인으로 작용하였다. 이처럼 미국에서 극장산업을 되살린 원가효율성 개념은 오늘날 전 세계로 확산되었다. AMC 인터내셔널, 워너브라더스가 주도가 되어서 이러한 극장들이 아시아 전역에 세워졌고 새로운 극장들은 넓고 편안한 좌석, 전산화된 매표시설, 곡선화된 스크린, 넓은 주차장을 구비하게 되었다. 우리나라의 CGV, 메가박스 등도 멀티플렉스로 성공한 예이다.

최근 CJ CGV는 영화 산업을 둘러싼 환경 변화에 대응하여 복합문화공간인 컬처플렉스로 재포지셔닝하고 있다. AI, 빅데이터, 음성인식 등을 토대로 최첨단 시스템을 구축함으로써 영화 추천부터 예매, 좌석 안내, 주문, 결제, 주차 정산까지 모든 요소를 스마트 서비스와 접목시켜 고객 편의와 효율성 향상을 도모하고 있으며, 혁신적인 미래 상영 기술을 도입해 '4DX VR 시네마' 컨셉트를 제시하고 있다.

입지와 배치 원가효율성 전략을 택하는 경우 설비의 입지(Location)와 배치(Layout)는 단위당 비용을 줄이고 높은 매출을 유도할 수 있어야 한다. 입지에 대한 결정은 고객접촉부분과 지원부분의 상대적 비중에 달려 있다. 고객접촉부분은 고객들에게 편리한 곳에 입지해야 한다. 그러나 지원부분은 임대비가 저렴한 지역도 상관없다.

만일 제과점이 원가효율성 전략을 이용하고자 한다면 고객접촉부분과 지원부분을 분리하는 것이 가능할 것이다. 우선 매장은 잠재고객들에게 최대한 노출될 수 있도록 이용자가 많은 쇼핑몰에 내고, 주방설비는 임대비가 저렴한 곳에 둠으로써 전체 운영비용을 줄일 수 있다. 반면 주유소는 통행량이 많은 거리에 입지해야 한다. 서비스의 고객접촉지점이 지원지점과 분리될 수 없기 때문에 고객접촉을 최대한으로 활용하는 위치를 선택해야 한다. 운전자들의 눈에 띄는 것이 필수적이다. 배달을 전문으로 하는 Domino's 도미노피자의 경우는 이와 반대이다. 고객접촉지점은 피자를 배달하는 직원과 만날 때이다. 고객은 서비스 시설에 올 필요가 없다. 따라서 도미노피자는 그들의 지원지점인 주방을 임대비가 낮은 곳에 입지시켜야 한다.

원가효율성을 강조하는 기업의 설비 배치방식은 비용은 절감시키지만 속도와 효율성은 극대화할 수 있어야 한다. 고객접촉지점에서는 서비스를 제공받는 고객 수를 극대화시키는 것이 목표이다. 한편 지원지점에서의 목표는 단위비용을 줄이면서 설비의 생산성을 극대화하는 것이다. 모 방송사의 방송제작부의 경우 업무특성상 팀원 간의 원활한 의사소통이 필요하기 때문에 'ㅁ자형 배향식' 배치를 하였다. 팀장을 중심으로 블록화되었기 때문에 공간 절약뿐만 아니라 팀워크의 개선을 통해 생산성이 향상되었다. 극장산업에서 멀티플렉스 설계는 인력과 공간 활용을 통한 설비의 효율성을 증가시켰다. 스크린, 키오스크, 매표창구, 영사실, 매점의 배치는 서비스를 제공받는 관객 수를 극대화시킬 수 있다. 매표창구와 매점을 최대한으로 이용할 수 있도록 하기 위해 영화 상영 시간을 교대로 배치함으로써 서비스 제공 속도와 효율성도 높일 수 있다.

직무설계 원가효율성 전략을 택한 기업은 종업원의 직무를 설계할 때 생산성을 지향해야 한다. 이는 고객접촉지점의 최소화 및 지원지점의 최대화, 절차의 표준화, 분업과 직무전문화, 종업원의 직무 순환교육, 전산화, 자동화, 직무일괄처리(batching), 요소구매(component purchasing), 고객의 셀프서비스 등을 통해서 가능하다.

① 고객접촉지점의 최소화 및 지원지점의 최대화 : 원가효율성을 위해서 기업들은 고객접촉기능을 최소화하고 지원기능을 최대화하기를 원할 것이다. 고객접촉기능보다는 지원기능의 생산성과 원가효율성을 증가시키기가 더 쉽기 때문이다. 서비스 기업들이 고객접촉부분을 줄일 수 있는 세 가지 방법이 있다.

- 셀프서비스의 이용 : 은행의 경우 ATM을 이용함으로써 고객접촉지점을 줄였다. ATM 운영비용이 은행원이 고객과 직접 거래하는 데 드는 비용보다 적

게 들고 지점이나 쇼핑몰과 같이 통행량이 많은 지역에 설치됨으로써 생산성 또한 증가시킬 수 있으며 24시간 365일 운영되기 때문이다.

- 자동화와 전산화 : 맥도날드와 같은 패스트푸드점의 경우 무인 계산대인 키오스크를 활용하여 고객접촉지점을 줄였다. 기술의 발전과 높아지는 인건비로 인해 이러한 무인 주문 시스템은 갈수록 증가하고 있으며, 최근에는 완전 자동화를 선보이는 무인 점포가 확대되고 있다.
- 업무 위임 : 이는 고객접점의 직원이 담당하는 업무를 지원지점의 직원에게 위임하는 것이다.

맥도날드에서 사용되는 무인 주문기, 키오스크
(출처: 초이스경제)

② 절차의 표준화 : 원가효율성을 증가시키기 위해서 기업은 서비스 절차를 표준화해야 한다. 대부분의 표준화는 지원지점에서 일어나지만 고객접촉지점도 표준화될 수 있다. 맥도날드가 그 예로서 전 세계에 표준화된 서비스 제공방식으로 운영되고 있다.

③ 분업과 직무전문화 : 분업과 전문화를 이용함으로써 종업원들의 효율성과 생산성이 향상될 수 있다. 서비스 절차가 표준화될 뿐만 아니라 각각의 종업원이 동일한 직무를 수행하기 때문이다. 동일한 직무를 반복 수행하는 종업원들은 전문성과 속도가 증가된다.

④ 직무 순환교육 : 직무전문화가 효율성을 확보하는 데 중요하지만 한편으로는 종업원들의 다능화 교육 또는 순환교육(cross-training) 또한 매우 효과적이다. 이를 통해 기업은 긴급 상황에 대응할 수 있고 수요가 피크에 달했을 때에도 효과적으로 운영할 수 있다. 그런 경우 종업원들이 한 분야에 있어서 전문가이면서도 필요시 다른 분야 업무도 수행할 수 있다. 수요가 몰리는 부서를 지원할 수 있고 종업원이 아플 때 다른 종업원이 대신 작업을 해낼 수도 있다. 이와 같이 순환교육은 종업원의 유연성을 증대시켜 원가효율성을 유지할 수 있다.

⑤ 직무일괄처리 : 작업의 일괄처리(batching)는 서비스 기업이 사용할 수 있는 또 다

INSIGHT

가게에서 '사람'이 사라지고 있다!
완전 무인 매장, 아마존 고
무인 점포 춘추전국시대, 중국

주변 식당과 가게에서 직원이 사라지고 있다. 기술의 발전과 높아지는 인건비 등으로 무인 계산대, 무인 주문 시스템이 갈수록 늘어나고 있다. 맥도날드, 롯데리아 같은 패스트푸드점에서는 이미 무인 주문(키오스크)이 일반화되었고 대형마트인 이마트와 이마트24 편의점에서도 소비자가 스스로 계산을 하는 무인 계산대를 놓기 시작했다. 이미 미국과 중국 등에선 계산 과정 자체가 필요 없고, 쇼핑한 물건을 들고 매장을 나가면 자동으로 결제가 되는 완전 무인 매장이 운영되고 있다.

가장 대표적인 곳이 전 세계 최대의 유통업체 아마존(Amazon)이 운영하는 '아마존 고(Amazon Go)'이다. 2016년 12월 아마존은 본사인 시애틀의 데이 원(Day 1) 빌딩에 '아마존 고'라는 무인 편의점을 선보였다. 아마존 회원 가입을 하고 관련 스마트폰 애플리케이션(앱)을 다운로드 받은 뒤, 앱을 실행시키고 QR코드를 출입문에 인식시켜 매장에 입장하면 그 후에는 사고 싶은 상품을 골라서 그냥 나오면 된다. 아마존 고 내부 곳곳에 설치된 수많은 카메라와 센서가 소비자가 어떤 물건을 선택했는지 자동으로 감지하여, 고객이 매장을 나서면 미리 등록된 신용카드로 비용을 청구한다. 이 매장은 약 1년간 아마존 직원들을 대상으로 시범운영을 하다가 2018년 1월 22일부터 일반인에게 개방하였으며, 이후 시애틀에 2~3번째 매장을 열었고 시애틀 외의 지역으로는 2018년 9월 시카고에 처음으로 매장을 내는 등 본격적으로 매장을 오픈하기 시작했다. 아마존은 2021년까지 3천 개로 아마존 고 매장을 확대할 계획이라고 밝혔다.

중국 역시 이런 무인 점포에 적극적이다. 대표적인 중국의 무인 점포인 '빙고박스(Bingo Box)'는 2016년에 설립된 스타트업으로 2017년 기준 상하이 12곳 이상을 포함해 중국 내 29개 도시에 200여 개의 빙고박스를 설치하였다. 빙고박스도 아마존 고와 마찬가지로 소비자가 QR코드를 이용하여 본인 인증을 해서 매장에 입장한 후, RFID태

아마존 고 영상

YouTube
https://www.youtube.com/watch?v=hr_BrizWxdU

제 목 _ 그냥 들고 나오면 돼! 무인 매장 '아마존 고' 공개 / YTN

검색어 _아마존 고 YTN

빙고박스 홈페이지 화면

알리바바 그룹이 운영하는 타오카페

그가 붙은 상품을 셀프 계산대에 인식시키고 QR코드로 결제하는 방식이다. 한편, 중국 최대의 유통업체인 알리바바 그룹 역시 '타오카페'라는 브랜드로 무인 점포 사업에 뛰어 들었다. 타오카페는 아마존과 유사하게 빙고박스의 RFID 방식이 아닌 카메라로 소비자의 행동을 인식한다. 구매할 물품을 가지고 계산대 앞에 서면 기계가 자동으로 구매한 물품을 스캔하여 계산 및 결제하게 된다. 중국 무인 편의점 시장은 시작 단계를 넘어 곧 급속한 성장이 이뤄질 것으로 예상된다.

우리나라의 경우, 기술과 인식이 많이 발전하여 단순 셀프 계산대보다 한 단계 높은 수준의 무인 점포가 개설되고 있다. 세븐일레븐을 운영하는 코리아세븐은 지난해 롯데월드타워에 무인 결제 점포 '세븐일레븐 시그니처'를 오픈했다. 정맥을 이용한 본인 인증을 통해 편의점에 입장한 후, 원하는 물품을 골라 컨베이어 벨트에 올리면 자동 인식이 되고 다시 한번 정맥인식기에 손을 올려 개인 인증을 하면 결제가 완료되는 방식이다. 처음에는 롯데 직원들만 이용이 가능하였으나 지금은 일반인에게도 개방되었고, 결제 역시 롯데카드가 아닌 다른 카드까지 이용이 가능해졌다.

세븐일레븐 시그니처 매장

자료원: 사이다경제, "계산할 필요 없어요, 그냥 들고 나가세요," 2018.12.20, 일부 발췌

른 전략이다. 배스킨라빈스는 고객이 주문한 케이크를 준비할 때 이러한 방식을 이용한다. 주문 시 각각의 케이크를 준비하기보다는 주문을 묶어서 케이크를 한 번에 만든다. 이처럼 주문을 모아서 처리하면 작업의 효율성이 증대된다. 작업일괄처리는 보통 휴무시간에 이루어지는데 낮 동안에 모아놓은 주문은 그 다음날 준비된다. 원가효율성을 추구하는 기업들이 원가우위를 획득하기 위해서는 지원기능을 일괄처리하는 것이 좋다.

⑥ 요소구매 : 타코벨은 생산성을 증가시키기 위해 요소구매(component purchasing)를 한다. 이는 서비스에 필요한 요소들을 다른 서비스 제공자로부터 구매하는 것이다. 타코벨은 식당의 음식준비를 위해 외부업체를 활용한다. 외부업체에게 콩 부수기, 치즈 자르기, 고기 저미기 등의 일을 맡김으로써 주방규모의 40% 정도를 줄일 수 있었다. 타코벨은 비용을 절약함으로써 가격을 내리고 고객의 좌석수를 늘렸으며 종업원들은 고객서비스에 최선을 다할 수 있는 환경을 조성하였다.

개별화 전략

〈표 12-1〉에서 본 바와 같이 개별화를 추구하는 기업은 다양성과 복잡성 모두 높다. 의료, 법률, 건축, 컨설팅 서비스와 같은 전문서비스가 이에 해당하며, 각각의 서비스 거래는 고객을 위해 설계된다.

국내 통합 보험관리 플랫폼 브랜드인 굿리치의 경우, 고객들의 특수 니즈를 충족시킨 고객중심 서비스를 구현하면서 단기간 내 200만 다운로드를 기록하는 등 성공적으로 보험 플랫폼 시장을 개척했다. 보험서비스는 고객의 특정 니즈를 충족시키기 위해서 운영과정에서 많은 단계를 거치게 되고, 고객이 상당 부분 의사결정에 참여하기 때문에 복잡성과 다양성 면에서 매우 높다. 굿리치는 최근 고객의 헬스케어 관련 빅데이터 시스템을 구축하여 개인의 건강상태, 생활패턴, 의료서비스 이용패턴 등을 분석하고 고객별로 맞춤형 보험서비스를 추천해 주는 고객 맞춤형 인슈어테크 서비스를 강화하고 있다.

인슈어테크(InsurTech)
보험(Insurance)과 기술(Technology)의 합성어로, 빅데이터, AI 등의 정보기술(ICT)을 활용해 기존 보험산업을 혁신하는 서비스를 의미한다.

단기간 200만 다운로드를 돌파하며 보험관리 플랫폼 시장을 개척한 굿리치(출처: 한국금융신문)

굿리치 앱 주요메뉴 및 기능 설명(출처: LIVE WISE 리치앤코 블로그)

운영목표 개별화를 이용하는 기업에게 서비스 청사진은 매우 중요하다. 왜냐하면 고객접촉지점을 지원지점과 분리해야 하기 때문이다. 고객접촉지점은 생산성 지향적이 아니라 고객지향적이어야 한다. 이 때 각 단계에서 소요되는 시간과 단위당 산출을 측정하는 것이 고객접촉지점에는 중요하지 않다. 그러나 지원지점에서는 단계별 소요되는 시간을 측정하는 것이 도움이 될 것이다.

입지와 배치 법률, 보험, 건축, 컨설팅과 같은 전문서비스의 경우, 고객접촉지점을 고급 이미지를 가진 세련된 오피스 빌딩에 둔다. 그 결과 고객들은 이 기업이 그들에게 관심을 가지고 있고 그들의 특정 니즈를 충족시킬 수 있는 전문적 능력을 가지고 있을 것으로 기대할 수 있다.

배치는 고객의 중요성을 강조하도록 이루어져야 한다. 예를 들어, 법무법인의 경우, 고객이 도착했을 때 고객을 위한 대기공간을 구성할 수 있다. 각 변호사는 개별 사무실과 고객과 만나서 상담을 하는 공간을 필요로 할 것이다. 각 변호사마다 독립된 사무실이 있는 경우 고객들은 자신이 특별하고 전문성이 있는 전문가와 있다고 생각하는 반면, 모든 변호사가 한 사무실에 함께 있다면 그 법무법인의 이미지는 낮아질 것이다. 만약 회의실에서 고객들을 만난다면 고객들은 자신이 특별한 존재라고 느끼지 않을 것이다.

직무설계 개별화 전략을 취하는 기업들의 경우 종업원의 직무설계는 고객지향적이다. 서비스의 고객접촉지점을 지원지점과 분리시키는 것은 직무설계에서 매우 중요하다. 이 중에서 고객접촉지점은 고객지향적이어야 할 것이다. 이곳에 근무하는 종업원들은 사람들과 대면하는 것을 좋아하고 커뮤니케이션 기술이 뛰어나야 한다. 이들은 좁고 전문적인 시각보다는 보다 넓은 지식을 구비하는 것이 좋다. 광범위한 지식은 서비스를 개별화하는 데 필수적이다. 전산화도 고객과의 상호작용의 질을 향상시킬 수 있는 방법이다.

개별화 전략을 택한 기업들은 고객접촉지점에서는 원가우위를 획득할 수 없기 때문에 생산성을 증가시키기 위해서는 지원지점에 중점을 두어야 한다. 지원지점에서 분업, 직무전문화, 직무교환, 자동화, 전산화, 그리고 일괄처리 등과 같은 원가효율성 절차들을 이용할 수 있다.

서비스 품질 전략

서비스 품질 전략은 서비스의 결과나 서비스가 제공되는 과정을 강조한다. 서비스 품질의 기술적 측면을 중시하는 서비스는 다양성이 낮고 복잡성이 높다. 이 경우 고품질 서비스를 위해서는 서비스의 전문화가 필요할 것이다. 서비스 품질의 기능적 측면을 강조하는 기업들은 이와 정반대 방식을 취하게 될 것이다. 이들은 다양성은 높고, 복잡성은 낮기를 원한다. 과정 내 단계의 수를 줄이면서 각 단계별로는 다양한 선택을 제공하여 효율성을 제고시킬 수 있다. 이러한 방식으로 서비스 기업은 고객과의 상호작용의 질을 증가시킨다. 이는 개별화 접근방식과 유사하지만 복잡성은 줄어든 것이라고 볼 수 있다.

운영목표 예를 들어, '하이테크' 클리닝 서비스는 서비스 품질의 기술적 측면을 강조하는 반면에 '스마일'클리닝 서비스는 서비스의 기능적 측면을 강조한다고 하자. 서비스 과정을 설계할 때, 기술적 품질을 강조하는 하이테크는 지원지점에 초점을 두어 고품질의 설비에 투자한다. 그들은 얼마나 오랫동안 작업 과정이 소요되는지 확인하기 위해서 서비스를 청사진화할 것이다. 비록 낮은 임금의 종업원들이 작업에 동원된다고 할지라도 품질기준을 만족시키고 있는지를 검사하기 위한 감독자를 고용해야 할 것이다.

스마일 클리닝 서비스는 서비스의 기능적 측면을 선택했기 때문에 전자와는 다른 과정을 택할 것이다. 여기에서는 고객접촉지점에 중점을 둔다. 하이테크가 2주일마다 고객과 접촉한다면 스마일은 일주일에 한 번 고객을 방문한다. 때로는 일주일에 2~3회 방문하기도 한다. 설비와 감독에 많은 노력을 투자하기보다는 고객접촉지점의 인력부문에 투자한다. 그리고 고객과 상호작용하는 종업원 역할이 가장 중요하다고 생각한다.

입지와 배치 서비스 품질 전략을 택한 기업의 경우, 고품질이라는 인상을 창조하기 위해서는 고객접촉지점을 이미지가 좋은 지역에 두어야 한다. 이는 서비스 품질을 강조하는 두 유형에 모두 적용되는 것이다. 지원기능은 만일 고객접촉지점과 분리될 수 있다면 값싼 지역에 둬도 좋다.

배치는 고객지향적이어야 한다. 고객접촉부분은 고품질 서비스를 제공한다는 인상을 심어주어야 한다. 비즈니스 여행자를 대상으로 고품질 서비스를 내세우는 항공사는 좌석수를 줄임으로써 승객들에게 편안한 배치를 하고 있다. 만일 지원기능이 동일한 시설 내 함께 있다면 고객접촉지점으로부터 분리되어야 한다. 이렇게 되면 고객접촉지점이 고객지향이 되도록 고안되면서 동시에 생산성을 향상시킬 수 있게 된다.

Eatzi's Market & Bakery는 전형적인 레스토랑의 배치와는 다르게 되어 있다. 단지 네 개의 테이블이 있을 뿐이다. 레스토랑 시장이 침체기를 겪게 되면서 모회사인 브링커 인터내셔널은 테이크아웃 시장에 관심을 갖게 되었다. 수익성이 높을 것이라는 시장분석을 통해 이 회사는 저가 패스트푸드의 원가효율성보다는 테이크아웃 주문을 전문으로 하는 고급레스토랑을 시장에 도입하기로 결정하였다. 그들의 타겟

Eatzi's Market & Bakery

고객은 좋은 음식에 비싼 가격을 지불할 용의가 있지만 직접 요리하거나 밖에서 식사할 시간이 없는 전문직 종사자들이었다. 고객접촉부분은 작고 레스토랑이라기보다는 마치 상점 같다. 그러나 지원부분은 크고 40명의 요리사를 수용할 수 있기 때문에, 신속한 서비스가 가능하다.

직무설계 기술적 품질을 강조하는 기업들은 원가효율성 전략의 직무설계 과정을 이용하는 경향이 있다. 반면 기능적 서비스 품질을 강조하는 기업들은 개별화 전략의 직무설계 과정을 이용한다. 기술적 품질 전략에서는 직무전문화와 분업이 매우 중요하다. 고도의 기술적인 품질을 위해서는 종업원을 전문가로 양성하는 것이 중요하다. 또 각 절차에 대한 상세한 설명이 담긴 매뉴얼을 준비함으로써 직무를 표준화시키는 것도 필요하다. 또 규모의 경제를 실현하기 위해 일괄처리(묶음처리)방식을 이용한다. 반면 기능적 품질 전략에서는 직무설계에 있어서 다른 방식을 취한다. 성공 비결은 고객에 대한 질 높은 대면서비스라고 보기 때문에 고객접촉 직원에게는 대인관계에 대한 교육을 한다. 직무전문화나 분업도 기술적 측면보다는 고객중심으로 수행된다. 따라서 직원은 필요시 고객별 요구되는 다양한 업무를 수행할 수 있다.

12.3 경쟁우위 지속 전략

기업이 경쟁에서 성공하기 위해서는 매력적 사업영역을 확보하고 그 사업영역에서 지속적 경쟁우위를 유지해야 한다. 매력적 사업영역의 확보란 산업분석 등을 통해 장기적으로 수익성이나 성장가능성이 높고 기업의 강점을 최대로 발휘할 수 있는 사업영역을 선택하는 것이다. 서비스 기업이 어떻게 지속적 경쟁우위를 창출할 것인가를 조명해 보도록 하자.

지속적 경쟁우위란?

지속적 경쟁우위(Sustainable Competitive Advantage: SCA)란 서비스 기업이 제공하는, 경쟁자들과는 다른, 독특하고 우수한 서비스를 의미한다. 지속적 경쟁우위로서 자격을 갖추려면 다음의 네 가지 조건을 만족시켜야 한다.

고객의 가치 인식 고객이 우리 서비스를 경쟁사의 서비스에 비해 더 가치 있다고 평가하고 원가 이상의 가격으로 구매하려 할 때 우리 기업은 경쟁우위를 갖고 있는 것이다. LOTTE super 롯데슈퍼의 '롯데 프리미엄 푸드마켓', 이마트의 'SSG 푸드마켓'과 같은 프리미엄 푸드마켓은 건강, 삶의 질을 중요시하는 밀레니얼 세대 고객들이 가격보다 먹거리 안전, 친환경, 신선함에 대한 가치를 높이 평가하였기 때문에 성공하였다.

대체 불가능성 대체 불가능성은 경쟁자가 이와 유사한 이점을 활용할 수 없을 때 발생한다. 특정 기업이 경쟁우위를 점하였을지라도 경쟁사가 대체 가능한 서비스를 제공한다면 기존의 경쟁력은 쉽게 도태될 수 있다. 예를 들어, 국내 이커머스 시장의 경우, 기존 업계의 성장을 이끌었던 TMON 티몬, 위메프 위메프와 같은 소셜 커머스

국내 3대 소셜 커머스 업체,
쿠팡 · 위메프 · 티몬

업체들은 롯데, 신세계와 같은 유통 대기업들뿐만 아니라 국내 최대 포털사인 NAVER 네이버나 Google 구글 등 글로벌 IT 기업이 쇼핑업계에 진입하면서 시장을 잠식당하고 있다. 이에 따라 기존 소셜 커머스 업체들은 경쟁에서 도태되지 않기 위해 파격적인 가격으로 고객을 끌어 모으는 전략을 펼치고 있으나, 이는 다시 과도한 출혈 경쟁을 일으킬 것이며, 이러한 가격경쟁력은 막대한 자본과 정보력을 바탕으로 쇼핑 시장에 진출하고 있는 국내외 대기업들에 의해 대체될 수 있다.

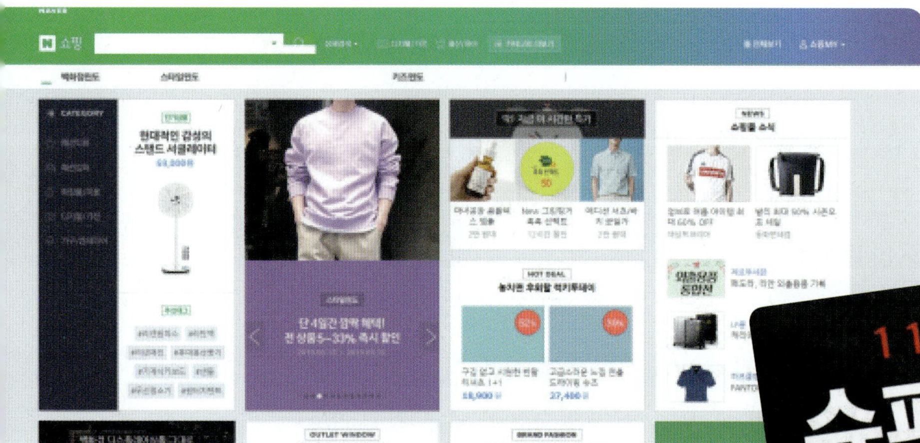

네이버쇼핑 홈페이지 화면

위메프 '블랙1111데이' 파격할인 이벤트(출처: 한국정경신문)

기업의 자원과 능력 서비스 기업이 우선적으로 갖추어야 할 능력이 부족하다면 SCA로 개발될 수 없다. 어떤 기업이 저가격 정책을 추진하고 싶더라도 규모의 경제를 실현할 수 있는 규모를 갖추지 못한다면 이는 불가능하다. 한편 규모가 크다고 해서 기업이 원가 우위 능력을 갖추고 있다고 말할 수는 없다. 힐튼, 홀리데이인, 그리고 라마다 인과 같은 호텔 숙박시설은 대규모의 체인망을 가지고 있다. 그러나 그들은 각각의 체인들이 제공하는 시설과 서비스를 고려할 때 저가격 정책을 위한 능력을 갖추었다고 볼 수 없다.

지속 가능성 이는 경쟁자들이 쉽게 모방할 수 없다는 것을 뜻한다. 이러한 모방에는 몇 가지 장벽이 존재한다. 규모의 경제, 자본비용, 서비스 차별화, 전환비용, 유통채널, 또는 경험효과 등이 이에 속한다.

규모의 경제는 대량생산이나 대규모 운영에 근간을 둔 지속적 경쟁우위를 얻게 해준다. 이를 실현한 예로는 할리우드 블록버스터 영화를 들 수 있다. 할리우드는 장기적인 관점에서 대자본을 투입하여 대규모 블록버스터 영화를 제작함으로써 블록버스터의 특수효과와 스타 배우를 통해 흥행 수익을 극대화시킨다.

항공기 여객서비스나 화물서비스와 같이 대규모 설비를 근간으로 하는 서비스들은 자본비용을 바탕으로 여러 장벽들을 개발한다. 이런 시장에 진입하는 데 필요한 자본을 가지고 있지 않은 회사의 경우 이를 쉽게 모방할 수 없을 것이다.

서비스 차별화는 경쟁자들이 쉽게 모방하기 어렵기 때문에 모방의 장벽이 된다. 배달의 민족은 키치(Kitsch)의 문화 코드를 브랜드 아이덴티티에 적용하여 유머러스한 브랜드 이미지를 확립시키고, 이를 차별화된 서비스로 연결시켜 주 타겟을 성공적으로 공략하였다. 제대로 된 식사가 가능한 전국 배달 맛집을 제공한다는 차별화된 서비스 컨셉트를 강조하면서 혁신적인 B급 광고와 캐릭터, 문구들로 이를 각인시켰다.

서비스의 경험적 속성 때문에 구매자의 전환비용은 제품보다 서비스에서 더욱 높다. 고객관계, 기능적 서비스 품질, 서비스 개별화를 강조하게 되면 구매자의 전환비용이 더욱 증가될 수 있다. 지속적 경쟁우위는 기업이 얼마나 전환비용을 높일 수 있느냐에 달려 있다. 회계법인 또는 법무법인과 같이 고객과 긴밀한 관계를 개발하고 고객에 대한 많은 지식을 축적하게 되면 높은 전환비용을 창출할 것이다.

유통채널을 통제하는 서비스들은 경쟁에 있어서 큰 장벽을 창조한다. 유통망의 제한은 계약을 통해서도 가능하다. 예를 들면, 메리어트(Marriott) 호텔은 여러

화해 홈페이지 화면

대학들과 계약을 체결해 해당 대학에서 카페테리아, 식당서비스, 연회서비스를 운영하였다. 이런 계약은 다른 기업들이 이 캠퍼스에서 영업하는 것을 제한하거나 금지한다.

모방에 있어서 더 큰 장벽은 경험효과이다. 경험을 통해서 기업들은 다른 기업들이 경쟁하기 어렵게 할 수 있다. 국내 화장품 리뷰 플랫폼 1위 브랜드 화해는 화장품 성분을 분석한다는 새로운 발상으로 2013년에 출시된 앱이다. 제품의 스펙처럼 화장품도 성분을 따져 구매하는 고객 심리를 파고들어 화장품 성분 분석 정보를 제공했고, 고객들은 자신의 피부와 맞는 제품을 보다 편하고 쉽게 비교할 수 있게 되었다. 그 결과 2019년 기준, 화해 앱에서만 경험할 수 있는 12만여 개의 화장품 정보와 380만 건의 압도적인 고객 리뷰를 축적하게 되었고, 매년 100만 이상 다운로드 수를 기록하며 성장하고 있다.

경쟁우위의 원천은?

SCA는 우수한 자원이나 독특한 기술을 가진 기업에 의해 구축된다. 우수한 자원은 타 기업이 흉내 내기 어려운 능력을 개발하게 한다. 독특한 기술은 기업의 구성원들이 독특하고 다른 방식으로 서비스를 제공하도록 한다. 이 두 가지가 SCA로 통합되었을 때 경쟁우위는 더욱 지속 가능해진다. SCA는 차별적인 경쟁전략, 규모의 효과, 원가와 수요의 시너지, 브랜드 자산, 고객관계, 공간 선점, 정보통신기술을 통해 이룩할 수 있다.

서비스 경쟁전략 각 서비스 경쟁전략은 경쟁우위로 개발될 수 있다. 한 가지 방법은 경쟁전략을 다른 경쟁전략으로 바꾸어 보는 것이다. 국내 온라인 쇼핑몰들의 극심한 생존 경쟁 속에서, SK플래닛으로부터 독립한 11번가는 분사 당시 스스로의 정체성을 '커머스 포털'로 정의하면서 플랫폼화를 추구했다. 단순히 제품을 구매하는 쇼핑몰을 넘어서 소비자들이 쇼핑의 시작과 끝을 모두 11번가에서 떠올릴 수 있도록 하겠다는 포부였다. 이를 위해 11번가는 현재 상품뿐만 아니라 관련된 다양한 콘텐츠를 함께 제공하는 형태로 운영되고 있다. 나들이 시즌에는 관련 상품을 한눈에 모아서 보고 구매할 수 있는 이벤트를 준비하고, '캠핑 테이블 종류와 고르는 팁', '초보 백패커에게 적합한 가성비 좋은 장비 추천', '다이어트를 위한 도시락통' 등 상품과 관련된 콘텐츠를 마련하여 이를 이미지, 텍스트, 동영상 등 다양한 형태로 제공하고 있다. 이와 같이 11번가는 차별화된 포털 서비스 전략으로 바꾸면서 경쟁우위를 개발할 수 있었다.

두 번째 방법은 서비스 과정의 다양성이나 복잡성을 변화시키는 것이다. 이것은 때로 동일한 경쟁전략에서도 더욱 효과적으로 운영되도록 한다. 예를 들면, 의료 분야의 경우, 로봇, 인공지능, 사물인터넷 등 최신 기술을 접목해 서비스가 제공되는 과정에서 복잡성이나 다양성을 변화시킬 수 있다. 국내 공공의료기관으로서는 최초로 중앙보훈병원에서 인공지능 '왓슨'을 도입하였는데, 이는 암 진단을 비롯해

인공지능 왓슨 영상

YouTube
https://www.youtube.com/watch?v=4OZE5ec3E0E

제 목 _ [TJB뉴스]인공지능 의사 왓슨 진료 시작

검색어 _인공지능 왓슨 TJB

의료 영상 분석, 신약 개발, 원거리 분석 등의 의료서비스를 보다 효율적이고 신속하게 제공할 수 있도록 돕고 있다.

세 번째 방법은 경쟁전략을 경쟁자보다 높은 수준으로 실행하는 것이다. 만약 원가효율성 전략을 사용한다면 경쟁기업보다 더 나은 가격/비용면에서의 이점을 가지고 있어야 한다. 항공산업에서 Southwest 사우스웨스트 항공과 세금 서비스업에서 H&R BLOCK 에이치 앤 알 블록(H & R Block)은 각 산업에서 원가효율성 경쟁전략의 리더이다.

규모효과 규모의 효과란 기업 특유의 경제, 서비스 특유의 경제, 입지 특유의 경제에 근간을 둔 지속적 경쟁우위이다. 가장 효율적인 규모의 효과는 기업 특유의 경제를 통해서 획득된다. 기업이 많은 점포를 가진 경우 강력한 기업 특유의 규모효과를 개발할 수 있다. 한 가지 규모효과로 직원의 선발 및 교육을 본사를 통해서 하거나 지식을 서로 공유하는 것이 가능하다는 점이 있다. 마케팅 프로그램, 특히 광고와 촉진에 있어서 상당한 절약이 가능하다. 광고와 촉진은 중앙에서 개발되어 그 지역뿐만이 아니라 전국적으로 이용될 수 있기 때문이다. 표준화를 통해서 추가적인 비용의 절약이 발생한다. 맥도날드와 같은 패스트푸드점의 경우 서비스 생산의 표준화로 다점포 기업이 갖게 되는 우위를 설명하는 좋은 예이다.

저렴한 가격과 대용량을 강조하는 빽다방의 앗메리카노
(출처: 믹스베리 블로그)

원가와 수요의 시너지 원가와 수요 시너지는 원가절감과 동시에 수요증가에 바탕을 둔 지속적 경쟁우위이다. 비용절감으로 기업은 저가격 또는 수준 높은 서비스를 제공할 수 있다는 것이다. 원가와 수요 시너지를 실현한 기업으로 빽다방을 들 수 있다. 빽다방은 '싸다! 크다! 맛있다!'라는 슬로건 아래 가성비 좋은 착한 브랜드로 인기를 끌며 급속하게 성장해왔다. 빽다방의 '앗!메리카노'와 유명 고가 프랜차이즈의 아메리카노는 가격에서 3배 가량 차이가 난다. 대용량 커피를 합리적인 가격에 내세울 뿐만 아니라 고급

빽다방 매장 외관
(출처: 메트로신문)

원두와 최고의 신선도를 유지하는 로스팅 시스템을 통해 수준 높은 품질로 서비스를 제공하고 있다. 고객들이 맛있는 커피를 저렴하게 마음껏 맛볼 수 있도록 하여 원가와 수요 시너지를 가능하게 함으로써 빽다방은 고객들에게 매력적인 커피 전문점으로 자리 잡았다.

원가와 수요 시너지는 또한 고객들에게 크로스셀링(Cross-selling)을 하는 종합 서비스 기업에 의해 창조될 수 있다. 서비스 활동, 고객에 대한 지식, 사무실을 공유함으로써 비용을 절감할 수 있다. 서비스 마스터(Service Master)는 모기업과 자회사를 통하여 원가와 수요 시너지를 개발하였다. 모기업을 통해서 클리닝 서비스와 음식제공 서비스를 할 수 있었던 반면, 자회사인 터미넥스(Terminex)를 통해서는 해충방제 서비스를 제공할 수 있었다. 잔디 관리는 켐론(Chem Lawn)이나 트루그린(True Green)이라는 두 개의 자회사를 통해 제공되었다. 이러한 다양한 서비스 때문에 서비스 마스터는 사무실 빌딩의 내부와 외부를 모두 관리할 수 있었던 것이다.

기업 간의 제휴도 원가효율성과 수요확대의 수단이 될 수 있다. KOREAN AIR 대한항공의 경우 AF 에어 프랑스, DELTA 델타 항공, KLM KLM 등 여러 항공사와 업무를 제휴해 스카이팀(Sky Team)에 속해 있다. 각 노선의 효율성을 극대화하며 원가를 절감할 뿐만 아니라 고객에게는 다양한 항공편과 편리한 연결편 및 마일리지 혜택을 주게 되어 수요를 증대시키는 효과를 거두고 있다.

브랜드 자산 브랜드 자산은 고객이 어떤 브랜드에 대해 호감을 갖게 됨으로써 그 브랜드를 사용하고 있는 상품의 가치가 증가된 부분을 의미한다. 브랜드 자산을 구성하는 것은 브랜드 충성도, 브랜드 인지도, 인식된 품질, 브랜드 심벌, 그리고 브랜드명 등이다. 브랜드 자산이라는 경쟁우위를 개발한 기업들은 여러 면에서 이점을 지닌다. 브랜드 자산은 서비스 기업을 타 기업과 차별화하고 고객들에게 일관된 서비스 품질의 수준을 전달한다. 재구매 상황에서 위험이 낮기 때문에 덜 알려진 브랜드보다 선호될 것이다.

브랜드 인지도와 서비스 품질 모두 브랜드 자산의 경쟁우위를 창조하는 데 필요한 것이다. 브랜드 자산이 강력하게 구축된 경우에는 브랜드가 소비자의 마음속에 호의적이고 강력하면서 독특한 연상을 심게 된다. 예를 들어, 쿠팡이라는 브랜드를 들으면 로켓배송, 신속하고 친절한 서비스가 떠오른다. 또한 커브스의 경우는 고객 마음속에 여성전용 30분 순환운동 프로그램을 제공하는 피트니스로 자리 잡고 있다.

고객관계 기능적 서비스 품질이나 개별화 전략을 선택한 서비스는 고객관계라는 경쟁우위를 구축할 기회를 가진다. 고객관계의 형성은 행동적인 요소뿐만 아니라 인지적이고 정서적인 관계와도 관련이 있다.

메리어트 호텔은 고객서비스로 유명하다. 숙박 중에 생일을 맞이하는 고객의 객실에는 아름다운 꽃이 장식된다. 손님이 애완견을 데리고 있는 경우에는 숙박기간 동안 애완견을 돌봐주고, 아침저녁으로 호텔 종업원이 애완견을 산책시킨다. 이처럼 고객과의 관계를 강화함으로써 지속적 경쟁우위를 창출하는 것이다.

종종 고객관계의 경쟁우위는 고객과 서비스 제공자 간의 계약에 의해 획득된다. 이는 양자의 관계를 더욱 공고히 할 뿐만이 아니라 재계약에 있어서도 이점을 안겨 준다. 그러나 고객관계의 경쟁우위를 개발하는 비결은 단순히 계약을 획득하는 것이 아니라 상호신뢰를 구축하는 것이다. 고객은 서비스 제공자를 신뢰하며 기대한 수준의 서비스가 제공될 것으로 믿고, 서비스 제공자도 고객을 신뢰해야 한다.

공간적 선점 공간적 선점(spatial preemption)으로 경쟁우위를 확보하는 것은 비분리성이 높은 서비스에 있어서 더욱 중요하다. 공간적 선점은 고객에게 가장 편리한 최적 입지를 확보하는 것이다. 그것은 또한 계약을 통하여 특정장소의 독점권을 획득하는 것이다. 유통업자들은 유통체제 운영에 있어서 성공의 열쇠는 입지라고 믿는다. 이는 유통체제를 이용하는 서비스에서도 동일하게 적용된다.

스타벅스커피 코리아의 경우 2016년 1,000개를 돌파하며 지속적으로 성장했다. 스타벅스가 중점적으로 공략한 장소는 유동인구가 많은 지하철역과 직장인이 몰려 있는 도심 오피스상권이다. 서울 강남대로, 여의도, 광화문 등에 유독 스타벅스 매장이 많은 이유도 스타벅스가 오피스상권을 공략했기 때문이다. 스타벅스는 오피스상권과 주요 지하철역을 섭렵한 뒤 다수의 인원이 상주하는 대형 빌딩, 공연장, 쇼핑몰, 스포츠 시설, 공항, KTX, 관광지 등을 '2차 핵심 상권'으로 선정해 점포를 확대해 나가고 있다. 스타벅스의 이러한 입지 전략은 지속적인 경쟁우위의 원천으로 작용하고 있다.

한편, 디지털 시대에 접어들면서 온 · 오프라인 간 경계가 사라지고 생산과 소비의 분리성이 증가하면서, 공간적 선점의 이점은 쉽게 상실될 수 있다. 모바일을 통해 오프라인 서비스를 이용할 수 있는 경우 경쟁우위에 있어 입지의 중요도는 줄어들게 된다. 인공지능(AI), 가상현실(VR), 클라우드 같은 4차 산업 기술의 발달은 전례 없는 유통 플랫폼을 형성하면서 기존 기업들이 보유하고 있던 공간적 선점에 따른 경쟁우위를 희석시킬 것으로 보인다.

정보통신기술 서비스 기업에게 중요한 경쟁우위로서 정보통신기술이 있다. 정보통신기술은 전자수단을 통한 정보의 수집, 결합, 저장, 전달, 처리, 검색을 의미한다. 정보통신기술의 이점으로는 비용절감, 높은 전환비용, 시장변화에 대한 즉각적 대응, 그리고 향상된 서비스 품질 등이 있다. 가장 보편적인 형태는 온라인 주문 및 결제, 재고관리, 맞춤형 서비스 제공, 고객에 대한 통찰력 획득 및 활용, 고객관계관리다.

INSIGHT

'고객중심경영' 위해 인슈어테크 선도하는 AIA생명

AIA생명이 다양한 디지털 기술을 접목한 서비스를 개발하며 금융권 4차 산업혁명을 이끌 퍼스트무버로서 본격 도약에 나섰다. AIA생명은 2017년 10월 업계 최초로 프라이빗 클라우드(Private Cloud) 시스템을 기반으로 한 미래형 데이터센터 인프라를 전면 구축하고, 내부 전산망을 프라이빗 클라우드 환경으로 전환하는 '데이터센터 현대화 프로젝트'를 2년 동안 진행했다. 이를 통해 가상 이미지, 셀프서비스 컴퓨팅, 보안, 플랫폼 리소스 등을 능동적으로 관리하는 주문형(On demand) 솔루션을 사용할 수 있게 되었다. 또한, 시스템의 안전성과 보안성을 크게 높였고, 보다 신속하고 유연한 대응도 가능해졌다.

AIA생명은 2017년 11월부터 인공지능 기반의 로보텔러 상담 서비스 'AIA ON'을 운영하고 있다. IBM 왓슨(Watson) 기반의 SK C&C 에이브릴(Aibril) 인공지능을 활용한 'AIA ON'은 챗봇(Chatbot)과 로보텔러(Robo-teller)로 고객에게 1:1 상담 서비스를 제공한다. 카카오톡 플러스 친구에서 'AIA ON'을 검색해 친구 추가를 하면 시간과 장소에 구애받지 않고 '보험금 신청 절차 안내', 'SNS를 통한 실시간 보험료 납입 이체' 등이 가능, 24시간 간편하게 상담 서비스를 이용할 수 있는 게 장점이다. 또한, 업계 최초로 로보텔러를 활용해 고객에게 전화를 걸어 판매된 보험계약에 대한 완전 판매를 모니터링하는 '해피콜' 서비스를 진행하여 업무 효율성과 서비스 질을 높이는 동시에 비용을 절감하고 있다. 최근 4차 산업혁명이라는 트렌드를 맞추기 위해 마케팅 성격이 짙은 AI(인공지능) 연계 서비스가 앞다퉈 출시되었으나, 'AIA ON'은 실질적인 고객 편의를 제공하는 서비스라는 점에서 차별성을 갖는다. AIA ON의 인공지능은 사용자와의 소통 과정을 계속해서 학습해 나가기 때문에 시간이 지날수록 더욱 업그레이드된 서비스를 제공할 것으로 기대된다. 향후 로보텔

인공지능 기반 상담 서비스 'AIA ON'
(출처: AIA 생명 페이스북)

러가 고객 문의 내용을 직접 상담사처럼 응대하는 방식의 실시간 음성 상담서비스도 도입할 예정이다.

한편, AIA생명은 2019년 모바일 고객서비스 포털인 'My AIA'를 전면 개편했다. 'MY AIA'는 별도의 앱 설치 과정이 필요 없이 고객들이 컴퓨터, 태블릿, 스마트폰 등 어떤 기기에서 접속하더라도 일관된 보험 업무 처리 서비스를 제공한다. 로그인 방법 역시 카카오페이 인증과 지문 인증 등 다양한 핀테크 기술을 적용해 쉽고 간단하면서도 높은 보안성을 확보해 고객들이 안심하고 사용할 수 있도록 했다. 이 개편을 통해 모든 AIA생명 고객들에게 최적의 모바일 서비스를 제공해 나갈 수 있는 발판을 마련했다는 평이다. 차태진 대표는 "인공지능 챗봇 'AIA ON'을 'My AIA'와 연계하여 24시간 365일 더욱 쉽고 빠른 고객서비스를 제공할 계획"이라고 전했다.

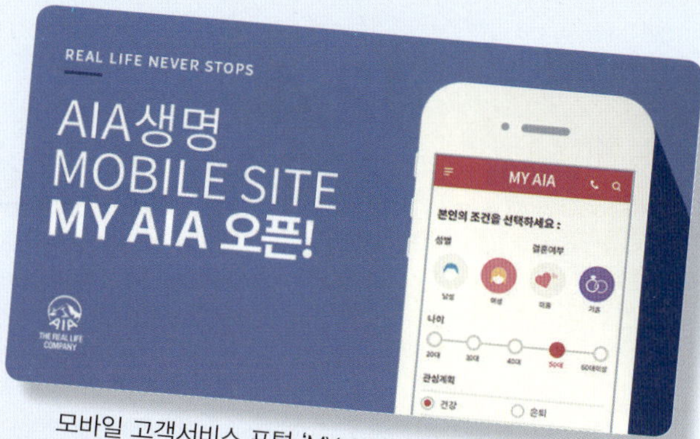

모바일 고객서비스 포털 'MY AIA'(출처: AIA 생명 블로그)

AIA생명은 또한 디지털 플랫폼 기반의 'AIA 바이탈리티 X T 건강걷기'를 출시하고, 인공지능(AI)과 로봇을 활용한 업무 자동화를 도입하는 등 보험업계에 찾아온 4차 산업에 발 빠르게 대응하고 있다.

모바일 건강증진형 프로그램 'AIA 바이탈리티 X T 건강걷기'(출처: 인공지능신문)

자료원: AIA생명 소식, "인슈어테크 시대 본격화… AIA생명, 4차 산업혁명 선두로 나선다," 2019.03.28, 발췌

12.4 효율성 관리의 함정

전통적인 제조업에서는 기업의 경쟁력 제고를 위하여 생산과 영업 비용을 줄이거나 더 많은 제품의 판매를 위하여 광고나 세일즈, 판촉 등의 예산을 증가하거나 신제품 개발을 위해 노력한다. 그러나 제품과 서비스의 차이점으로 말미암아 서비스 기업에 제조업에서 사용되는 마케팅 노력을 그대로 적용한다면 문제가 발생할 수 있다.

기업이 내부 효율을 증대시킬 필요를 느낄 때 대부분의 기업은 높은 인건비를 줄이기 위하여 인원 감축, 고용 감소, 셀프서비스 증가, 인력의 기계 대체 등의 전략적 결정을 하게 된다. 제조업에서는 이러한 결정을 통하여 결과물의 품질 저하 없이 생산 효율성 증대와 비용 감소를 이룩할 수 있다. 그러나 서비스 기업에게는 이러한 효과가 발생하지 않는 경우가 많다. 서비스는 내부 효율성과 외부 효율성을 동시에 고려해야 하기 때문이다.

내부 효율성: 생산과 운영 자원의 효율적 사용; 전통적인 의미의 생산성
외부 효율성: 고객이 느끼는 기업 운영의 효율성; 고객이 인식하는 서비스 품질

내부 효율성(internal efficiency)은 기업이 노동력과 자본을 얼마나 생산적으로 사용하는가를 나타내는 것으로 단위당 비용으로 측정될 수 있는 개념이다. 반면에 외부 효율성(external efficiency)은 고객이 기업 운영과 결과물을 어떻게 인식하는가를 의미하는 것으로 기업의 효율성에 대한 고객의 인식이다.

전통적인 제조업에서는 내부 효율성과 외부 효율성 사이의 관계가 중요하지 않았으며, 고객은 최종 결과인 제품의 품질만을 인지하였다. 그러나 서비스의 소비는 '과정의 소비'이며 고객은 가치의 공동 생산자, 공동 창조자로 생산과정에 참여하기 때

문에 결과물뿐 아니라 과정 자체를 인지한다. 기업이 내부 효율성만을 지나치게 추구할 경우 많은 경우 고객이 체감하는 품질에 부정적 영향을 미치게 된다. 직원이 개별고객에게 서비스를 제공하거나 주의를 기울일 시간이 줄어들어 고객 문제의 해결이 어려워지며 이는 대기시간의 증가, 고객 문제에 대한 불충분한 이해, 종업원의 유연성 감소를 야기한다.

효율성 관리의 함정

효율성 관리의 함정이란?

내부 효율성 증대를 위한 노력은 특히 과정품질에 악영향을 미친다. 즉, 고객은 이전과 동등한 기술적 품질의 서비스를 제공받지만, 그 과정이 나빠졌다고 생각하게 된다. 만약 고객이 불만족하게 되면 고객은 이 사실을 직원에게 불평하거나 다른 고객에게 말하게 된다. 고객의 불평을 들은 직원은 자신의 업무에 불만족하게 되거나 사

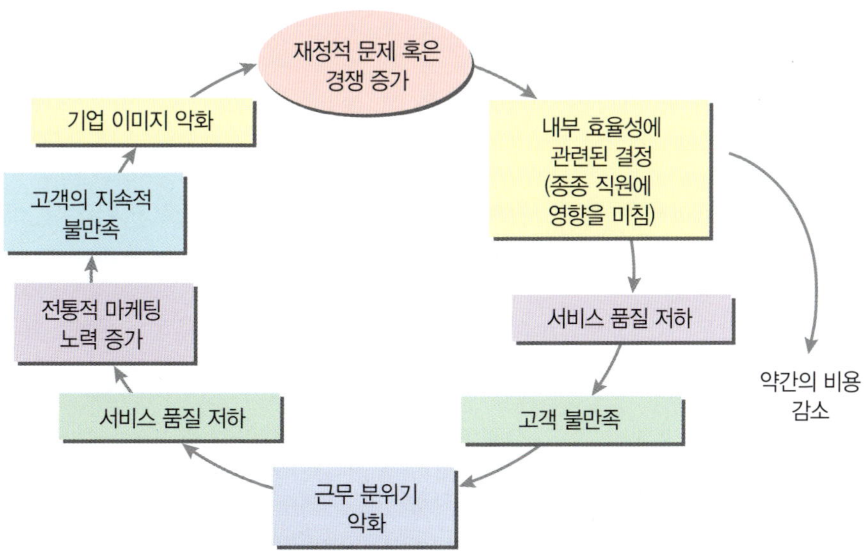

그림 12-3 | 효율성 관리의 함정
자료원: Grönroos, C.(1983), *Strategic Management and Marketing in the Service Sector*, Cambridge, MA: Marketing Science Institute.

기가 저하되고 근무 분위기가 악화된다. 그 결과 다시 서비스 품질이 악화되는 악순환이 반복된다. 결과적으로 기업은 성장 잠재력에 타격을 받게 된다. 제품과는 달리 과정품질과 결과품질의 두 가지 차원을 가지는 서비스에서는 내부 효율성과 외부 효율성에 대한 이해 없이 전통적인 방식으로 비용 감소만을 위한 결정을 한다면 결국 기대하지 않았던 결과로 이어질 수 있는 것이다.

이 때, 기업은 신규고객을 유치하기 위하여 광고와 같은 전통적인 마케팅 노력을 기울이게 된다. 그러나 신규고객들 역시 기존고객들과 마찬가지로 품질의 저하를 인식하고 불만을 가지게 된다. 만약 마케팅 캠페인이 비현실적인 약속이었다면 기업의 서비스를 이용했던 새로운 고객은 약속이 거짓이었음을 깨닫고 서비스에 불만족하게 된다. 결과적으로 전통적 마케팅 노력에도 불구하고 고객들의 서비스에 대한 불만은 증가하고 부정적인 구전 효과가 발생하게 되어 나빴던 상황이 더욱 안 좋게 되는 것이다. [그림 12-3]은 이 과정을 보여주고 있다.

효율성 관리의 함정 사례

많은 병원들은 재정적 어려움이 있을 때, 의사들에게 전문적이고 기술적인 사안들에 대하여 집중하도록 요구하고 간호사들에게는 환자나 환자 가족에 대한 시간과 노력을 줄이도록 지시한다. 이러한 노력은 물론 시간의 효율적 이용과 비용의 절감을 목표로 한다.

그러나 이러한 조치들은 환자, 환자 가족과 친구들의 불만으로 이어진다. 또한 이러한 전략적 접근은 조직 내부에 악영향을 미치며 그 영향은 결국 고객이 느끼는 서비스의 품질 악화로 이어진다. 우선 간호사와 직원들은 많은 요구를 하는 환자와 가족들과 그것을 막는 병원 경영층 사이에서 역할 갈등을 겪는다. 그들은 더 나은 서비스를 제공하는 것을 방해받고 그 결과 근무 분위기가 악화된다. 근무 분위기가 악화됨에 따라 고객은 서비스 품질의 저하를 느끼게 된다. 이러한 상황에서는 "환자들을 돌본다"는 이미지를 형성하려는 병원의 마케팅 노력은 아무런 효력을 발휘하지 못하게 된다. 환자들은 금방 진실을 알게 될 것이고 부정적 구전이 발생하게 된다. 거짓된 광고 캠페인은 조직 내부에도 큰 영향을 미친다. 직원들은 경영층이 고의적으로 고객을 속이려고 한다고 생각하게 되고 근무 분위기가 악화된다. 게다가 시간 부족과 경영층의 압박으로 간호사나 의사들은 환자들을 제대로 돌볼 수 없게 되고 무력감을 느끼게 된다. 점차 사직하는 종업원들이 생겨나게 되고 경영층을 도우려는 의지가 사라져 서비스 품질은 지속적으로 저하된다. 비록 처음의 재정적 문제가 크지 않았다고 하여도 내부의 위기가 악화되고 서비스 품질은 저하되는 결과가 생겨나는 것이다.

이처럼 제조업의 노하우에 의존한 잘못된 의사결정은 기업을 악순환의 늪에 빠트린다. 이는 결과뿐만 아니라 과정 자체까지 고객이 경험하고 평가하는 서비스의 특징에서 오는 것이다. 그러나 내부 효율성과 관련한 의사결정이 항상 부정적인 결과를 야기한다는 것은 아니다. 또한 비용절감과 자원의 효율적 이용이 잘못된 것이라는 의미가 아니다. 반대로 생산성 향상과 내부 효율성 추구는 모든 기업이 추구해야 하는 사항이며 기업은 새로운 IT 기술과 생산과정을 활용해야 한다. 때로는 새로운 기술의 도입이 내부 효율성과 외부 효율성, 고객 품질 인식을 동시에 향상시키기도 한다. 중요한 것은 서비스가 가지는 내부 효율성과 외부 효율성의 밀접한 관계를 고려하여 내부 효율성을 향상시키는 활동이 이루어져야 한다는 점이다. 즉, 모든 비용이 같은 것은 아니며 비용절감에 대한 전략적 의사결정을 할 때는 다양한 비용 간의 차이를 고려해야 한다는 것이다.

좋은 비용과 나쁜 비용

1980년대 SAS Scandinavian Airlines 스칸디나비아 항공은 비용의 구분 개념을 도입하였다. 회사의 비용을 좋은 비용(good cost)과 나쁜 비용(bad cost)으로 나눈 것이다.

좋은 비용 좋은 비용(good cost)은 기업의 고품질 서비스를 가능하게 하고 이윤을 증대시키는 생산적인 비용이다. 서비스 접점과 후방 지원 부서를 지원하는 비용은 대부분 좋은 비용이다. 교육과 서비스 개발비용 역시 좋은 비용이라 할 수 있다. 좋은 비용의 축소는 소비자 품질 인식을 저하시킬 수 있다.

나쁜 비용 나쁜 비용(bad cost)이란 불필요한 관료주의, 지나치게 두터운 중간 관리자와 경영진의 존재, 불필요하고 시간을 많이 잡아먹는 운영비용 등을 말한다. 나쁜 비용을 줄이는 자원 구조의 변화는 고객의 서비스 품질 인식과 외부 효율성을 유지하거나 오히려 증대시키면서 내부 효율성을 향상시킬 수 있다.

불행히도 많은 기업들은 생산성을 높이고 경쟁력을 높이기 위하여 서비스 접점이나 지원부서의 비용을 줄이려 하고, 경영진이나 관리층의 변화에는 관심을 기울이지 않는다. 이는 서비스 접점이나 지원부서의 비용을 줄이는 것이 쉽기 때문이다. 이는 나쁜 비용은 그대로 유지하며 좋은 비용을 줄이는 의사결정이다. 이러한 결정의 결과 내부 효율성은 개선될 수 있을지 모르나 외부 효율성과 고객이 체감하는 품질의 저하로 인해 기업의 경쟁력은 악화된다.

그러므로 좋은 비용과 나쁜 비용의 차이를 명확히 하고 기업이 재정적 위기에 처하였다고 하더라도 접점 직원에 대한 교육이나 기술 발전에 대한 투자 등 좋은 비용을 줄여서는 안 된다. 기업의 경쟁력 제고를 위해서는 나쁜 비용에 어떤 것이 있는지 알아내고 이를 줄이기 위한 노력을 해야 할 것이다.

서비스 지향적 전략

서비스와 이익에 대한 논리

이익은 보통 수익－비용으로 계산된다. 그러나 무엇이 어떻게 수익과 비용에 영향을 미치는지는 명확히 정의되어 있지 않다. [그림 12－4]는 기존의 제조업 중심의 마케팅에서 이익에 대한 논리가 어떻게 형성되어 왔는가를 보여준다. 제조업 중심의 마케팅에서는 생산비용과 운영비용(일반 관리비용, 인사, R&D, 교육, 계획 및 예산 결정 비용 등)이 주로 비용에 영향을 미치지만 수익에는 큰 영향을 미치지 않는 것으로 인식되어왔다. 그리고 제품 디자인과 인적판매, 광고, 촉진, 유통 및 가격 등의 전통적인 마케팅 노력이 수익을 창출하는 기능으로 인식되어 왔다. 이러한 사고방식에는 외부 효율성과 내부 효율성 사이의 어떠한 상호작용도 보이지 않는다. 전통적인 제조업에서는 이러

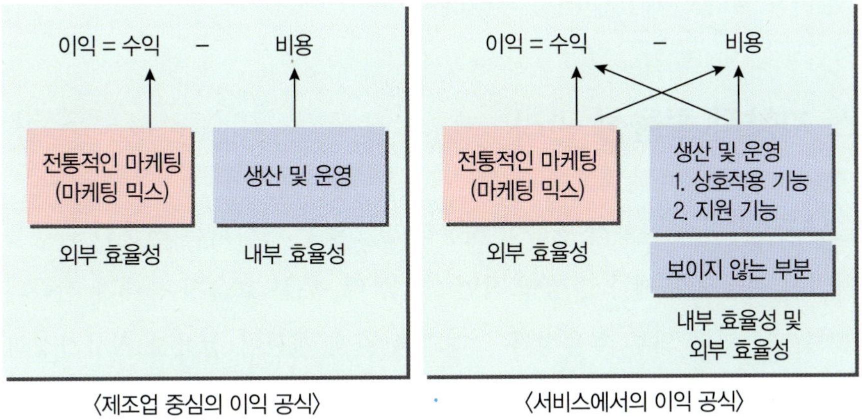

그림 12-4 | 제조업 중심의 이익 공식과 서비스에서의 이익 공식
자료원: Grönroos, C.(2007), *Service Management and Marketing*, 3rd ed., Southern Gate, Chichester : John Wiley & Sons, Ltd.

한 사고방식이 유효한 경우가 많으며 높은 생산성은 비용의 감소를 가져오고 이익이 증대된다.

그러나 효율성 관리의 함정에 빠지지 않기 위해서는 서비스에 있어서 고객과의 관계는 [그림 12-4]의 제조업 중심의 이익 공식과 같이 형성되는 것이 아니라는 것을 명심해야 한다. 서비스에서는 고객의 구매와 관련된 활동이 모든 부서에서 이루어진다. [그림 12-4]의 서비스에서의 이익 공식에서 볼 수 있는 것처럼, 생산과 운영은 내부 효율성에만 영향을 미치는 것이 아니라 외부 효율성과 수익에도 동시에 영향을 미친다. 그러므로 서비스에서는 기존의 이익에 관한 논리가 대폭 수정되어야 할 필요가 있다. 내부 효율성과 외부 효율성에 동시에 영향을 미치는 결정들은 수익과 비용 발생에 주는 영향을 모두 고려하고 분석한 후에 이루어져야 한다. 서비스에서 최종적으로 수익과 이익을 창출하는 것은 고객이 인식하는 품질이다.

그러나 비용의 문제가 중요하지 않다는 것은 아니다. 높은 서비스 품질이 수익을 유발한다고 하여도 비용이 지나치게 높다면 이익을 올릴 수 없다. 비용절감, 특히 수익 창출에 영향을 주지 않는 비용의 절감은 대부분의 기업에게 필요하다. 새로운 기술이나 정책으로 고객의 습관을 변화시킴으로써 비용을 절감할 수 있는 경우도 많이 있다. 그러나 비용의 절감 시도가 비용절감보다는 품질과 수익에 더 나쁜 영향을 미친다면 그러한 노력은 재고해야 할 것이다.

서비스 지향적 효율성 관리

[그림 12-5]는 서비스 지향적 전략이 사용되었을 경우 나타나는 선순환 과정을 보여준다. 기업이 재정적 문제나 경쟁에 직면하였을 때, 내부 효율성 증대가 전략의 중심이 되어서는 안 되며 외부 효율성과 고객과의 관계 개선이 전략적 의사결정의 중심이 되어야 한다. 물론 내부 효율성을 고려하지 말라는 말은 아니다. 고객의 눈에 보이지 않는 후방 부서의 활동에서는 내부 효율성 증대 역시 매우 중요하다. 이윤을 증대시킬 수 있는 비용절감과 그렇지 못한 비용절감 사이의 구분이 이루어져야 한다.

외부 효율성과 서비스 품질에 대한 고려는 고객과의 상호작용에서 가장 중요한 고려사항이 되어야 한다. 이러한 결정이 추가적인 직원 배치나 발전된 기술을 필요로 할 수도 있지만, 추가 수익이 비용을 초과한다면 이러한 수익 창출 비용은 허락되어

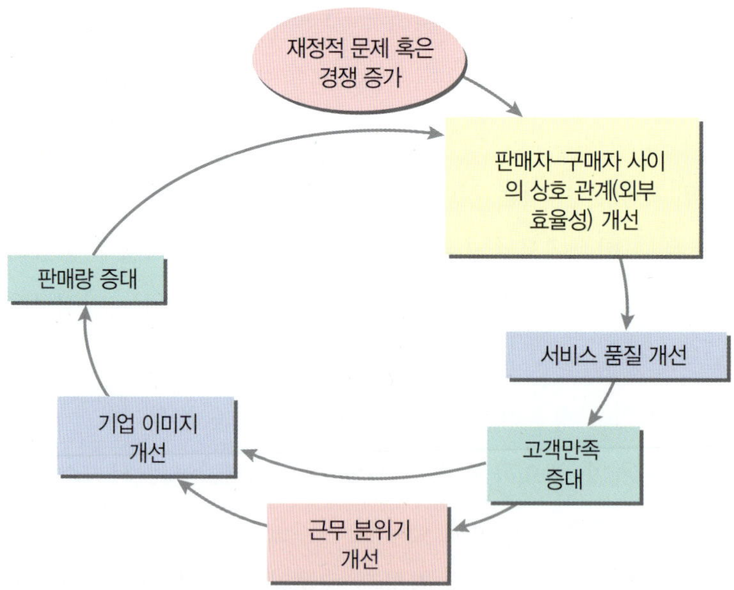

그림 12-5 | 서비스 지향적 효율성 관리
자료원: Grönroos, C.(2007), *Service Management and Marketing*, 3rd ed., Southern Gate, Chichester : John Wiley & Sons, Ltd.

야 한다. 그리고 실제로는 많은 경우 추가비용 없이도 고객에 대한 이해, 서비스 과정에 대한 이해만으로도 서비스 품질을 증가시킬 수 있다. 이런 관점을 갖게 된다면 기업 내부의 자원을 더욱 체계적이고 시장지향적으로 사용할 수 있게 된다.

서비스 품질의 향상은 고객만족의 증가로 이어지고 이는 두 가지 효과가 있다. 첫째, 고객만족은 직원만족을 가져와 근무 분위기가 개선된다. 또한 고객의 서비스 품질향상을 위한 경영층의 의사결정은 직원들이 기업의 이윤 창출에 미치는 영향을 중요하게 생각한다는 것을 의미하여 직원에게 동기를 부여하게 된다. 이는 다시 내부 효율성 증대로 이어진다. 둘째, 고객만족 증가는 긍정적 구전 효과를 불러일으켜 새로운 고객을 유치하게 되고 구전과 고객의 긍정적 경험으로 기업의 이미지가 향상된다.

결론적으로 서비스 지향적인 전략으로 내부 효율성과 외부 효율성, 서비스 품질을 동시에 추구한다면 매출 증대와 재무적 안전성, 경쟁적 지위 향상이라는 긍정적 효과를 기대할 수 있다.

SERVICE MARKETING

CHAPTER

13

서비스 수요와 가용능력관리

PROLOGUE

공유로 되살리는 빈 공간

이제 더 이상 대량 생산의 시대와 같이 공급하면 수요가 바로 따라붙지 않는다. 저성장 시대로 접어든 뒤 도시는 유휴공간의 등장을 안타깝게 바라볼 수밖에 없게 됐다. 서울과 같은 대도시에서도 사정은 크게 다르지 않다. 시대에 따라 수요는 항상 변화하게 마련이다. 어떤 지역이든, 작은 동네라 하더라도 그 공간을 사용하는 이들이 원하고 기대하는 바는 시간의 흐름에 따라 바뀔 수밖에 없다. 그 변화를 따라잡는 동네는 영화를 이어갈 것이고, 그렇지 못한 공간은 쇠퇴할 수밖에 없다. 오늘날 쇠퇴하는 공간인 빈집이 많은 지역과 사람이 떠나는 도시를 어떻게 되살릴 것인가.

빈집은 사회문제를 야기한다. 집에 사람이 살지 않으면 금방 망가지는 것처럼 건물과 도시는 사람이 이용하지 않으면 금세 흉물로 변한다. 흉물로 변한 건물과 도시는 그 자체로 사람들을 밀어낸다. '깨진 유리창의 법칙'으로 불리는 심리적 이유 때문이다. 사람이 없다면 범죄가 일어나도 감시를 할 수도 없고, 따라서 쇠퇴가 가속화된다. 이것이 바로 최근 '도시재생'이 화두로 제기되는 사회적 고민이다.

그러다 보니 전문가들과 중앙정부, 지방자치단체장들은 유휴자산을 활용하는 방법을 고민하고 있다. 도시재생을 "기존의 수요가 사라진 공간을 다시 디자인해서 새 수요를 충족시킬 수 있게끔 변형시키는 것"이라고 본다면, 일단 새로운 수요가 무엇인지 찾아내야 한다.

가장 큰 트렌드는 밀레니얼 세대(1980~2000년대 출생자)의 등장으로 나타나는 변화들일 터다. 이전 세대와 확연히 다른 이들의 특징은 1인 가구와 셰어하우스, 공유 사무실 등의 번성에서 찾아볼 수 있다. 더불어 옛 건물이 가진 미학을 즐길 줄 아는 감수성도 꼽을 수 있다. 따라서 옛 도시 조직이 잘 남아 있는 공간은 관광지로 변화할 가능성이 큰 것은 물론이고, 관광형 도시재생이 적용되기에 적합하다. 핫플레이스로 조성될 수 있을 뿐만 아니라, 숙박용 건물 자체도 다른 어떤 곳에서 찾아보기 힘든 독특함을 가지고 있을 공산이 높기 때문이다.

글로벌 공유숙박 플랫폼인 에어비앤비를 통해 해결의 실마리를 찾아볼 수 있다. 유명한 관광지가 아

일본 요시노 삼나무집

니더라도 공간적 매력이 있다면 지역적 한계를 넘어 외국인들에게 창구가 활짝 열리는 효과를 누리고 얼마든지 거대한 수요와 연결할 수 있기 때문이다. 이상현 에어비앤비 코리아 정책총괄 대표는 "에어비앤비는 지역에 차분하게 녹아 드는 '건강한 관광'을 돕는다"고 강조한다.

한 예로, 고령화로 쇠퇴하고 있는 일본의 요시노는 에어비앤비를 활용하여 도시재생을 시도했다. 에어비앤비의 공동 창업자인 조 게비아와 일본의 건축가 하세가와 고, 요시노 주민이 함께 '요시노 삼나무집'을 기획하고 만든 것이다. 2017년 4월 첫 손님이 방문한 이후 첫 1년간 전 세계에서 346명의 방문객이 이곳을 찾았다. 방문객 중에는 건축계의 노벨상으로 불리는 프리츠커상을 받은 스페인의 건축 스튜디오 RCR 아키텍츠의 라파엘 아란다와 카르메 피그엠, 라몬 빌라타가 있었다. 호주의 올림픽 출전 수영선수 외에 많은 음악가와 예술가도 이곳을 찾았다. 문을 연 기간 동안 객실 점유율은 70%였다. 요시노 삼나무집 등장 이전에는 이 지역 에어비앤비 숙소가 4개뿐이었으나, 2018년에는 15개로 늘었다. 또한 에어비앤비 호스트를 포함해 마을 체험을 도와주거나 공사를 전담하는 팀 등 요시노 마을에는 70개의 새로운 직업이 생겨난 것으로 파악됐다. 이 기간 동안 삼나무집을 포함해 같은 지역의 에어비앤비 호스트가 벌어들인 돈은 모두 합쳐 5만 달러(5,308만 원)에 달했다. 쇠퇴하던 마을이 글로벌 플랫폼을 만나 활력을 되찾은 것이다.

일시적으로 활용되지 않는 공간들도 도시 문제이다. 일시적으로 빈 공간이 생기는 시기에 어떻게 대응하느냐에 따라 도시 전체의 쇠퇴 여부가 결정될 수 있기 때문이다. 어려운 시기를 잘 극복해 대중이 건물을 잘 활용하고, 다시 사람이 모인다면 빈 공간은 문제가 되지 않을 수도 있다. 이렇게 일시적으로 건물이 제대로 이용되지 않을 때에 대비해 영국의 자산관리 회사인 로위가디언(Lowe Guardian)은 '셰드'(SHED · 'Shared'의 일부를 따 만든 이름)라는 이름을 붙인 프로젝트를 제시한다. 거주를 위한 작은 집을 조립해 빌딩의 빈 공간에 집어넣는 방식이다.

셰드는 이케아 가구처럼 스스로 만들 수 있을 정도로 손쉽게 설계되어 있는 조립식 구조의 집으로, 떠나야 하는 상황이 닥치면 쉽게 해체하고 하루 만에 다른 곳에 다시 설치할 수 있어 상황 변화에 유연하게 대처할 수 있다. 건물주 입장에서도 임대료를 받을 수 있어 좋고, 이용자 입장에서도 싼 가격으로 집을 빌려 이용할 수 있어 최근 이슈가 되고 있는 '지급가능한 거주'라는 측면에서 상당히 긍정적이다. 로위가디언 측은 셰드가 영국 런던의 일반적인 임대료 수준의 50%라고 설명했다.

셰드

자료원: 아시아경제, "지난해 국내 에어비앤비 이용객 290만 명…56%↑," 2019.02.14;
세계일보, "[공유경제와 도시] (30 · 끝) 에어비앤비가 쇠퇴한 작은 마을에 활력을 불어넣은 비책," 2018.04.23;
세계일보, "[공유경제와 도시] (14) 공유로 되살리는 빈 공간," 2017.12.18.

13.1 서비스 수요와 가용능력이란?

여름철이 되면 신문마다 연중 최대전력수요를 기록했다는 기사와 함께 한전 측에서 피크타임에 집중되는 전력수요를 줄이기 위해 대국민 홍보를 하는 것을 흔히 볼 수 있다. 주말에 영화관 앱을 통해 표를 예매하려 하면 만석으로 보이는 경우가 많지만 실제로는 많은 극장의 평균좌석 점유율이 절반을 밑돌고 있다. 주말에는 많은 사람들이 영화관에 몰리지만 주중에는 관객이 적어 객석이 텅 비기 때문이다. 테마파크의 경우에도 입장객이 붐비는 날과 없는 날 간의 변동이 심하다.

제조업과는 달리 서비스 기업은 미래 판매를 위해서 서비스를 재고화시킬 수 없다. 이 특성은 수요가 비교적 안정적이고 예측 가능한 경우에는 문제가 안 되지만 수요의 변동이 심한 경우에는 경영의 어려움이 초래된다. 다시 말하면 서비스 기업의 성공 여부는 정확한 수요 예측과, 서비스 가용능력, 즉 인원, 장비, 시설을 효율적이고 효과적으로 운영할 수 있는 경영능력에 달려 있다고 하겠다.

서비스 수요란?

서비스 수요에 영향을 미치는 요인들

수요를 통제하고 조절하기 위해서는 그 수요를 좌우하는 변수들을 이해해야 한다. 즉, 서비스 기업은 경영전략을 수립하기에 앞서 변화하는 수요의 유형과 그에 영향을 미치는 요인들을 분석해 내야 한다. 경영자는 다음과 같은 질문들을 이용하여 서비스 수요에 영향을 미치는 요인들을 찾아낼 수 있다.

1. 서비스에 대한 수요가 주기적으로 변화하는가?
   - 하루(시간 단위로 변화)
   - 한 주(요일 단위로 변화)
   - 한 달(날짜 또는 주 단위로 변화)
   - 일 년(월 또는 계절 단위로 변화)
   - 그 외 다른 기간 단위로 변화

2. 수요의 주기적 변동을 일으키는 요인은 무엇인가?
   - 기후의 계절적 변화
   - 급여 지급일
   - 학교의 방학과 개학
   - 공휴일
3. 수요의 변화가 불규칙적으로 보인다면 그 원인은 무엇인가?
   - 날씨 변화
   - 발생 예측이 어려운 건강 문제
   - 사고, 자연 재해, 범죄 등 긴급 대처가 필요한 경우
4. 서비스 수요의 변화가 시장세분화를 통해 이해될 수 있는가?
   - 이용 고객 또는 이용 목적의 차이
   - 거래별 수익성의 차이

서비스에 대한 수요는 단일주기에 의해서 영향을 받기도 하지만 많은 경우 복수주기에 의해 동시에 영향을 받는다. 대중교통수단의 경우 하루 중 출퇴근시간과 기타 시간대의 수요수준이 다르고, 주말이냐 평일이냐에 따라, 그리고 계절에 따라 이용객의 수가 차이를 보이게 된다. 이러한 복합적 영향은 [그림 13-1]을 통해서 이해될 수 있다.

[그림 13-1]은 하루 중 4가지 시간대와 주중의 2가지 시간대, 그리고 계절의 3가지 시간대를 결합한 24가지의 시간대마다 각각의 독특한 수요수준을 보여주고 있다. 그러나 보통 실제 수요수준을 분석해 보면 서로 유사한 수요를 보이는 시간대가 있기

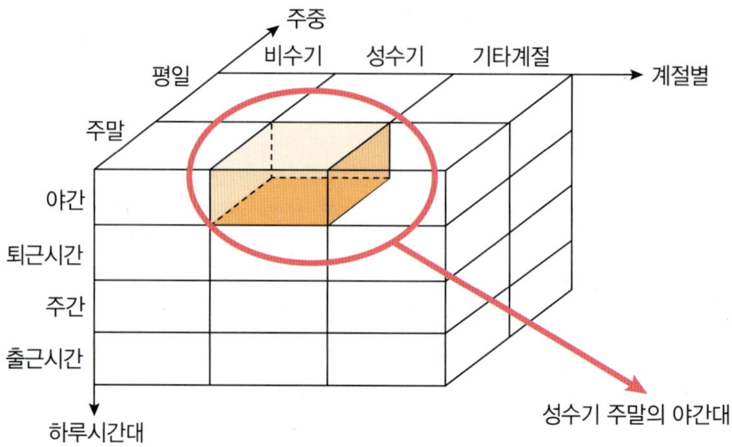

그림 13-1 | 시간대별 수요유형

때문에 몇 가지의 대표적인 수요유형으로 압축할 수 있다. 따라서 대표적인 수요유형에 따라 서비스 가용능력의 이용을 최적화하는 마케팅 믹스를 개발하여야 할 것이다.

서비스 수요의 산업별 차이

수요관리가 모든 서비스 산업에서 필요한 것은 아니다. 수요 문제의 심각성은 시간에 따라 수요가 변동하는 정도와 공급이 제한되는 정도에 달려 있다. 어떤 기업은 수요에서 큰 폭의 변동을 경험하게 되지만(병원, 교통, 식당 등), 다른 기업들은 비교적 작은 변동을 겪게 된다. 또한 일부에서는 피크 수요라도 충족이 가능하지만(전기, 전화 등), 일부에서는 피크 수요가 가용능력을 초과하게 된다. 이러한 차이는 〈표 13-1〉에 정리되어 있다. 서비스 기업이 효과적으로 서비스 수요를 관리하기 위해서는 자신이 속한 산업이 가져오는 수요변동의 패턴을 이해하는 것이 필요하다.

표 13-1 | 수요 특성에 따른 산업 구분

공급이 제한되는 정도	시간적 수요 변동 정도	
	큼	작음
피크의 수요가 지체 없이 충족됨	전기 천연가스 전화 경찰과 소방서	보험 법률 은행 세탁업
피크의 수요가 가용능력을 초과함	회계 및 세금 신고 교통 호텔 등 숙박시설 레스토랑 극장	위와 비슷한 서비스 중에서 기본 가용능력이 불충분한 서비스

서비스 가용능력이란?

고객을 최대한으로 수용할 수 있는 수준을 최대가용능력(maximum available capacity)이라고 하고 고객에 대한 서비스의 질을 최적으로 유지할 수 있는 수준을 최적가용능력(optimum capacity)이라고 정의한다면 수요의 상황을 다음과 같이 4가지로 나누어 볼 수 있다.

- 초과수요(excess demand) : 최대가용능력을 초과하는 수요
- 최적가용능력 초과수요(demand exceeds optimum capacity) : 최적가용능력을 초과하지만 최대가용능력에는 미달하는 수요
- 최적가용능력과 일치하는 수요
- 초과가용능력(excess capacity) : 최적가용능력에 못 미치는 수요

이것을 그림으로 표현하면 [그림 13-2]와 같다.

서비스 기업의 입장에서 보면 무조건 수요가 많다고 해서 좋은 것은 아니다. 수요가 최대가용능력을 초과할 경우에는 잠재고객을 상실하게 된다. 또한 수요가 최적가용능력을 넘어서는 경우에는 모든 고객이 양질의 서비스를 받을 수 없으므로 고객이 불만족을 느끼고 서비스 품질 평가가 낮아질 수 있는 위험이 있다.

반면 서비스의 수요가 가용능력에 못 미쳐서 설비가 남아도는 경우에는 서비스 기업의 수익성이 악화되는 것은 물론이고 고객에 대한 서비스의 질도 낮아지는 악순환

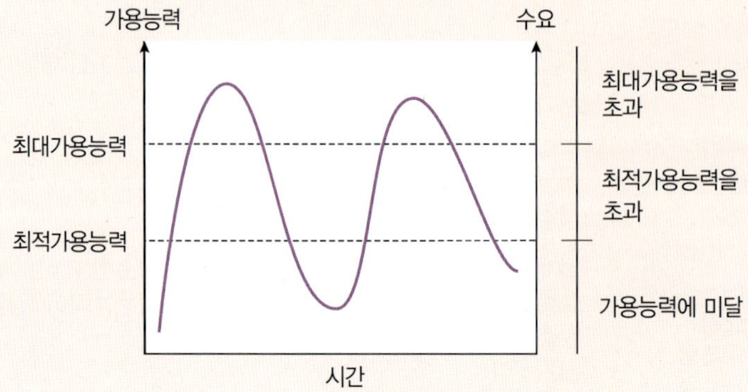

그림 13-2 | 주기적 변화에 따른 가용능력과 수요의 관계

을 겪게 된다. 텅 비어 있는 식당의 경우, 당장의 수익이 낮을 뿐만 아니라 잠재고객마저도 그 식당에서 만족할 만한 식사분위기를 기대할 수 없으므로 그 식당을 찾으려 하지 않을 것이다. 또한 식당의 직원들은 수익이 낮은 상태에서 높은 보상을 기대할 수 없으므로 사기가 저하되고 자연스럽게 그들이 제공하는 서비스의 질은 낮아지게 된다. 그리고 다시 낮은 서비스의 질은 고객의 발길을 끊게 만든다.

많은 서비스에서 최적가용능력이 최대가용능력보다 작은 것이 보통이다. 고급레스토랑의 경우, 좌석이 꽉 차 있을 때에는 고객이 서비스를 충분히 받을 수 없으므로 불만족스럽게 되기가 쉽다. 그리고 비행기 여행을 하는 고객은 자신의 옆자리가 비었을 때 편안하게 여행을 한다. 그러나 어떤 서비스의 경우에는 최대가용능력과 최적가용능력이 일치하고 고객도 그러한 수요상황에서 최대의 만족을 얻기도 한다. 공연장, 야구장, 라이브콘서트의 경우 최적가용능력이 최대가용능력과 일치하게 된다.

서비스 기업의 특성에 따라 수익성 확보와 고객만족을 얻을 수 있는 최적수요수준이 다를 것이다. 그러므로 서비스 기업은 수요를 적절히 조절하여 최적수요수준이 되도록 하는 것이 경영목표가 된다.

수요관리 vs. 가용능력관리

만약 수요의 패턴과 자사 가용능력의 한계에 대해서 분명하게 이해하고 있다면, 서비스 수요와 공급을 일치시킬 수 있는 전략을 세울 수 있다. 이러한 전략에는 두 가지 대안이 존재한다. 한 가지는 수요의 변동을 약하게 함으로써 기존의 공급량에 수요를 맞추는 것으로 수요관리전략이라고 부를 수 있다. 다른 것은 변동하는 수요에 맞도록 가용능력을 변화시키는 것으로서, 가용능력관리전략이라고 할 수 있다.

어느 경우에 수요관리전략을 선택하고 어느 경우에 가용능력관리전략을 택할 것인가? 이 질문에 대한 대답은 기업이 당면한 수요의 특성에 따라 달라진다. 고객들이 기업의 마케팅 활동에 따라 기꺼이 서비스 이용시간과 장소를 바꾸려 한다면 서비스 수요관리가 중요한 역할을 한다. 그러나 기업이 마케팅을 통해서도 서비스 수요를 다른 시간이나 장소로 이동시킬 수 없는 경우에는 가용능력을 관리해야 한다. 이러한 관계를 표로 나타내면 〈표 13-2〉와 같다.

표 13-2 | 수요 · 가용능력관리전략

		수요의 예측가능성	
		예측불가능	예측가능
기업의 고객수요 이동능력	낮음	가용능력변동전략	가용능력고정전략
	높음	수요재고화전략	수요조절전략

13.2 서비스 수요관리전략

서비스 기업이 고객의 수요를 이동시킬 수 있다면 수요의 예측 가능성 여부에 따라 수요조절전략과 수요재고화전략을 사용할 수 있다. 그러나 어떤 기업은 스스로 수요 변화에 대한 전략을 수립하여 수요를 조정하려고 하지 않는다. 이 경우에는 무반응 전략을 취한다고 볼 수 있다. 따라서 수요관리전략으로 사용할 수 있는 전략에는 다음 세 가지 전략이 있다.

무반응전략 수요의 변화에 전혀 반응을 하지 않음으로써 수요가 저절로 조정되도록 방치한다. 고객들이 자신의 경험과 타인의 구전에 의해서 언제는 오랫동안 기다려야 하고 언제는 곧바로 서비스를 받을 수 있는지를 학습하도록 하는 것이다.

수요조절전략 수요증대전략과 수요감소전략 두 가지가 있다. 피크타임에는 수요를 감소시키고, 반대의 경우에는 수요를 증가시킨다.

수요재고화전략 예약시스템이나 대기시스템을 채택하여 수요를 재고화한다.

세 가지 전략과 앞에서 살펴본 수요상황과의 관계를 정리해 보면 〈표 13-3〉과 같다.

표 13-3 | 수요상황과 수요관리전략의 관계

		수요상황		
		최대가용능력을 초과	최대가용능력과 일치	최대가용능력의 유휴화
무반응전략		고객 대기 (고객불만/ 재구매 기피)	가용능력 최대활용	이용고객 실망
수요 조절 전략	1. 수요감소전략	홍보를 통한 수요분산 유도 세분시장전략 검토	*	*
	2. 수요증대전략	* (단, 수익성 있는 세분시장 개발기회가 있다면 검토)	* (단, 수익성 있는 세분시장 개발기회가 있다면 검토)	상품, 가격, 촉진, 유통의 다양화 전략
수요 재고화 전략	1. 예약시스템 이용	수익성이 가장 높은 세분시장부터 실시, 피크타임 이외의 시간대나 미래의 피크타임으로 고객분산	수익성을 고려한 사업부 구성	*
	2. 대기시스템 이용	대기 중인 고객관리에 주력 대기시간대 예측	병목현상 사전예방	*

주: * 무반응

수요조절전략

서비스 기업은 마케팅을 통해서 수요를 증대시키거나 감소시킬 수 있다. 예를 들어, 한전에서 에너지 절약의 방법을 대중매체를 통해서 꾸준히 홍보함으로써 소비자를 교육시키는 것은 수요를 감소시키기 위한 전략이다. 이제 상품, 채널, 가격, 촉진의 4P를 사용하여 수요를 조절하는 전략을 차례로 살펴보도록 하겠다.

서비스 상품의 다양화 서비스 상품을 다양화함으로써 수요를 조절할 수 있다. 많은 스키장 리조트들이 비수기를 대비하여 워터파크, 인공호수, 대중골프장, 피칭연습장, 삼림욕장, 산책로 등 다양한 부대시설을 갖추고 사계절 즐길 수 있는 레저타운으로 변신하고 있다. 에버랜드는 이용객이 적은 겨울철에는 눈썰매장을 개설하고, 튤립축제, 벚꽃축제, 장미축제 등 계절별 다양한 축제를 진행하여 수요를 증대시킨다. 캐리비안베이도 겨울철 따뜻한 유수풀과 노천스파를 운영하여 비수기의 수요를 촉진한다. CGV의 경우 오감체험을 할 수 있는 4DX, 다면 상영관 스크린X, 초대형 IMAX 등 특수 상영관을 운영하여 영화를 보는 다양한 재미를 더한다. 극장의 로비, 복도 공간 등 상영관 외 공간에 대한 새로운 수요를 창출하려는 시도도 하는데, 높은 층고와 차분한 인테리어, 플랜테리어를 활용하여 도심 속 휴식 공간을 구현한다. 또한 Work at CGV라는 시간제로 공간을 예약할 수 있는 플랫폼을 제공하여 소자본 창업자들이 부스를 설치하고 홍보할 기회를 제공하고, 영화관을 방문한 고객들이 대기하는 동안 즐거움과 정보를 얻을 수 있도록 한다.

회계법인의 경우에도 연말에는 기업의 회계감사와 세무조정으로 바쁜 한철을 보내지만 겨울이 지나면 수요가 급격하게 줄어들게 된다. 이러한 비수기 때 회계법인들은 경영컨설팅을 수행하여 수요를 창출하려고 한다. 미국의 프라이스 워터하우스 쿠퍼스는 전 세계 조세정보에 대한 데이터베이스를 구축하고 전 세계의 사용자에게 이용료를 받으면서 서비스의 다양화를 추구하고 있다. 국내 대형 회계법인들도 본연의 회계감사 업무 외 기업 인수합병 컨설팅 및 세무 자문의 매출 비중을 늘려 수요를 다양화하고 매출 성장을 이끌고 있다.

비수기의 호텔은 기업연수를 유치하거나 시즌별 특별 패키지 등을 개발하여 이용률을 높인다. 직장인들이 많은 지역의 호프집이나 커피 전문점이 점심시간에 간단한 점심메뉴를 제공하는 것 또한 서비스를 다양화하여 수요를 조절하는 예이다. 결국 서비스 기업은 고객세분화를 통해서 개별 세분시장의 고객이 갖고 있는 욕구를 충족시킬 수 있는 다양한 서비스를 제공함으로써 최적수요를 달성하여야 한다.

서비스 제공 시간과 장소의 조절 서비스 기업은 일정한 시간과 일정한 장소에서 서비스를 제공하던 방법에서 벗어나 시간과 장소를 조정하면서 서비스 수요를 충족시킨다. 일본 도쿄의 복합문화공간인 츠타야 서점은 타겟고객의 수요에 맞추어 시간을 조정한다. 다이칸야마 점 T-Site의 경우 아침 일찍 7시에 문을 열어 일대 주택가에 거주하는 은퇴한 시니어 층의 라이프스타일에 맞추고, 다음날 새벽 2시까지 영업을 해서 일반 고객의 편의를 더한다. 은행들은 명절 연휴에 기차역, 고속도로, 휴게소 등에서 이동점포를 운영하고, 공항 및 외국인 근로자 밀집지역에 탄력점포를 운영하여 일반적인 영업시간 외의 시간대에 입 · 출금, 송금, 환전 등을 지원한다. 더불어 기술의 발전으로 시간과 공간의 제약을 극복하는 사례들 또한 증가하고 있다. 유니클로는 의류 자판기를 미국 공항에 설치했는데, 항공기 탑승을 앞두고 갑자기 추위가 걱정될 때 고객들이 주력 제품인 '히트텍 셔츠'와 '울트라 다운재킷' 등을 구매할 수 있도록 했다. 배스킨라빈스는 24시간 아이스크림을 먹을 수 있는 아이스크림 자판기를 운영하며, 풀무원건강생활은 통신기능이 탑재되어 유통기간이 짧은 신선식품도 실시간 원격으로 관리할 수 있는 인텔리전트 자판기를 운영한다. 휴게소에서 시범 운영하였고 병원, 휴게소, 키즈 시설 등으로 확대한다. 이러한 무인 자판기는 고객들이 원하는 때 상시 물건을 구매할 수 있도록 할 뿐 아니라 기업들이 물류 및 운영 비용을 줄이고 수익성을 개선하는 효과가 있다.

공항 내 자판기
'유니클로 To Go'

가격차별화 가격은 수요를 조절하는 데 중요한 수단이다. 피크 시에는 고가격으로 수익성을 향상시키며 피크타임이 아닌 경우에는 저가격으로 수요를 증가시킨다. 따라서 가격할인과 할증요금제도가 빈번하게 사용되고 있다. 이는 수요의 탄력성에 따라서 이용되고 있다. 즉, 가격을 수요관리를 위해 효과적으로 사용하기 위해서 경영자는 먼저 일정 시점에서 서비스에 대한 수요곡선의 형태를 알고 있어야 한다. 그 이유는 시간이 변하면서 총수요곡선이 이동하는지 여부를 파악하는 것이 중요하기 때문이다. 만일 총수요가 시간에 따라 이동한다면 가격차별화를 통해서 수요를 조절하는 것이 필요하게 된다.

예를 들어, [그림 13-3]에서 서비스 기업이 피크타임과 비피크타임, 성수기와 비수기, 그리고 평일이냐 주말이냐에 따라 3가지의 수요곡선을 갖고 있으며 수용설비가 Q로 고정되어 있다는 것을 알 수 있다. 이 경우 서비스 기업이 서비스 수요를 Q로 조절하기 위해서는 각각의 시기에 가격을 차별하여야 한다는 것을 알 수 있다. 예

INSIGHT

AI가 가격을 정해줍니다.

일본 AI 이용한 동적 가격전략 도입, 반년 만에 호텔 1천여 곳 도입

가격 책정에 인공지능(AI)을 활용하는 사례가 일본에서 늘고 있다. 특히 계절과 요일, 시간대에 따라 수급에 큰 차이가 나는 호텔 등의 숙박업과 대전 상대에 따라 관객수가 달라지는 프로 스포츠 경기 입장권의 가격 책정에 도입이 활발하다. 수요가 많을 때는 가격을 올리고 반대의 경우 가격을 내려 수급을 조절하는 동적 가격전략(dynamic pricing)을 활용한다. 미국에서는 농구대회인 NBA와 미식축구대회 NFL에서 일부 도입하고 있다. 차량공유서비스 업체 우버 또한 이를 도입하여 실시간으로 차량에 대한 수요와 공급을 분석하고, 수요가 공급을 초과하는 지역에 할증 요금을 적용한다. 다시 말해, 한 지역에서 여러 이용자가 차량 서비스를 찾으면 그 지역의 요금에 할증이 붙는다. 이를 통해 수요와 공급의 불균형을 해소한다는 취지다.

NHK에 따르면 일본에서도 스포츠 경기장 입장료에 동적 가격전략이 도입되기 시작했다. 프로야구 소프트뱅크 홈구장인 후쿠오카돔은 작년 시즌 일부 입장권 가격 책정에 AI를 활용했다. 과거 3년간의 입장권 판매실적과 대전 상대팀의 순위 등의 자료를 토대로 경기별 입장객을 예측해 가격을 변동시키는 방식이다. 수익을 최대화려는 구단과 'AI 가격 책정'을 사업화하려는 야후가 제휴해 추진했다.

일본에서 동적 가격전략을 먼저 시작한 건 호텔업계다. 도쿄(東京) 쓰키지(築地)의 한 비즈니스호텔

출처: Max Pixel

은 AI를 활용해 숙박요금을 책정하고 있다. 그동안은 담당자가 매일 인터넷을 검색해 경쟁 호텔의 요금을 체크한 후 요금을 정했으나 경험과 담당자의 감에 의존하기 때문에 판단에 차이가 날 수밖에 없다. 이렇게 되면 수익에도 영향을 미치게 된다. 이 호텔 관계자에 따르면 AI에 가격 책정을 맡긴 후 요금 책정에 걸리는 시간이 절반 이하로 줄어든 것은 물론 수익도 늘었다.

이 호텔이 이용하고 있는 요금책정 서비스는 시부야(澁谷)에 있는 벤처기업이 개발했다. AI가 인터넷에서 경쟁업체의 요금과 예약상황 자료를 수집해 과거 판매 경향과 함께 분석해 최적의 숙박요금을 제시하는 방식이다. 근처에서 열리는 콘서트나 이벤트 등의 개최 상황도 감안해 수요를 예측한다. 그날그날의 최적 요금을 1년 후까지 산출한 후 매일 당일 사정에 맞춰 요금을 변경한다. AI 보급을 호텔업계에서부터 시작한 건 호텔업계의 특성이 동적 가격전략에 가장 맞는다고 생각해서다. 호텔은 시즌이나 요일에 따라 수요에 큰 차이가 나는 데 비해 객실 수는 정해져 있다. 반면 경쟁업체의 가격과 예약 상황은 인터넷에서 손쉽게 파악할 수 있다. 서비스를 시작한 지 반년 만에 도입한 호텔이 1천여 개에 달했다고 한다. 야후에서 독립해 이 벤처회사를 창업한 마쓰무라 사장(28)은 스마트폰으로 가격을 비교하면서 항공권이나 기차표, 호텔 예약을 하는 사람이 늘면서 "판매가 디지털화돼 요금변경도 금세 할 수 있게 됐기 때문에 AI를 이용한 자동화가 확산할 것"이라고 말했다. 그는 "사업자는 돈을 더 많이 벌 수 있어 좋고 이용자도 혜택을 볼 수 있어 가까운 장래에 가격이 수급상황에 따라 순간순간 변화하는 시대가 될 것"으로 내다봤다.

자료원: 교통신문, "택시앱(App) 요금 미터기 도입 속도 빨라지나," 2019.02.28;
연합뉴스, "일본 숙박료 · 경기장 입장료, AI가 정한다," 2018.04.12.

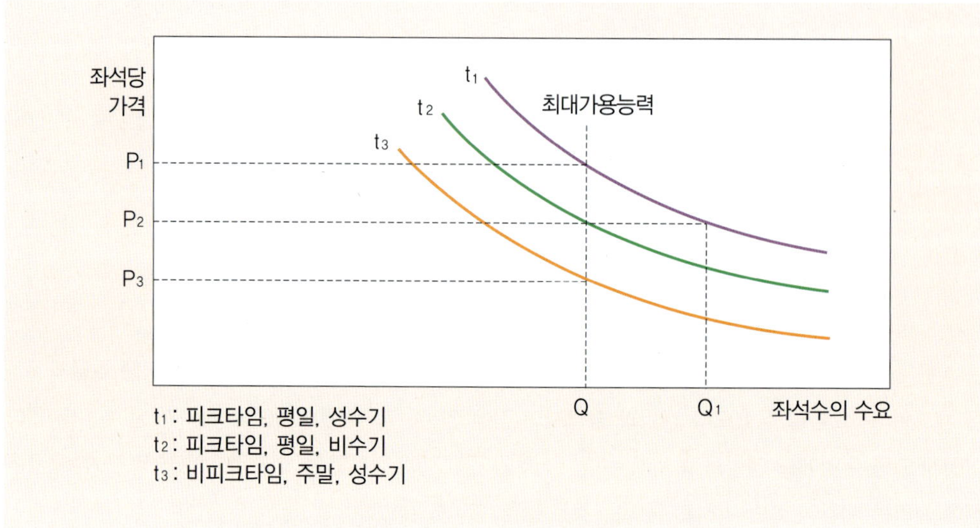

그림 13-3 | 시간대에 따른 수요곡선의 변화

를 들어, 성수기에 평일의 피크타임에 나타나는 수요곡선은 t_1이므로 이 경우에 가격을 P_2로 한다면 수요는 Q_1까지 증가하게 된다. Q_1의 수요는 서비스 기업의 최대가용능력을 초과하게 되므로 앞에서 살펴보았듯이 서비스의 질이 낮아지고 잠재적인 고객을 잃어버릴 수 있는 위험이 발생한다. 그러므로 가격을 차별화하여 수요를 조절하여야 한다. 이 때에 최대가용능력과 수요를 일치시키는 가격은 P_1임을 알 수 있다.

좀 더 복잡한 경우에는 서비스에 대한 욕구나 지불능력이 세분시장 간에 차이가 있기 때문에 동일시점에서 세분시장별 각기 다른 수요곡선이 존재할 수 있다. 예를 들어, 항공 여행자 시장을 비즈니스 여행자와 여가 여행자로 세분화할 수 있다. 일반적으로, 비즈니스 목적의 수요는 비교적 가격에 비탄력적이고 주말에는 급격히 줄어든다. 항공비용은 회사가 부담하고 출장 여행을 굳이 주말에 하고 싶지 않기 때문이다. 반면에 여가 목적의 여행 수요는 상대적으로 가격에 민감하고 주말이 되어도 변동은 그다지 심하지 않을 것이다.

커뮤니케이션의 증대 다른 마케팅 믹스는 변경하지 않고도 고객과의 커뮤니케이션을 통해 수요를 조절할 수 있다. 그럼에도 불구하고 서비스를 받기에 가장 편안한 시간과 장소에 대한 정보를 잠재고객들에게 적절하게 전달하는 서비스 기업들이 드물다.

서비스 기업이 광고와 홍보를 통해 고객에게 붐비는 시간을 효과적으로 알리면 빠르고 편안하게 서비스를 받으려는 소비자는 그때를 피할 것이다. 예를 들어서, 교통방송의 경우 운전자들에게 교통상황을 알려줌으로써 도로의 수요를 분산시키는 데 중요한 역할을 한다. 또한 ICT의 발전에 힘입어 기업들은 수요공급의 상황을 실시간으로 빠르게 고객에게 전달한다. 사람들이 항시 스마트폰을 소지하기 때문에 모바일 앱을 활용하여 레스토랑이 현 시점의 대기 상황을 알리거나 영화관이 예약 현황을 알리는 것, 내비게이션으로 최적 경로를 안내하는 것은 잠재고객들에게 유용한 정보가 된다. 스마트폰뿐만 아니라 사물인터넷을 활용하여 수집한 정보들을 커뮤니케이션하여 수요를 조절하는 사례도 늘어나고 있다. 바르셀로나에서는 스마트 파킹(smart parking)을 일부 지역에 도입했는데, 주차 공간과 차량, 인근 보도, 신호등에 센서를 설치하고 전체 정보를 관리하는 시스템이 실시간으로 이를 관리하여 운전자에게 빈 주차 공간에 대한 정보를 알린다. 주차 문제뿐 아니라 전 세계적으로 인구의 도시 집중 현상이 나타남에 따라 도시 문제들이 가중되는 것을 해결하기 위한 방안으로 스마트 시티(smart city)로 나아가고자 노력하고 있다. 이 때 핵심적인 내용 중 하나는 각종 도시 자원의 수요공급 현황을 시민들에게 공유하는 것이다. 스마트 시티가 조성되면 도시 전체가 사물인터넷 플랫폼으로 존재하고 차량, 빌딩, 도로, 가로등, 쓰레기통 등 공공시설 및 설비의 사용 현황이 실시간으로 사용자인 시민과 관리자인 도시의 중앙 시스템에 공유된다. 교통 상황, 에너지의 사용 현황 및 흐름, 각종 시설들의 상태 등에 대한 정보를 알려 일상의 효율을 도모할 뿐 아니라 지속 가능한 환경을 가꿀 수 있다.

스마트 시티 영상

YouTube
https://www.youtube.com/watch?v=Br5aJa6MkBc

제 목 _ What is a smart city?
검색어 _ smart city

수요재고화전략

일상생활에서 고객들은 많은 예약과 대기를 한다. 호텔을 예약한다든지, 인기 있는 식당을 예약하며 종합병원에서는 몇 시간씩 차례를 기다린다. 서비스 기업이 서비스 자체를 재고화할 수는 없으나 예약이나 대기를 통해 서비스에 대한 수요는 재고화할 수 있다.

예약을 받는다는 것은 기업이 서비스를 사전에 판매하는 것을 의미한다. 예약을 함으로써 고객은 서비스를 받기 위해 기다릴 필요가 없으며 서비스 기업도 수요를 사전에 예측할 수 있으므로 수요관리가 가능하고 서비스의 질을 유지하는 것이 용이하게 된다.

한편 예약이 반드시 서비스 기업에게 이로운 것은 아니다. 고객이 예약을 해놓고 안 나타나는 예약부도(no show)의 경우 가용능력을 활용하지 못할 수 있기 때문이다. 이런 위험을 줄이기 위해서 기업은 미리 예약금을 받거나 또는 사전 통보 없는 예약취소에 대해서는 벌금을 부과한다든지 하며 예약부도를 낮추려고 노력하고 있다. 또 예약부도를 감안해 여유있게 예약을 받기도 한다. 더 나아가 예약을 유료로 진행하는 경우도 있다. 미국의 Today's Epicure는 뉴욕의 저명한 고급 레스토랑의 예약을 해주는 유료 멤버십 서비스다. 인기가 많은 레스토랑의 경우 오랜 기간 대기를 해야 하거나 특별한 연줄이 있는 경우에만 예약 자체가 가능한데, 원하는 일시에 당장 예약을 가능하게 해준다.

서비스 기업이 과다하게 예약을 받음으로써 실제로 고객이 예약을 해놓고도 서비스를 못 받는 경우가 발생하기도 한다. 이 경우에는 고객들의 불만은 물론이고 고객을 상실할 수 있는 위험이 발생하게 된다. 그러므로 서비스 기업은 정확한 수요예측 기법을 개발하고 정교한 예약시스템을 갖추어 초과예약의 위험을 사전에 방지하여야 한다. 사후적으로는 초과예약 보상(overbooking compensation)을 제공해 고객의 불만을 최소화할 수 있다.

대기시스템의 구축은 기술적인 것이지만 서비스에 대한 만족과 서비스의 전달에는 매우 중요한 의미가 있다. 대기시스템에서 요구되는 마케팅의 초점은 고객이 서비스를 받기 위해서 기꺼이 기다릴 수 있는 인내의 한계가 어느 정도인지를 확인하는 것

고객을 향한 스타벅스의 디지털 혁신

스타벅스에는 진동벨이 없다. “카페 주인은 커피를 건넬 때 손님의 이름을 부르며 눈을 마주쳐야 한다”는 오래된 원칙 때문이다. 점심시간마다 카운터 앞에 우왕좌왕 긴 줄을 서야 했고, 민원이 빗발쳤다. 스타벅스코리아는 이를 IT 기술로 돌파했다. 그 결과 미국 본사로 역수출하는 이례적인 사례까지 만들었다.

우선 전 세계 스타벅스 최초로 혁신적인 주문 서비스인 ‘사이렌 오더’를 선보였다. 사이렌 오더는 방문 전 모바일로 사전 주문 및 결제를 간편하게 할 수 있는 혁신적인 O2O(Online to Offline) 서비스로, 고객은 주문 메뉴가 준비되는 진행 과정을 실시간으로 확인하고 매장에서 바로 음료를 픽업할 수 있다. 음료가 완료되면 ‘콜 마이 네임’과 연동해 등록한 이름을 바리스타가 호명해 주는 진동벨 기능도 갖췄다. 사이렌 오더를 통한 주문은 음료뿐 아니라 매장의 실시간 재고 상황에 맞춰 푸드와 병음료, 원두까지 주문 가능하다.

하루에 약 50만 명의 고객이 방문하는 스타벅스에서 일평균 사이렌 오더 이용건수는 현재 약 8만 건에 육박한다. 일평균 스타벅스 전체 주문건수 중 14%를 차지하고 있다. 이는 2014년 론칭 당시 2,000건보다 35배 증가한 수준이다. 특히 전체 사이렌 오더 주문 중 빅데이터를 활용한 개인 추천 서비스를 통한 주문이 39%다. 개인 추천 서비스는 개인의 최근 구매 이력을 비롯해 매장 정보, 주문 시간대, 기온과 같은 빅데이터를 분석해 맞춤형 상품을 개인마다 다르게 추천하는 스타벅스 사이렌 오더만의 차별화된 서비스다. 본인에게 최적화된 다양한 메뉴가 추천되기에 더욱 쉽고 편리하게 구매품목을 선택할 수 있다는 장점이 있어 고객들이 많이 이용하는 것으로 분석된다.

아울러 2018년에는 T맵과 스타벅스의 사이렌 오더가 연동된 음성주문 서비스 ‘My DT Pass’ 서비스를 선보였다. 스타벅스의 T맵 음성주문 서비스는 T맵 이용자들의 스타벅스 검색과 목적지 설정 횟수가 높고 이 중 스타벅스 DT(Drive-Through) 매장으로의 길 안내 비중이 높다는 점에 착안한 것이다. 스타벅스코리아는 고객들이 차로 이동 중에도 안전하고 편리하게 스타벅스를 이용할 수 있도록 T맵 음성주문 서비스를 도입했다. 도로정체 등 교통상황으로 주문 전송 후 수령 매장으로의 이동까지 오랜 시간이 걸릴 것을 대비해, 실시간 교통상황을 예측해 고객의 현 위치로부터 수령 매장까지의 예상 도착시간을 기준으로 결제와 주문 전송을 처리하는 주문예약 기능도 지원하고 있다. My DT Pass 또한 전 세계 스타벅스 최초로 한국에서 선보인 서비스다. 차량 정보를 등록하면 드라이브스루 매장 진입 시 인식해 별도의 결제 과정 없이 자동 결제 돼 바로 출차가 가능하다.

자료원: 한국경제, “스타벅스가 커피값 안 올린 비결 사이렌 오더,” 2019.04.12;
이코노믹리뷰, “[기업이 사는 법] 스타벅스 20년, 우리는 무엇을 배웠나,” 2019.01.10;
한국경제매거진, “‘사이렌 오더’로 대박 친 한국스타벅스… ‘디지털 혁신’ 속도 더 낸다,” 2018.07.25.

과 고객이 기다리는 시간을 즐겁고 빠르게 보낼 수 있도록 하는 것이다. 그러기 위해서 편안하고 유쾌한 환경을 만들고 예상 대기시간을 사전에 알려주고 부수적인 서비스를 제공하는 노력을 하여야 한다. 호텔이나 아파트에서는 로비에 거울을 설치하여 고객이 엘리베이터를 기다리는 사이에 복장 및 용모를 정돈하며 대기시간에 신경을 쓰지 않도록 함으로써 불평을 감소시키고 있다. 은행에서 대기표를 주고 병원에서 대기 순번을 문자나 모바일 메신저 서비스로 알리는 것은 고객이 대기시간을 예측할 수 있게 한다.

수요예측전략

4차 산업혁명의 주요 발전 토대인 빅데이터, AI가 발전함에 따라 고객의 구매 이력, 성향 등의 정보를 대량으로 수집 및 처리하고 고객의 향후 수요를 예측하는 것이 가능해지고 있다. 고객의 미래 수요를 정확하게 예측할 수 있다면 기업은 예측 정보를 토대로 미리 공급과 관련한 프로세스를 준비하고 최적화할 수 있다. 특히 유통서비스 분야에서 물류, 배송, 재고관리 등의 차원에서 수요예측을 통한 혁신이 활발하게 이뤄지고 있다. 가령 amazon 아마존은 고객의 검색 및 구매 패턴, 주기 등을 실시간으로 분석하여 니즈나 취향을 예측하고 맞춤화된 추천을 한다. 고객의 선택을 도와 만족스러운 서비스를 제공하는 것과 동시에 고객이 최종적으로 어떤 상품을 구매할 것인지에 대한 불확실성을 줄이는 것이다. 고객의 구매 패턴들을 분석하여 향후 인기를 끌만한 품목을 예측하여 재고를 확보해 놓기도 한다. 더 나아가 상품 수요를 예측해서 고객 주문 전에 가까운 물류센터에 미리 물품을 전달해 놓고, 실제 주문이 발생했을 때 더 가까운 거리에서 배송시간을 단축하는 '예측배송(anticipatory shipping)' 서비스를 한다. 수요에 대한 예측 정확도가 어느 수준을 넘어 더욱 고도화되면 소매업의 비즈니스 모델이 바뀔 것이라는 전망도 있다. 주문이 접수될 때까지 기다리는 대신 고객이 원할 것으로 예측한 상품을 미리 배송하고 고객은 구매를 원치 않는 제품을 골라 반품하는 방식으로 전환하는 것이다.

13.3 서비스 가용능력관리전략

수요관리전략에서는 서비스 가용능력이 고정되어 있다고 가정하였다. 그러나 서비스 기업이 고객의 수요를 이동시킬 수 없다면 수요의 변동에 적응하기 위해서는 공급을 변화시키는 방법을 선택하여야 한다. 수요가 예측 불가능하다면 가용능력변동전략(chase demand)을 사용하여야 하며, 수요가 예측 가능하다면 가용능력고정전략(level-capacity)을 사용하여야 한다. 두 가지 전략이 어느 조건에서 효과적인지는 〈표 13-4〉에서 살펴보도록 하자.

가용능력변동전략 시설, 인력, 장비 등의 가용능력을 수요 변화에 따라 변동시키는 방법이다. 이는 수요의 변화가 심하고 예측 불가능하며 원가에서 변동비의 비중이 높으며 비숙련 노동력으로 충분한 경우에 사용하는 전략이다. 이러한 전략은 흔히 건설현장의 일용직에서 찾아볼 수 있다. 일용직 종사자들은 매일 아침에 당일의 일거리를 받게 되고 만일 일거리가 없으면 그냥 하루를 보내게 된다. 즉, 전적으로 수요에 의존해서 서비스를 공급한다고 하겠다.

표 13-4 | 가용능력변동전략과 가용능력고정전략의 대비

조 건	가용능력변동전략	가용능력고정전략
수요변화의 크기	크다	작다
수요변화의 속도	빠르다	느리다
예측 가능성	예측 불가능하다	예측 가능하다
원가구조	변동비 비중이 높다	고정비 비중이 높다
서비스 질 저하에 대한 대가	작다	크다
판매기회상실의 비용	높다	낮다

가용능력고정전략 문제가 가장 적게 발생할 수준으로 가용능력을 유지하는 방법이다. 이는 가용능력변동전략과는 반대로 수요가 안정적이고 예측 가능하며 낮은 질의 서비스를 제공하게 되면 사업에 심각한 영향을 미치므로 숙련된 인력이 필요하거나 고가의 장비나 전문적인 장비가 필요한 서비스의 경우에 사용하는 전략이다.

일반적으로 서비스는 일련의 과정을 통해서 제공되는데, 서비스 질을 좌우하는 장비의 용량이 제한되어 있다면 전체과정의 흐름에서 병목(bottleneck)현상을 일으킬 수 있다. 병원의 경우 특정 장비가 수요를 결정하는 데 중요한 역할을 하는 것을 흔히 볼 수 있다. 이 경우 서비스 전체의 최대수요수준은 각 장비의 최대 이용가능성에 의해서 결정되게 된다. 이러한 장비의 제한과 관련된 것이 인력의 제한이다. 비록 시설과 장비가 충분하다고 할지라도 서비스 인력이 부족하게 되면 일정시간 동안에 많은 고객을 수용할 수 없게 된다. 따라서 시설, 장비, 인력의 가용능력이 잘 균형 잡히도록 하는 것이 효율적인 가용능력관리에 필요한 것이다.

가용능력관리의 실천방안

가용능력의 일시 확장 수요가 예측보다 높은 경우 기존의 가용능력자원을 일시적으로 확장시킬 수 있다. 이 경우 새로운 자원을 추가하는 것은 아니고 기존 직원, 시설, 장비, 시간의 이용을 일시적으로 늘리는 것이다. 피크 수요 시 직원들의 업무시간을 일시 증가시키는 것이 가능하다. 예를 들어, 컨설팅 회사나 회계법인 등은 수요의 변동폭이 매우 큰 편이다. 따라서 피크 수요 시에는 여러 개의 프로젝트를 수행해야 하고 주말 없이 밤늦게까지 일하게 된다.

시설을 일시 확장시키는 방안은 극장, 식당, 연회장, 강의실 등에서 사용될 수 있다. 예를 들어, 대학로 극장의 경우 만원일 때, 보조의자를 놓아 추가 손님을 받고 있다. 기차의 경우 좌석이 만원일 때 입석표를 파는 것도 이런 경우이다. 영업시간을 연장하는 것도 수요에 신축적으로 대응하는 방법이다. 크리스마스와 같은 쇼핑 시즌에는 많은 백화점들이 연장 영업을 하며 수요를 충족시키고 있다. 명절 등 귀성객이 폭주할 때 지하철, 버스의 운행시간을 연장시켜 시간의 편의를 도모하는 것도 같은 맥락에서 볼 수 있다.

그러나 이 전략은 서비스 질의 저하를 유발할 수 있다는 점을 유의해야 한다. 지나친 확장전략은 시설의 조기 마모나 직원의 피로 누적 및 사기 저하를 가져올 수 있기 때문에 단기적으로만 사용하고 반드시 시설/장비를 보수하고 오버타임으로 일한 직원이 재충전하는 시간을 갖도록 하는 것이 필요하다.

가용능력의 유연한 설계 때로는 전체 가용능력에 문제가 있는 것이 아니라 여러 세분시장의 니즈를 충족시키는 데 이용 가능한 믹스에 문제가 있을 수 있다. 예를 들어, 비행기에 비즈니스석은 많이 비었는데 이코노미석은 좌석이 부족할 수가 있다. 호텔의 경우에도 일반 객실은 부족한 데 특실이나 스위트는 남아돌 수 있다. 한 가지 해결책은 물리적 시설을 유연성 있게 설계하는 것이다. 호텔의 객실에 연결문을 두어 상황에 따라 객실 두 개로 나눠 쓰거나, 침실 두 개인 특실로 사용하거나, 또는 하나는 응접실로 바꾸어 스위트룸으로 사용할 수 있다. BOEING 보잉에서 개발한 B-777 항공기는 수 시간 내 좌석의 배치를 바꿀 수 있도록 되어 있다.

수요가 많거나 적을 때 가용능력이 유연하여 민첩하게 대응할 수 있는 것 또한 중요하다. 그 예로 방대한 데이터를 처리하기 위한 서버, 네트워크, 스토리지 등 IT 리소스의 용량을 유연하게 사용할 수 있게 하는 클라우드 컴퓨팅을 들 수 있다. 일반적으로 기업들은 필요 용량을 예측하여 서버를 선 구매하고 구축한 서버만큼 운영비용이 들기 마련인데, 사용량이 많고 적은 시기가 다르기 때문에 비효율이 따르게 된다. 그러나 클라우드 컴퓨팅을 사용하면 수요에 맞춰 기술 인프라가 민첩하게 변동하여 필요에 따라 탄력적으로 확장 및 축소를 한다. 따라서 상황에 빠르게 대응하고 비용을 절감할 수 있다. Dispatch 디스패치는 특종기사가 올라왔을 때 트래픽이 몰려 처리가 어려워지는 점을 aws 아마존웹서비스를 활용하여 개선하였는데, 클라우드 컴퓨팅을 통해 확장성을 확보하고 서버 부하 문제를 해결했다. 유연한 인프라

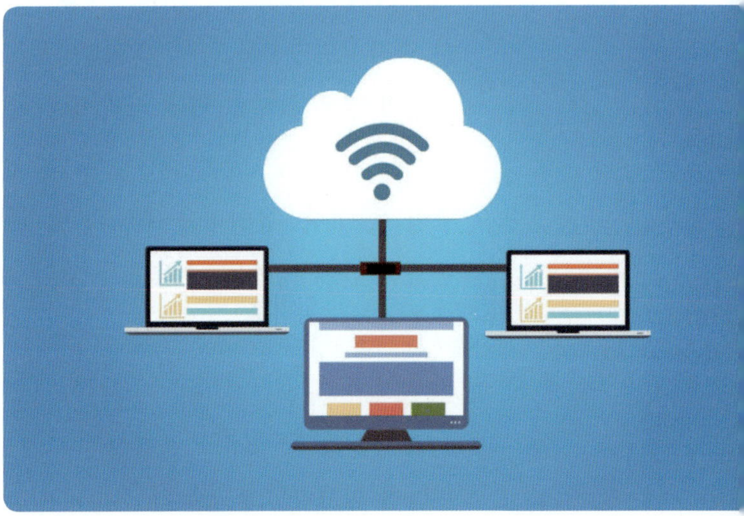

환경으로 안정성을 확보하고 비용을 절감한 것이다.

피크타임 동안 가용능력의 효율성 극대화 피크타임에 100% 수요에 응하고 서비스의 질을 유지하기 위해서 장비와 인력을 서비스 공급과정의 중요한 업무에 집중시킨다. 이를 위해서는 장비와 인력의 유지, 보수, 개선 활동은 비수기 때 실시하여 필요할 때 최상의 컨디션에 있도록 한다. 예를 들어, 청소는 한가한 시간에 하고 직원들의 교육이나 휴가는 비수기에 실시하는 것이다. 따라서 성수기나 피크타임에는 장비와 인원을 서비스 제공에 집중시킬 수 있고 최대가용능력이 높아지게 되어 수익성이 향상된다. 음식점에서는 '오늘의 메뉴'를 준비해 피크타임 동안 서비스 시간을 단축하고 회전율을 높이곤 한다.

가용능력의 임차 및 임대 서비스 기업이 최대수요수준을 충족시킬 수 있을 정도로 가용능력을 갖추게 되면 최대수요 이외의 수요수준에서는 과잉설비로 인한 비용을 부담하여야 한다. 이러한 문제를 해결하기 위해서 서비스 기업은 다른 기업에게 시설과 장비를 임대하여 임대수익을 올림으로써 수익성을 개선할 수 있다. 이와는 반대로 현재의 가용능력이 부족한 경우에는 다른 기업의 시설과 장비를 임차하여 수요에 적절히 적응할 수 있다.

가용능력의 공유 서비스 기업 간에 가용능력을 공유함으로써 피크타임의 수요를 충족시키면서도 추가적인 설비투자로 인한 비용을 절감할 수 있다. 예를 들어, 병원의 경우 환자의 병에 따라서 다른 병원 전문의의 협력을 요청하거나 특수수술 전용시설이 있는 병원에 일시적으로 보내는 것이다. 때로는 시설, 장비, 인력을 공유할 수 있다. 유아원은 주중의 낮 시간에 시설을 이용하는 데 반해 교회는 밤 시간과 주말에 시설을 이용할 수 있다. 여러 사무실들이 비서를 공유하는 것도 같은 이유이다.

직원의 다능화 교육 평상시 직원이 여러 가지 업무를 수행할 수 있도록 교육받는다면 피크타임에 업무가 집중되는 부문에 재배치되어 수요에 대처할 수 있다. 따라서 병목현상을 방지하여 시스템 전체의 가용능력을 높일 수 있다. 직원의 다능화 교육(cross-training)은 적은 인원으로도 다양한 서비스를 제공할 수 있다는 장점이 있을 뿐만 아니라 직원도 반복적인 업무에서 벗어나서 직무가 확대되고 보수가 높아지는 장점이 있다. 많은 항공사들의 경우 직원들이 다능화 교육을 받아 티켓팅, 탑승창구 업무, 수하물처리업무 등 필요한 일을 수행할 수 있다.

임시고용직 이용 피크타임이나 성수기에는 부족한 인원을 임시고용직으로 충당함으로써 변하는 수요에 탄력적으로 대응할 수 있다. 세일기간 동안의 백화점, 선거 때 여론조사와 기관, 연말의 우체국, 성수기의 호텔 등에서는 인력전문회사를 통해서 아르바이트생들을 고용함으로써 특정 기간에 집중되는 수요에 대처하고 있다.

고객참여 유도 서비스 기업은 고객의 참여를 유도해 직원의 수를 줄일 수 있다. 특히 시간 절약과 저렴한 가격을 원하는 고객에게는 서비스를 표준화하여 고객이 스스로 참여하게 할 수 있다. 그렇게 함으로써 고객은 신속한 서비스와 저렴한 가격이라는 혜택을 받고 기업은 인건비 절감이라는 이익을 얻게 된다. 셀프서비스는 서비스 제공과정에 고객이 참여하는 것을 의미한다. 패스트푸드 식당에서 직접 주문을 하고, 다 먹은 후 테이블을 정리한다든지 주유소에서 셀프 주유를 한다든지 하면서 고객은 직원의 역할을 일부 대신함으로써 기업의 부담을 덜어주고 있다. 따라서 서비스 기업은 그에 대한 보상으로 셀프서비스에 대해서 낮은 가격을 책정하고 있다. 키오스크를 활용해 공항에서 셀프 체크인을 하거나 카페에서 주문을 하는 고객이 점차 많아지고 있다.

키오스크를 활용한 카페 주문

13.4 수율관리

수율관리(yield management)란 가용능력이 제한된 서비스에서 수요/공급관리를 통해 수익성을 극대화하는 것을 의미한다. 다시 말해서, 수율관리는 수익이나 수율(yield)을 극대화하기 위해서 알맞은 가격에 알맞은 소비자에게 알맞은 가용능력을 분배하는 과정을 의미한다. 수율(yield)을 산출하는 공식은 다음과 같다.

수율=실제수익*/잠재수익**

* 실제수익=실제사용량×실제가격평균

** 잠재수익=가용능력×최대가격

공식에서 알 수 있듯이 수율은 기업의 가용능력을 이용해서 최대로 얻을 수 있는 잠재수익 중에서 실제로 달성한 수익이 상대적으로 얼마인가를 나타내주는 척도이다. 전체 가용능력과 최대가격이 변하지 않는다고 가정한 가운데, 실제사용량이 증가하거나 실제가격이 올라갈 경우 수율은 1에 가까운 수치로 나타나 가장 높은 수익을 달성한 것이 된다. 항공기의 좌석이나 호텔 및 크루즈의 객실 상품과 같이 하루의 가용능력이 한정적이고 재고나 저장 판매가 안 되는 상황에서, 즉 전체 가용능력이 변하지 않는 상황에서, 예상되는 수요에 따라 가격을 얼마로 설정할지 최대가격 범위 내에서 고민한다. 가격 수준에 따라 얼마나 가용능력이 잘 활용될지에 대한 판단도 함께 하여 수익 극대화를 할 수 있는 지표로 수율을 활용한다.

수율관리 모델을 효과적으로 이용하기 위해서 기업은 세분시장별 수요 패턴과 시장 수요를 예측할 수 있는 방법에 대해 알고 있어야 한다. 데이터 기술 발전에 따라 수율관리도 진화하고 있다. 과거의 패턴을 분석하는 데 있어 막대한 빅데이터를 한번에 수집 · 처리할 수 있는 컴퓨팅 자원과 정교한 알고리즘을 활용하고, 시장의 여러

“적정한 가격으로 올바른 고객에게 적합한 객실을 판매하라”

수율관리를 통한 수익 극대화

호텔의 객실 상품은 주어진 시간 내에 주어진 상품, 즉 보유한 객실로 최대의 매출을 일으키는 것이 중요하다. 공실로 하루를 보내면 매출 기회를 잃기 때문이다. 따라서 객실점유율을 높이기 위해 수요의 증감을 예측하고, 가격을 적정하게 매겨 올바른 고객에게 가격 제안을 해야 한다. 수익을 극대화하기 위해 수율을 계산한 간단한 예시를 아래에서 살펴보자.

객실이 100개인 호텔 A는 최대 숙박료가 20만 원이다.
즉, 하루 최대 2,000만 원의 매출이 가능한 것이고 이것이 이 호텔의 잠재수익이 된다.

잠재수익 = 20만 원 x 100개 객실
= 2,000만 원(하루 단위)

이 호텔이 책정한 가격에 따라 객실 판매와 수율은 다음과 같았다.

① 할인가 10만 원을 제공한 날, 전 객실이 예약되었다. : 최대가용능력을 활용했지만 더 높은 가격을 받을 수 있는 기회를 저버린 것이다. 이 때 수율은 50%이다.
수율 = (10만 원 x 100개 객실) / 2,000만 원 = 50%

② 정상가 20만 원을 제공한 날, 40% 객실이 예약되었다. : 최대 요금을 사용했지만 객실 활용이 낮다. 수율은 40%로 위의 경우보다 낮다.
수율 = (20만 원 x 40개 객실) / 2,000만 원 = 40%

이에, 호텔 A는 정상가 20만 원과 할인가 10만 원을 서로 다른 고객에게 판매했다.

③ 정상가 20만 원을 객실 40%에, 할인가 10만 원을 나머지 객실 60%에 활용했다. : 위의 경우에서 정상가를 수용할 수요가 40% 존재하는 것으로 확인하여 20만 원을 40개 객실에 적용하고, 나머지 객실에는 가격에 민감할 고객들을 위해 10만 원을 책정했다. 이를테면 전자는 가격이 얼마건 비교적 상관이 없는 비즈니스 고객의 수요이고, 후자는 합리적인 가격이어야 하는 개인 관광객의 수요였던 것이다. 이렇게 세분시장의 특성과 가격민감도를 고려하여 다양한 가격을 책정한 결과, 70%로 높은 수율이 산출되었다.
수율 = [(20만 원 x 40개 객실) + (10만 원 x 60개 객실)] / 2,000만 원 = 70%

호텔의 객실 수요에는 세분시장의 특성뿐 아니라 성수기와 비수기, 예약 시점에서 숙박 날짜까지 얼마나 남았는지, 고객이 요청한 객실의 종류, 경쟁사의 수와 정책 등 다양한 변수가 영향을 미친다. 날씨, 지역 행사, 장기 투숙객의 여부 등 예측이 어려운 변수들도 많다. 그렇기 때문에 더욱 정교하고 동적인 수율관리를 통해 수익을 극대화하는 것이 중요하다. 근본 원칙은 수율관리의 선구자인 아메리칸 항공이 목표했던 바 그대로다. “적정한 가격으로 올바른 고객에게 적합한 좌석(객실)을 판매하라!”

변수들을 고려하여 세분시장별 가격을 예측하고 그에 대한 의사결정을 할 수 있다.

수율관리가 적합한 상황

수율관리는 시장의 세분화가 가능하고, 재고가 소멸하는 특성을 지니며, 사전 판매가 가능하고, 수요가 변동적이며, 가용능력 변경비용은 높고 한계판매비용은 낮은 상황에 적합하다. 특히 세분시장이 명확하게 나누어져 있으며, 서비스를 일찍 이용하거나 예약하는 고객이 늦게 하는 고객보다 가격민감도가 높은 경우에 수율관리를 통해 많은 수익을 창출해낼 수 있게 된다. 대표적인 예로는 항공권 예약이나 호텔 예약을 들 수 있고, 호텔과 항공 업계에서는 실제로 수율관리 기술이 광범위하게 이용되고 있다. 미국의 **American Airlines** 아메리칸 항공은 1970년대부터 세이버(Sabre)라는 항공권 예약시스템을 활용하여 수율관리시스템을 도입한 업계의 선구자이다. 좌석 판매 예측과 실제 판매 현황을 지속적으로 비교하여 가격을 최적화하고 대기 리스트를 관리했다. 실제 판매 수량이 예상보다 적으면 일부 항공권의 가격을 낮추고, 예상과 비슷하거나 더 높으면 가격을 유지하는 원리이다. 이 시스템은 항공업계뿐 아니라 여행업계에 전파되어 널리 활용되고 있다.

반면에 브로드웨이의 뮤지컬 공연, 스포츠 경기, 패션 등의 경우, 먼저 사는 고객들이 나중에 사는 고객보다 더 높은 가격을 지불할 용의를 지니고 있다. 이런 경우에는 높은 가격으로 시작했다가 가용능력을 채워야 할 상황이 되었을 때 가격을 내리는 동적 가격전략(dynamic pricing)을 활용해 수율관리를 해야 할 것이다.

수율관리의 과제

수율관리 프로그램은 기업의 수익을 증가시켜줄 수 있지만 다음과 같은 문제점도 지니고 있다. 첫째, 수율관리는 기업이 이익극대화에만 집중하도록 하고, 장기적으로 성공을 제공해줄 수 있는 다른 측면들을 경시하게 만들 가능성이 있다. 둘째, 만약 수율관리 프로그램에 대해서 고객에게 제대로 알려주지 않은 상태에서 고객이 다른 고객에 비해 높은 가격을 지불했다는 것을 알게 될 경우, 그 고객은 가격이 불공정하다고 느끼게 될 것이다. 따라서 고객이 불쾌감을 느끼지 않도록 고객들을 대상으로 사전교육을 실시해야 할 것이다. 또한 가격이 불공정하게 느껴지지 않도록 윤리적인 실행 방안을 함께 고민해야 한다. 셋째, 수율관리시스템이 성과급 체계와 조화를 이루지 못할 경우, 직원들이 수율관리시스템에 대해 불만을 가질 수 있다. 예를 들면, 관리자들은 실제사용량 또는 평균가격에 근거해서 보상을 받게 되는데 수율관리시스템의 경우 두 요소를 결합해서 결과를 산출해내므로, 이러한 차이는 직원들의 반발을 야기할 수 있다. 넷째, 수율관리 프로그램을 성공적으로 활용하기 위해서는 직원들에게 수율관리 프로그램의 목적, 프로그램이 어떻게 돌아가는지, 어떻게 의사결정을 내리는지, 프로그램이 그들의 직무에 어떠한 영향을 미치는지 등에 대해 철저하게 교육을 시켜야 한다. 마지막으로, 수율관리를 활용하기 위해서는 기업이 중앙집중화된 예약시스템을 가지고 있어야 한다. 세계적인 체인을 소유하고 있는 호텔이나 항공사들의 경우 이러한 예약시스템이 있지만, 작은 서비스 기업들의 경우는 분산된 예약시스템을 가지고 있기 때문에 효과적인 수율관리가 어려울 수 있다.

SERVICE MARKETING

CHAPTER

14

서비스 기대관리

PROLOGUE

아마존發 IT 물류산업… 고객의 기대를 뛰어넘다!

아마존이 기술혁신 기반의 새로운 택배 서비스를 연이어 선보이며 물류산업도 아마존발 '파괴적 혁신(disruption)' 시대를 맞이하고 있다. 엔가젯 등 외신에 따르면 아마존은 고객 부재 시에 현관문과 차량 트렁크에 이어 차고문을 열 수 있는 새로운 배송 시스템 '키 포 개러지(Key for Garage)' 서비스를 2분기에 미국에서 선보일 예정이다.

인공지능(AI) 기반의 무인상점 '아마존 고'와 드론 배달 등 유통 · 물류 산업의 혁신을 주도하고 있는 아마존식 물류혁명이 향후 배송 시스템의 패러다임 자체를 바꿀 것이란 관측도 나온다.

아마존만의 新배달 시스템 '속속'

미국에서는 고객이 부재중일 경우 다시 배달하지 않고 짐을 현관 밖에 두고 가는 것이 일반적인데 그간 도난이나 비에 젖는 문제 등이 발생했다. 이번 서비스를 시작하며 아마존은 자사 부재 시 배달 서비스의 명칭을 '키 포 홈(Key for Home, 구 아마존 키)'으로 개칭했다.

'키 포 홈'의 신규 서비스로 등장한 '키 포 개러지(Key for Garage)'는 아마존의 현관문 및 차량 트렁크 배송 시스템과 유사하다. 이를 통해 고객은 택배 분실 우려를 덜고 택배 배송원을 집안에 들이는 불안에서도 벗어날 수 있다. '키 포 개러지'는 택배가 도착하면 고객에게 알림이 가고 고객이 이를 원격으로 확인하는 방식이다. 구체적으로 차고 문이 열린 후 배송원이 택배상자를 놓으면 문을 닫는다. 고객의 차고 문이 열리고 물건이 배달되고 문을 닫는 모든 과정을 아마존 키 앱으로 원격 조종한다. 클라우드 캠이 있는 사람은 이를 실시간 모니터링하거나 추후에 확인할 수 있다.

아마존은 특히 안전성 확보에 주력했다. '키 포 홈'은 (1) 고객 집 현관문에 설치하는 전용 스마트 도어락, (2) 스마트폰용 응용 프로그램(앱), (3) 현관문 근처에 설치하는 전용 보안카메라의 세 가지로 구성된다. 이번 서비스 역시 기존 스마트 도어락 시스템인 '마이큐(MyQ) 스마트 개러지 허브'와 호환된다. 마이큐는 디지털 도어락 기술 표준을 보유한 챔버레인그룹이 개발했다. 이미 해당 서비스를 이용하는 고객이라면 기술적으로 아마존 차고 배달 서비스를 이용할 수

있다. 하지만 일반 고객도 쉽게 이용할 수 있도록 디지털 도어락 회사와 제휴해 특별 제작된 제품을 출시할 예정이라고 회사측은 덧붙였다.

스마트홈 생태계 장악 노리는 아마존

아마존은 그간 집에 아무도 없을 때 현관을 열고 배달할 수 있는 '아마존 키'를 시작으로 지난해 4월 자동차 트렁크를 열고 택배상자를 놓을 수 있는 '인카 딜리버리(In-Car Delivery)'를 선보였다. 가정용 택배 서비스는 배달 과정을 지켜봐야 하는 카메라가 필요하고 낯선 사람이 집안에 들어오거나 차를 만지는 것에 불안감을 느끼는 사람도 많았다. 하지만 차고라면 그러한 불안은 어느 정도 해소될 것으로 보인다고 비즈니스 인사이더는 전했다.

해외 언론들은 아마존의 이러한 행보가 사물인터넷(IoT) 기반 스마트홈 시장 경쟁에서 주도권을 잡기 위한 포석이라고 풀이하고 있다. 실제로 아마존은 스마트홈 스타트업 '블링크(Blink)' 인수에 이어 지난해에는 비디오카메라와 스마트폰이 연결된 스마트 초인종 기술을 보유한 스타트업 링(Ring)을 인수하는 등 스마트홈 기술 확보에 박차를 가하고 있다.

다양한 분야에서 막강한 파워를 자랑하며 '아마존 효과(Amazon effect)' 혹은 '아마존 되다(To be Amazoned)'라는 신조어를 만들고 있는 아마존. 이 온라인 유통 공룡은 '키 포 홈'서비스를 바탕으로 향후 고객의 집을 원격으로 감시하는 홈 보안 서비스를 비롯해 부재 시에도 집 청소, 리폼 · 수선, 수도 공사 등 주택 관련 서비스를 의뢰할 수 있는 시스템을 구상하고 있는 것으로 알려졌다.

정보통신산업진흥원 김유중 수석은 "업계 전문가들은 4차 산업혁명을 우리 눈앞에 보여줄 수 있는 유일하거나 가장 선도적인 기업이 바로 아마존이라고 역설한다"며 "이러한 행보는 퍼스트 무버(First Mover, 선도자)로 도약하기 위해 고심하는 국내 기업에도 시사하는 바가 크다"고 언급했다.

자료원: 데일리포스트, "아마존發 IT 물류 시대... '차고문 열어 배달해요~'," 2019.01.18.

14.1 서비스 기대의 이해

서비스 기대 모델

한 여자가 친구를 통해 소개팅을 받게 되었다. 그런데 소개팅을 받기로 한 남자와 전화를 해보니 목소리가 좋고 말도 재치 있게 잘한다. 그녀는 짧은 대화만으로 남자에 대한 호감이 생겼다. 그녀는 남자와 만날 날을 손꼽아 기다린다. 과연 그녀는 처음 느낌처럼 남자를 마음에 들어 할까?

아마 이 소개팅의 결과는 그렇게 좋지는 않았을 것이다. 이렇게 추측하는 이유는 '남자에 대한 그녀의 기대' 때문이다. 만남 전에 남자에 대한 그녀의 기대가 낮았다면 남자가 조금만 괜찮더라도 그녀는 기대 이상의 느낌을 갖게 될 수 있었을 것이다. 반면에 그녀가 만나기 전에 이미 큰 기대를 갖고 있는 경우에는, 남자의 단점이 조금이라도 보이면 실망감은 급격히 커진다. 다시 말하면, 기대가 작으면 상대적으로 만족하기 쉽지만, 기대가 크면 충족되기 어렵다는 것이다.

기대는 어떤 성과(performance)에 대해 소비자가 가지고 있는 사전적 신념(prior belief)으로서, 실제 성과를 평가하는 표준(standard)이나 기준이 된다. 따라서 효과적인 성과 달성을 위해서는 먼저 기대가 무엇인지를 이해하는 것이 매우 중요하다. 기대는 크게 세 가지 종류로 나눠 볼 수 있다.

불분명한 기대 불분명한 기대(fuzzy expectation)는 문제가 해결되길 바라나 정확히 무엇이 문제인지 모르는 상태에서 갖는 막연한 기대이다. 이를 충족시켜 주기 위해서는 먼저 소비자들이 어떤 종류의 불분명한 기대를 갖고 있는지를 이해해야 하며 이러한 이해를 바탕으로 불분명한 기대를 확실한 기대로 변화시키는 것이 필요하다.

명시적 기대 명시적 기대(explicit expectation)는 고객이 드러내는 확실한 기대로, 현실적인 것과 비현실적인 것이 모두 존재한다. 고객은 항상 명시적 기대가 충족되길 바라기 때문에 먼저 비현실적인 기대는 현실적으로 만들어야 고객의 기대를 충족시킬 확률이 높아진다. 명확한 약속을 통해 고객의 비현실적인 기대를 현실적인 기대로 바꾸는 노력이 무엇보다 우선되어야 한다.

암묵적 기대 암묵적 기대(implicit expectation)는 고객이 마음속으로 당연하게 생각하는 기대이지만, 드러내 표현하지 않기 때문에 기업이 인지하지 못할 수 있는 기대이다. 이러한 기대는 충족되지 않았을 경우 명확히 밖으로 드러나며 고객 불만족의 원인이 되므로 고객의 암묵적 기대를 찾아내어 이를 충족시켜야 한다.

위에 제시된 세 가지 종류의 기대는 고정된 것이 아니라 변화하는데, 시간이 지남에 따라 불분명한 기대는 명시적 기대로 변화하고 비현실적인 기대는 현실적인 기대로 변화한다. 이 과정에서 고객들은 비현실성을 인식하고 기대를 현실적으로 낮추기도 하고 또는 다른 기업을 찾아감으로써 문제를 해결하기도 한다. 또한 기업이 제공하는 서비스 품질의 수준에 익숙해짐에 따라 명시적 기대가 암묵적 기대로 변화하기도 한다. 이러한 변화에서 무엇보다 중요한 것은 고객의 기대가 어떤 방향으로 움직이고 있는가를 파악하고 이러한 움직임에 수동적으로 반응하는 것이 아니라 고객의 불분명한 기대와 암묵적 기대를 명시적 기대로 만들어 능동적으로 관리하는 것이다.

고객의 서비스 기대는 희망서비스, 적정서비스, 그리고 허용영역으로 구성된다. [그림 14-1]은 이들의 관계를 보여주고 있다.

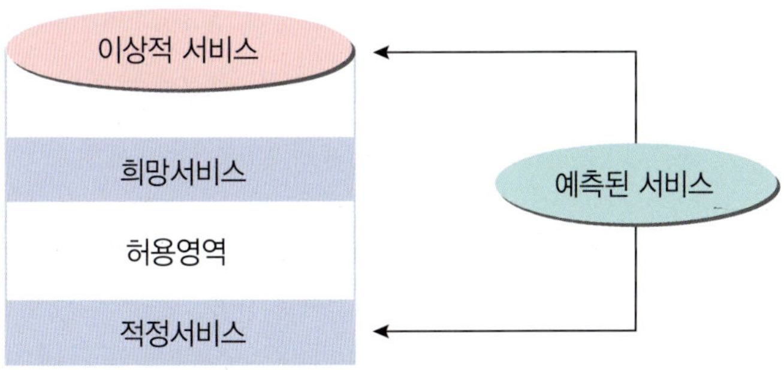

그림 14-1 | 고객의 서비스 기대 모델
자료원: Valerie A. Zeithaml & Mary Jo Bitner(2007), *Service Marketing*; David L. Kurz & Kenneth E. Clow(1998), *Service Marketing*.

희망서비스 희망서비스(desired service)는 제공받을 서비스에 대한 희망수준, 즉 '바람과 소망'을 뜻한다. 희망서비스와 관련된 개념으로 이상적 서비스(ideal service)가 있다. 이는 소비자가 '기원하는(wished-for)' 서비스 수준, 즉 바람직한 서비스 수준을 말한다. 어떤 사람이 타고 다니던 승용차가 사고를 당해 차체는 물론 엔진까지 손상되자, 이를 복구하기 위해 정비공장에 맡겼다고 하자. 차 주인은 이 차가 사고 전처럼 100% 원상복구되기를 소망할 것이다. 이 수준이 바로 '이상적 서비스(ideal service)' 수준이라고 할 수 있다. 그런데 차 주인이 사고 전처럼 차체와 엔진이 원상복구되기를 기원하기는 하지만, 현실적으로 100% 원상복구되기는 어렵다는 걸 알기 때문에 희망서비스 수준은 이상적 서비스 수준보다 조금 낮을 수 있다. 만약 이 차가 구입한 지 며칠 안 된 새 차라면, 차 주인의 정비서비스에 대한 희망서비스 수준은 이상적 서비스 수준과 거의 일치할 수 있을 것이다. 그러나 타고 다닌 지 5년 된 차라면 가능한 한 많이 복구되기를 희망할 뿐 100% 원상복구를 희망하지는 않을 것이다. 이처럼 희망서비스 수준은 일반적으로 이상적 서비스 수준보다 낮은 게 보통이다.

적정서비스 적정서비스(adequate service)란 고객이 불만 없이 받아들일 만한 서비스 수준, 즉 최소한의 허용 가능한 기대(minimum tolerable expectation) 또는 수용할 수 있는 성과의 최하수준을 의미한다. 고객은 희망서비스를 갖고는 있지만, 그것이 언제나 충족되는 건 아니라는 걸 잘 알고 있다. 다시 말해, 모든 고객들은 '꿈은 그저 꿈'이라는 믿음을 현실의 경험을 통해서 이미 터득하고 있는 것이다.

적정서비스와 관련된 개념으로 예측서비스가 있다. 예측서비스(predicted service)란 고객이 기업으로부터 받을 것이라고 기대하는 서비스이다. 이는 이상적 서비스로부터 적정서비스까지의 범위에 포함되며 곧 다가올 서비스 접점에서 일어날 것으로 예측되는 서비스이다. 이상적 서비스와 희망서비스, 그리고 적정서비스가 여러 차례의 서비스 거래를 포함하는 전반적 평가라면, 예측서비스는 다가올 서비스 접점에서 일어날 것으로 여겨지는 추정치이다. 예를 들어, 가까운 동네 치과에서는 20분 정도 기다리면 진료를 받을 수 있을 것이나, 대학병원에 가면 1시간 넘게 기다려야 될 것이라고 생각한다면, 20분과 1시간은 이 환자의 예측서비스 수준이다.

허용영역 허용영역(zone of tolerance)이란 희망서비스 수준과 적정서비스 사이의 영역이다. 희망서비스와 적정서비스 사이의 간격으로서 서비스 실패가 잘 드러나지 않는 소위 '미발각 지대(no notice zone)'이다.

만약 제공된 서비스가 적정서비스 이하라면 고객은 그 서비스를 받아들이려 하지 않을 것이며 그 기업에 대한 만족도 감소할 것이다. 그러나 만약 제공받은 서비스가 희망서비스 이상이라면 고객은 기뻐하고 심지어는 놀랄 수도 있을 것이다.

희망서비스는 대개 잘 변하지 않지만 적정서비스는 동일한 고객이라도 잘 변할 수 있기 때문에, 허용영역은 상당히 신축적이다. 예를 들어, amazon 아마존에서 물건을 주문하는 상황을 생각해 보자. 블랙프라이데이 시즌에 평소보다 주문량이 몇 배 가량 늘어나는 것을 예측한다면, 주문한 제품을 받는 데 걸리는 대기시간에 대한 허용영역이 블랙프라이데이 시즌 전후에 평소보다 훨씬 더 넓어질 것이다.

이와 같이 허용영역의 변동은 희망서비스보다는 주로 적정서비스의 변동 폭에 더 많은 영향을 받는다. 왜냐하면 희망서비스는 축적된 경험에 기인하여 점진적으로 위로 상승하는 반면, 적정서비스는 상황적 요인에 의해 상하 양방향으로 즉각 움직이기 때문이다. 즉, 희망서비스는 적정서비스보다 상대적으로 안정적이다. 반면 적정서비스는 경쟁상황이나 다른 요인들에 의해 쉽게 영향을 받는다. 따라서 적정서비스의 변화에 따라 허용영역이 마치 아코디언처럼 움직인다고 볼 수 있다.

그 외에도 가격이 높아지거나 해당 서비스에 대한 경험이 쌓이게 되면 허용영역은 줄어드는 경향이 있다. 그리고 서비스의 여러 특성들 중 특히 중요하다고 판단되는 특성에 대해서는 허용영역이 상대적으로 줄어든다. 예를 들어, [그림 14-2]와 같이, 자동차의 안전도를 가장 중요하게 생각하는 고객이라면 연비 등 다른 특성에 대한 허용영역보다 안전도에 대한 허용영역이 좁게 나타날 것이다.

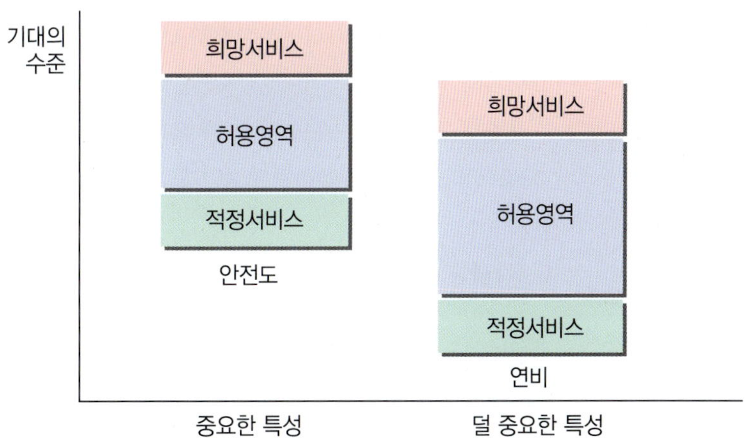

그림 14-2 | 특성의 중요도에 따른 허용영역 비교

INSIGHT

업계 변화 주도하는 '아마존 효과'란?

공급망 전략과 기술 혁신, 소매업계의 판도를 바꾸다

세계적인 전자상거래업체 아마존은 1994년 창업 이래 공급망 관리에 있어서 대담한 전략과 기술을 펼쳤고, 이를 통해 긍정적인 평판을 얻었다. 특히 아마존의 획기적인 공급망 전략과 혁신적인 첨단기술의 사용은 소매업계의 모습을 바꾸어 놓았다고 해도 과언이 아니다. 일명 '아마존 효과'를 통해 물류분야가 개선됐다고 말하는 업계 분석가들도 있다.

아마존의 영역은 식료품점, 배송물류, 헬스케어를 넘어 더욱 확대될 것으로 보인다. 아마존이 손 대는 분야는 그 뿌리까지 흔들릴 만큼 크게 변화를 겪기도 한다. 예를 들어, 고객은 아마존 덕분에 어느 업체를 이용하든지 빠르고 저렴한 배송가격으로 온갖 종류의 물건이 원하는 곳에 배송되길 기대한다. 그것도 엔드-투-엔드 가시성을 온전히 갖추고서 말이다. 결과적으로 이러한 고객의 기대는 산업을 더 긍정적으로 변화시켰다.

제3자 물류업체인 에반스는 자사 홈페이지에 "아마존 효과가 물류를 어떻게 개선했는가"라는 제목으로 '아마존 효과'로 개선된 물류업계의 4가지 측면에 대해 정리했다.

가시성 효과

'아마존 효과'로 인해 라스트 마일 배송에 대한 수요가 증가하면서, 고객들은 운송에 대한 가시성을 지속적으로 요구할 것이다. 물류회사는 운송과정 전반에 걸쳐 투명성을 확보해 고객의 요구를 충족시키기 위해 자사가 배송하는 물품의 위치에 대한 정보를 필요로 하게 되었다.

효율성

빠른 배송에 대한 소비자의 요구는 소비자가 물건과 더 가깝도록 만들었다. 그래서 아마존 물류 모델은 더 많은 단거리 수송을 필요로 하게 되었고, 더 많은 트럭이 직접 집으로 물품을 전달하는 결과를 낳았다. 단거리 수송은 공급망의 모든 측면의 강화를 필요로 하기에 운송업체나 선박회사는 재고, 주문, 트럭 적재, 그리고 운송 노선을 간소화해야 한다. 결론적으로 효율성은 정기적인 공급망 검토로 개선할 수 있다.

데이터 분석 활용

데이터 분석은 급변하는 공급망의 연료와 같은 역할을 한다. 계속해서 증가하는 가용 데이터의 복잡성은 물류 기술의 사용빈도를 증가시키고 이러한 물류 기술의 사용은 물류업체가 비즈니스 의사결정을 내릴 수 있도록 도와준다. 아마존 효과는 공급망에 대한 지속적인 압력을 가하게 될 것이고 이는 결과적으로 물류 기술의 발전을 도모할 것이다.

고객만족

물류는 끊임없이 진화하는 분야이며 아마존 효과는 고객의 만족을 가속하는 빨리감기 버튼과 같다. 향상된 가시성은 최종적으로 고객을 만족시킬 뿐만 아니라 효율성도 향상시킨다. 물류업체는 효율성이 높아질수록 비용을 절감할 수 있고 결국 고객의 만족도 또한 높아지게 할 수 있다. 데이터 분석을 통해 더 나은 공급망 예측과 예측적 의사결정이 가능하므로 수익성에도 도움이 된다.

앞으로도 아마존에 의해 업계는 드론의 이용 확대와 운송 자율 차량의 활용 증가 등 더 많은 자동화를 실현시키는 데 집중할 것이다. 이러한 아마존 효과가 효율성과 안정성 면에서 긍정적인 결과를 도출한다는 것은 분명해 보인다.

자료원: 물류신문, “업계 변화 주도하는 ‘아마존 효과’란?,” 2019.05.02.

서비스 적정도와 우위도

고객이 기대한 서비스와 실제로 인식한 서비스에는 차이가 있을 수 있다. 이 차이는 크게 두 가지로 나눌 수 있는데, 그 이유는 고객의 기대에 두 가지 표준, 즉 이상적 서비스 기대수준과 적정서비스 기대수준이 있기 때문이다.

서비스 적정도(measure of service adequacy) : 적정서비스와 인식된 서비스 간의 차이로 'MSA'라 불린다.

서비스 우위도(measure of service superiority) : 이상적 서비스와 인식된 서비스 간의 차이로 'MSS'라 불린다.

서비스 적정도와 서비스 우위도의 산출방법은 다음과 같다.

서비스 적정도(MSA) = 인식된 서비스 − 적정서비스
서비스 우위도(MSS) = 인식된 서비스 − 이상적 서비스

고객들이 체감하고 인식하는 서비스를 이상적 서비스와 비교해 볼 때와 적정서비스와 비교해 볼 때에 따라 서비스 적정도와 서비스 우위도를 산출할 수 있다. 서비스 적정도와 서비스 우위도에 따라 경쟁적 위치(competitive status)가 달라질 수 있다. 이를 표로 요약하면 〈표 14−1〉과 같다.

표 14−1 | 서비스 우위도와 적정도에 따른 경쟁적 위치

고객의 기대와 인식 수준	서비스 적정도와 우위도	경쟁적 위치
인식된 서비스 〉 이상적 서비스	MSA = + MSS = +	고객충성도
인식된 서비스 〉 적정서비스	MSA = + MSS = −	경쟁우위
적정서비스 〉 인식된 서비스	MSA = − MSS = −	경쟁열위

14.2 서비스 기대의 영향요인

서비스에 대한 기대수준은 앞서 살펴본 것과 같이 서로 다른 세 가지 유형, 즉 희망서비스, 적정서비스, 그리고 허용영역으로 나누어진다. 그렇다면 이러한 각각의 서비스 기대수준에 영향을 미치는 요인은 무엇일까? 영향요인 중에서 특히 기업이 통제할 수 있는 요인들이 있다면, 고객의 서비스 기대를 관리하는 데 매우 중요한 원천이 될 수 있을 것이다. 이런 의미에서 서비스 기대에 영향을 미치는 요인을 알아보도록 한다.

서비스 기대의 영향요인으로는 내적 요인, 외적 요인, 상황적 요인, 기업 요인이 있을 수 있다. 이를 그림으로 나타내면 [그림 14-3]과 같다.

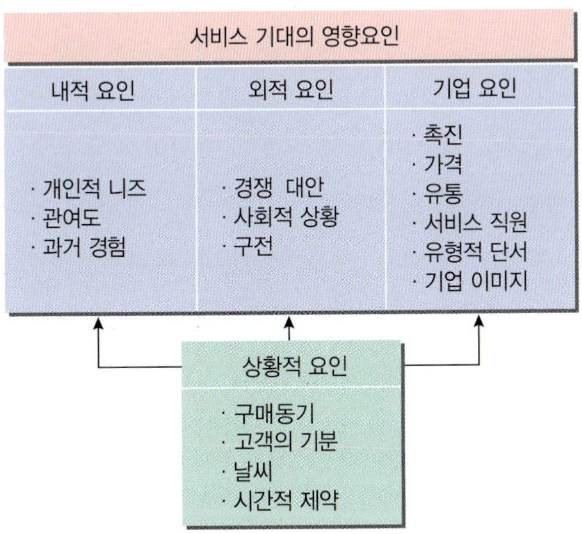

그림 14-3 | 서비스 기대의 영향요인

내적 요인

개인적 니즈 고객의 개인적 욕구는 매슬로우(Maslow)의 욕구 5단계 모델에 기초하고 있다. 가장 일차원적인 욕구인 '생리적 욕구'는 의, 식, 주에 대한 욕구이다. 두 번째 욕구는 물리적인 위험에서 보호받고자 하는 '안전 욕구'이다. 세 번째 욕구는 '사회적 욕구'로 가족 및 다른 사회 구성원들에게 받아들여지고 싶어 하는 소속 욕구이다. 네 번째 욕구는 '자기존경 욕구'로서 타인들로부터 존경받을 수 있는 사회적 신분을 추구하려는 욕구이다. 마지막 단계는 '자기실현 욕구'이다. 이는 개인적인 목표성취를 통해 자기만족을 추구하는 단계이다. 매슬로우의 욕구단계설에 따르면 사람은 낮은 차원의 욕구가 어느 정도 충족되면 그보다 상위의 욕구단계로 이행하게 된다.

헬스클럽의 예를 들어보자. 헬스클럽 고객의 니즈는 우선적으로 운동을 통해 신체를 단련하려는 것, 즉 '생리적 욕구'이다. 그런데 헬스클럽을 이용하는 고객들 중 많은 사람들이 그 곳에서 새로운 사람들을 만나서 사귀고 싶어 하는 '사회적 욕구'도 가지고 있다. 또한 신체단련을 통해 자신의 신체에 대한 만족감과 자신감을 추구하는 '자기실현 욕구'도 있을 것이다.

관여도 고객이 해당 서비스에 자신이 어느 정도 관련되어 있다고 느끼는지에 따라 기대가 영향을 받는다. 관여도는 두 가지 측면에서 기대에 영향을 미친다. 첫째, 관여도가 증가할수록 이상적 서비스 수준과 희망서비스 수준 사이의 간격이 좁아지게 된다. 둘째, 관여도가 높아질수록 허용영역이 좁아지게 된다.

미용 성형의 경우를 생각해 보자. 자신의 얼굴과 관련된 것이므로 고객은 관여도가 매우 높다. 이 경우 고객의 적정서비스, 희망서비스, 이상적 서비스는 모두 거의 일치할 것이다. 따라서 미용 성형의 경우 환자의 기대를 관리하는 것이 성공의 관건이라 할 수 있다. 반면 저관여의 경우 이상적 서비스, 희망서비스, 적정서비스가 서로 멀리 떨어져 있으므로 허용영역이 매우 넓은 경향이 있다.

과거 경험 고객의 과거 경험은 해당 서비스 기업에 대한 경험을 포함할 수도 있고, 동일한 서비스를 제공하는 다른 서비스 기업에 대한 경험을 포함하기도 하며, 또는 관련된 유사한 서비스에 대한 경험을 포함하기도 한다. 과거 경험은 예측된 기대와 희망 기대수준을 형성하는 데 영향을 미친다. 그리고 일반적으로 경험이 많을수록 기대가 올라가는 경향이 있다.

보조 서비스의 핵심 서비스화 과거의 경험이 현재 서비스에 대한 기대에 영향을 미치는 경우 중 대표적인 것으로 보조 서비스의 핵심 서비스화(peripheral migration)를 들 수 있다. 처음에는 새롭다고 느꼈던 서비스에 익숙해짐에 따라 사람들의 기대는 변화한다. 예전에는 특별하거나 가치 있다고 생각했던 서비스이지만 시간이 지나고 반복적으로 같은 서비스를 받다 보면 이전에는 특별했던 것을 당연하게 여기고 더욱 더 특별한 것을 기대하게 된다. 그 대표적인 예가 바로 항공사의 마일리지 서비스이다. 1981년 American Airlines 아메리칸 항공에서 처음으로 마일리지 서비스를 도입했을 때 그것은 대단히 특별한 가치증대 서비스였다. 하지만, 오늘날 마일리지 서비스는 항공사를 이용하는 고객들이 누구나 당연히 기대하는 서비스가 되었고, 이 때문에 항공사는 고객들의 누적 마일리지에 대한 부담을 떠안게 되었다. 이처럼 고객의 높아진 기대로 인한 보조 서비스의 핵심 서비스화는 기업에게 부담이 될 수 있기 때문에 이러한 현상의 가능성에 대해 대비하는 자세가 필요하다.

외적 요인

소비자의 서비스 기대에 영향을 미치는 외적 요인에는 세 가지가 있는데, 경쟁 대안들, 사회적 상황, 구전효과가 그것이다. 이러한 외적 요인들은 희망서비스 및 적정서비스에 모두 영향을 미칠 수 있는데, 그 중 가장 우선적인 영향을 미치는 것이 경험에 의해 형성되는 적정서비스이다.

경쟁 대안 어떤 특정한 서비스 기업으로부터 기대하는 수준은 그 소비자가 이용할 수 있는 다른 대안들에 의해서 영향을 받는다. 예를 들어, emart 이마트와 동네 재래시장에서 같은 제품을 판매하고 있다면, 주차시설과 결제의 편리성 등을 감안해 좀 멀고 비싸더라도 이마트로 갈 수 있다. 그리고 재래시장에서도 넓은 주차장과 편리한 지불 방식을 갖추기를 기대할 수 있을 것이다. 또 FedEx 페덱스의 익일 배송 서비스를 경험한 고객은 UPS나 DHL 같은 택배서비스를 이용할 때 페덱스를 통해 경험했던 빠른 서비스를 기대할 수 있을 것이다.

경쟁 대안의 대조효과(contrast effect)가 고객 기대에 영향을 미치는 것을 안 AVIS 에이비스(Avis)는 "We are No. 2. So, we try harder(우리는 2위입니다. 그래서 우리는 더 열심히 합니다.)"라는 광고 캠페인을 실시했다. 이 캠페인의 주된 공략은 에이비스를 자동차 렌탈 업계의 넘버원이었던 Hertz 허츠(Hertz)와 비교시켜, 에이비스에 대한 기대수준을 끌어올리기 위한 것이었다. 기대수준을 끌어올림으로써 에이비스는 허츠가 점령하고 있던 시장에서 시장점유율을 증가시킬 수 있었다. 또한 이 광고 캠페인은 허츠가 1위라는 점을 인정하고 이와 동시에 허츠가 1위이기 때문에 그 곳에 가면 오랫동안 줄을 서서 기다려야 한다는 점을 부각시켰다. 즉, 이 광고의 목적은 두 가지였다. 하나는 소비자들에게 허츠에서의 대기 줄은 긴 반면, '에이비스(Avis)에서는 줄이 짧다'라는 점을 인식시키는 것이었고, 다른 하나는 에이비스의 광고에 허츠를 언급함으로써 소비자들로 하여금 에이비스의 서비스를 허츠와 비슷한 수준으로 기대하게 만드는 것이었다.

사회적 상황 일반적으로 사람들은 다른 사람과 함께 있을 때, 희망 기대수준이 더 상승한다. 특히 자신에게 중요한 사람들이 함께 있을 때 더욱 그렇다. 예를 들어, 사랑하는 아내의 생일을 축하하기 위해 레스토랑을 예약하려는 남편은 이왕이면 서비스가 좋은 식당을 고르려고 고심할 것이다. 또 평소보다 허용영역이 더 좁아져 약간의 실수에도 민감하게 반응할 것이다. 그 이유는 사람은 누구나 자신의 선택에 대해 다른 사람에게 칭찬받기를 원하며 자신의 능력을 인정받고 싶어 하기 때문이다.

구전 고객이 서비스에 대한 기대를 형성하는 데 있어서 강력한 원천이 되는 것이 바로 구전(WOM)이다. 사람들은 보통 어떤 서비스를 구매하기 전에 다른 사람들에게 물어보거나 조언을 구한다.

구전에는 세 가지 원천이 있다. 개인적 원천, 전문가 원천, 파생된 원천이 그것이다. 이러한 구전으로부터 얻어진 정보는 고객의 기대를 형성하거나 또는 강화하는 역할을 한다. 특히, 지식이나 경험이 부족할 경우 구전은 이상적 서비스 또는 희망서비스 수준을 형성할 수도 있다.

개인적 원천으로는 친구, 친척, 동료들이 있다. 전문가 원천으로는 교수, 변호사 등을 들 수 있다. 전문적인 구전을 탐색하는 경우는 고관여 상황으로서, 개인적 원천보다 더 나은 정보를 구할 수 있을 것이라는 신념에서 비롯된다. 개인적 정보는 대개 해당 기업에게서 받은 서비스에 관련된 경험에 대한 이야기인 경우가 많지만, 전문가 정보는 특히 소비자의 지식이 적은 경우, 희망서비스 수준이나 이상적 서비스 수준이 어떠해야 하는지를 알게 해준다는 점에서 중요하다. 파생된 원천은 제3의 정보 원천이라고도 한다. 예를 들어, 동료로부터 "내 친구는 감기가 들면, 그린내과를 가는데 효과가 아주 좋다더군"이라는 말을 들으면, 제3자인 동료의 구전에 근거해 그린내과에 대한 기대수준이 높아지게 될 것이다. 광고 등에서도 이러한 증언(testimonials)을 많이 사용한다.

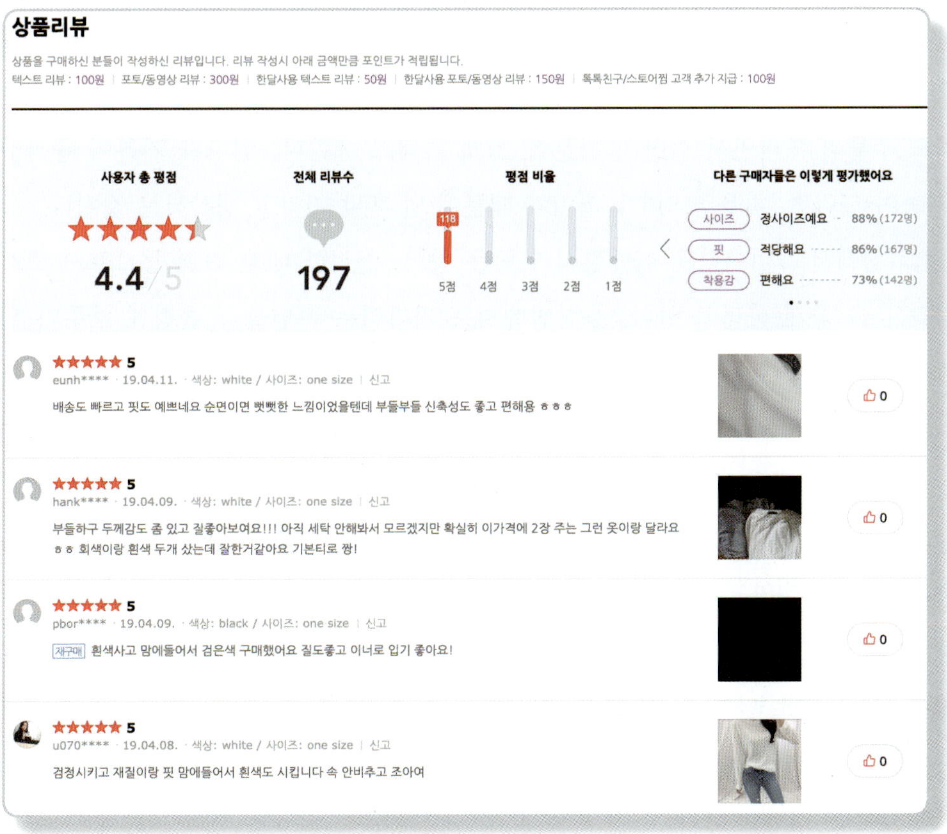

인터넷 쇼핑몰의 상품평

상황적 요인

상황적 요인은 일시적인 변화로 소비자의 기대에 영향을 미친다. 이러한 요인들로는 구매동기, 고객의 기분, 날씨, 시간적 제약 등이 있다.

구매동기 여름휴가를 맞아 아버지는 피곤한 업무로부터 벗어나 편안히 쉬고 싶은 마음에서 조용한 휴양지로 떠나고 싶어 하지만, 방학을 맞은 자녀들은 지루한 일상으로부터 탈출해서 재미있게 놀 수 있는 테마파크로 가고 싶어 한다. 이 때 아버지와 자녀들 간의 서비스 구매동기가 완전히 다르게 되며, 구매동기에 따라 선택하는 서비스업체가 달라질 수 있다.

고객의 기분 소비자의 기분 상태가 기대에 영향을 미칠 수 있다. 일반적으로 사람들은 기분이 좋을 때 서비스 직원에게 더욱 관대해 진다. 이 때는 허용영역이 넓어지고 적정서비스 기대수준이 낮아진다. 점수가 떨어진 학생은 성적표를 언제 엄마에게 보일까 하고 엄마의 눈치만 살핀다. 설거지도 도와드리고 심부름도 해드리고 어깨도 주물러 드리면서 엄마의 기분을 좋게 하려고 애쓴다. 엄마가 기분이 좋아졌을 때 보여 드리면, 허용영역이 넓어지기 때문에 덜 혼날 거라고 생각하는 것이다.

백화점에서도 아름다운 실내장식과 좋은 향기, 친절한 매장 직원 등으로서 고객들의 기분을 좋게 하려고 한다. 음식점에서는 기다리는 손님들을 즐겁게 해주기 위해 대기공간에 뮤직비디오를 설치해 두기도 한다. 이는 오래 기다린 손님이라도 그다지 불쾌하지 않도록 해주기 위한 것이다.

날씨 날씨는 일시적인 상황 요인으로서 고객들의 기대수준을 변화시키는 역할을 한다. 비록 비행기 승객들이 정시에 도착하기를 희망한다 할지라도 기상상황이 좋지 않다는 것을 알면 도착이 지연될 수도 있다는 걸 깨닫게 된다. 그러면 희망서비스 기대수준은 그대로 남아 있더라도 적정서비스 기대수준은 낮아지게 된다. 특히 날씨는 기업의 통제영역 밖에 있는 것이므로 고객들은 이에 따라 서비스 기대수준을 비교적 쉽게 낮추는 경향이 있다.

시간적 제약 시간이 제한되어 있을 때, 고객들은 서비스에 대한 기대수준을 낮추는 경향이 있다. 기업이 서비스를 제공할 만한 충분한 시간이 없었다고 생각하기 때문이다. 반면, 응급환자가 생겨 앰뷸런스를 불렀다거나, 일시 주차를 해 놓은 자동차에 깜박 잊고 키를 꽂아 두고 나왔다가 급히 자동차 보험회사의 긴급 출동 서비스를 부른 경우에는 기다림에 대한 허용영역이 좁아지는 경향이 있다.

기업 요인

촉진 기업 측의 약속은 고객의 기대에 직접, 간접적으로 영향을 준다. 따라서 지키지 못할 과대약속은 금물이다. 기업이 광고나 안내책자 등에서 주장하는 메시지는 그 서비스에 대한 고객의 희망수준에 영향을 미친다. 예를 들어, amazon 아마존 프라임 나우(Prime Now)의 '2시간 내 무료배달'이라는 광고 메시지를 본 고객들은 '프라임 나우' 서비스를 이용할 때, 그러한 기업 측의 약속이 이루어지기를 희망하게 된다.

'2시간 내 무료배달' 서비스를 제공하는 아마존의 '프라임 나우' 서비스

가격 높은 가격은 일반적으로 고객의 기대수준을 높이고, 허용영역을 좁히는 역할을 한다. 그런데 가격은 경쟁상황에 매우 민감하게 반응하게 되는 요인이므로, 서비스 품질보다는 저렴한 가격에 더 끌리는 고객과 반대로 더 많은 돈을 주고라도 고품질의 서비스를 원하는 고객들은 쉽게 분리된다.

높은 가격을 주고 구매한 서비스가 적정서비스 수준 이하이면 고객은 실망할 것이고 불만도 커지게 된다. 따라서 기업은 적당한 가격 설정으로 고객들의 예측된 기대수준을 높여 서비스 구매를 증가시키되, 그에 준하는 서비스 품질을 달성해야만 고객을 유지할 수가 있다.

유통 프랜차이즈 업종의 경우, 체인점이 많을 경우 소비자들의 이용을 증가시킬 수 있다. 피자헛, 맥도날드, 파파이스, baskin robbins 배스킨라빈스 등과 같은 프랜차이즈 체인점이 점차 증가하고 있는데, 이러한 업체가 증가할수록 이에 대한 소비자들의 예측서비스는 점차 강화된다. 따라서 어느 체인점에 가든지 동일한 수준의 서비스를 받을 수 있을 것이라는 기대를 하게 된다. 은행이나 주유소의 경우도 마찬가지이다.

서비스 직원 직원의 용모, 말씨, 태도 등이 소비자의 서비스 기대수준을 변화시킬 수 있다. 유니폼도 고객들의 기대수준에 영향을 미친다. 택시를 탔을 때 운전기사가 깔끔하게 유니폼을 입고 있는 경우와 셔츠를 아무렇게나 입고 있는 경우, 승객의 기대가 달라질 수 있는 것이다. 예를 들어, KOREAN AIR 대한항공의 스튜어디스 유니폼과 MK택시 기사의 유니폼은 최고의 디자이너에게 의뢰하여 디자인한 옷이다. 이는 기업을 대변하여 고객과 직접 접하고 있는 서비스 직원들에게 기업의 이미지를 투영하여, 고객들의 기대를 관리하고자 하는 의도에서 비롯된 전략으로 해석할 수 있다.

대한항공 스튜어디스 유니폼

유형적 단서 고객은 제공받게 될 서비스에 대한 정보를 여러 가지 단서들을 통해 간접적으로 추론하게 된다. 이 때 가장 큰 역할을 하는 것은 바로 실체적 또는 유형적 단서이다. 예를 들어, 가격이나 물리적 외양 등은 서비스와 관련된 품질의 단서로서, 그 서비스가 어떨 것이며 또 어떠해야 하는지를 추론하게 해주는 기업 측의 약속이라 할 수 있다. 즉, 허름한 호프집과 화려하고 세련된 호텔 바에 대한 서비스 기대수준은 다를 수밖에 없는 것이다. 값비싼 장식재로 치장한 호텔을 방문한 고객은 그에 상응하는 서비스를 기대하는 게 당연하다.

기업 이미지 이미지가 좋은 기업의 경우, 고객의 기대는 상승한다. 삼성자동차(현르노삼성자동차)는 '삼성이 만들면 다릅니다'라는 광고 슬로건을 사용한 바 있다. 이는 삼성이라는 브랜드가 구축한 좋은 기업 이미지를 이용하여 삼성자동차에 대한 기대감을 높게 형성하는 데 큰 역할을 하였다. 기업 이미지가 좋으면 예측서비스가 희망서비스 또는 이상적 서비스와 매우 가까워지는 경향이 있다. 반면, 이미지가 별로 안 좋을 경우 예측서비스는 적정서비스에 더 가까워질 것이다. 기업 이미지는 허용영역에도 영향을 미친다. 고객이 어떤 서비스 기업에 대해 좋은 이미지를 갖고 있을 때 서비스 실패에 대해 보다 관대해지며, 허용영역이 커지게 된다.

대기 서비스를 받기 위해 오랫동안 기다렸던 고객은 덜 관대해 진다. 고객들은 "내가 이렇게 오래 기다렸으니까 좋은 서비스를 받는 게 당연하다"고 생각하는 경향이 있다. 어떤 음식점에서 점심식사를 하기 위해 30분 이상을 기다린 손님이 있다고 하자. 이 손님은 음식 맛과 직원의 친절에 대한 기대가 상승하고 허용영역이 좁아져 비판적인 태도를 갖기 쉽다.

다른 고객 고객들은 다른 고객들이 받은 서비스와 비교해서 자신의 서비스 기대수준을 변경하기도 한다. 다른 고객이 친절한 서비스를 받았다면 이 고객의 희망서비스도 그에 준하여 상승할 것이다. 즉, 다른 고객에 대한 관찰을 통해 희망서비스가 영향을 받게 된다.

14.3
서비스 기대관리

기업의 입장에서는 기존고객을 유지하고 신규고객을 유치하는 것이 중요하다. 고객이 어떤 서비스업체를 단골로 삼으려는 결정은 기대에 기초하여 이루어진다. 기대가 높을수록 구매확률이 커지기 때문이다. 반면 기대가 너무 높으면 그만큼 실망도 크기 쉽다. 그렇다면 기대를 높여야 되는가 아니면 낮춰야 되는가? 흔히 서비스 기업은 이러한 딜레마에 빠지게 된다.

이처럼 서비스 기업의 마케팅 활동에서는 고객의 기대관리가 매우 중요하다. 가장 바람직한 기대관리 전략은 고객이 받게 될 서비스 수준을 정확하게 알리고 고객이 원하는 기대수준에 정확히 맞추는 것이다. 고객만족을 높이기 위해서도 고객에게 가장 영향을 많이 미치는 영역에서 지속적으로 기대를 충족시키는 것이 중요하다.

고객 기대의 이해

만족스러운 서비스를 제공하기 위해서는 고객의 기대를 제대로 이해하는 것이 우선적으로 이루어져야 한다. 이 때 특히 주의해야 할 점은 한 분야에서 오랫동안 서비스를 제공해 온 직원일수록 고객들이 기대하는 바를 제대로 이해하기 어려울 수 있다는 점이다. 직원들은 자신들의 오랜 경험이 곧 고객에 대한 올바른 이해라고 착각하는 경향이 있으며, 그러한 착각은 고객의 기대를 이해하기 위한 노력을 등한시하는 것으로 이어진다. 하지만 고객의 기대는 그들이 생각하는 것처럼 한 곳에 고여 있는 물이 아니다. 따라서 고객의 기대를 이해하기 위한 노력을 게을리 해서는 안 된다.

고객의 기대를 이해하기 위해서는 마케팅 조사를 통해 구매 전 고객의 기대를 확인하는 것이 중요하며, 구매 당시나 구매 후에도 계속적인 마케팅 조사가 필요하다. 마케팅 조사에는 크게 외부 마케팅 조사와 내부 마케팅 조사로 구분된다. 외부 마케팅 조사는 조사기관이나 조사부서에 의뢰하여 고객들로부터 정보를 구하는 방법이며, 내부 마케팅 조사는 VOC(Voice of Customer) 시스템을 구축하여 경영자가 직접 고객의 소리를 듣거나 중간고객인 딜러나 유통업자 또는 내부고객인 직원들을 통해 정보를 구하는 방법이다.

고객의 소리를 직접 듣고 이를 고객 기대관리에 이용하는 좋은 예로 싱가포르 항공사를 들 수 있다. 싱가포르 항공사는 특히 단골고객 서비스가 탁월한 것으로 유명한데, 고품질 서비스를 달성하기 위해 고객 정보를 데이터베이스로 관리하여 고객이 기대하는 것을 미리 파악하여 충족시키려고 노력한다. 단골고객들의 취향을 파악해 그들이 좋아하는 술과 잡지를 미리 준비하는 것이 그런 예이다.

외부 마케팅 조사

경영자들은 고객의 서비스 기대요인들을 식별해 내는 작업을 우선적으로 해야 한다. 외부 마케팅 조사는 이러한 고객 기대의 영향요인을 기업내부로 유입시키는 다리 역할을 한다. 고객의 기대를 이해하기 위해 마케팅 조사를 할 때 어떠한 절차에 따라 실행해야 하는지를 단계별로 살펴보자.

1. 문제와 조사목적 정의 불만고객의 발견, 고객의 요구사항 또는 기대의 발견, 서비스 성과의 모니터링, 경쟁사 대비 자사의 성과 측정, 고객의 기대와 인식 간의 갭 측정, 그리고 서비스 전달에 있어서의 변화와 성과 측정 등을 위해 마케팅 조사를 활용한다. 서비스는 기본적으로 가변적이기 때문에 계속적인 모니터링이 필요하다. 마케팅 조사의 목적별로 조사유형, 자료수집방법, 정보활용방법을 잘 선택해야 한다.

2. 서비스 측정방법 개발 조사 프로그램 단계 이전에 측정방법 수립 단계를 넣으면 시간, 노력의 절감 효과가 크다.

3. 조사 프로그램 실행 마케팅 조사 프로그램을 실행할 때 유의해야 할 점은 다음과 같다.

① 정량적 조사와 정성적 조사를 포함하고, 고객의 인식과 기대를 포함하며, 조사비용과 정보가치 간 균형을 맞추는 것이 중요하다. 또한 조사방법의 결정이나 조사결과에 근거한 직원 보상에서는 특히 샘플 오류나 통계적 타당성에 주의해야 한다. 고객의 모든 요구사항이 중요한 것은 아니다. 서비스 속성들의 상대적 중요도를 파악하는 방법으로는 고객에게 중요도를 직접 묻는 방식과 회귀분석 등을 통해 간접적으로 도출하는 방식이 있다. 그리고 적당한 빈도를 가지고 조사하는 게 좋으며, 일회성이 아닌 지속적 조사가 중요하다.

② 고객불만을 확인할 수 있는 질문을 넣어, 불만고객을 발견하고, 실패점(fail point)을 확인하며, 빈번하게 지적받는 사항을 발견하여 수정하도록 한다.

③ 조사기법으로는 불평조사, 핵심사건연구, 요구사항조사, 관계조사와 서비스 품질조사, 추적전화 또는 사후거래 조사, 소셜 미디어 조사, 서비스 기대 충족과 검토, 과정체크 포인트 평가, 시장지향 민속학, 암행조사(mystery shopping), 고객 패널, 이탈고객 조사, 미래기대조사, 데이터베이스 고객조사 등이 있다.

④ 최근에는 빅데이터를 활용해 고객의 기대나 불만을 빠르게 파악할 수 있다. 대표적인 예가 소셜 미디어 분석이다. 소셜 미디어상의 텍스트 내용에 대한 정량적이고 정성적 분석은 기업의 이미지나 브랜드에 대한 평판, 회의적 혹은 부정적 영향력을 즉각 분석하고 대응할 수 있다는 점에서 기존의 설문조사보다 유용하고 효율적이다. 예를 들어, BBVA Compass BBVA 컴퍼스 은행(BBVA Compass Bank)의 경우, 소셜 미디어 분석 솔루션을 도입하여 온라인상에 올라오는 자사와 경쟁사에 대한 고객 정서를 면밀히 분석하고 선제적으로 대응하고 있다. 결과적으로 한 해 동안의 기업 이미지에 대한 긍정적인 반응을 1% 이상 높였고, 반면 부정적인 평판은 1.5% 감소하는 결과를 얻은 바 있다.

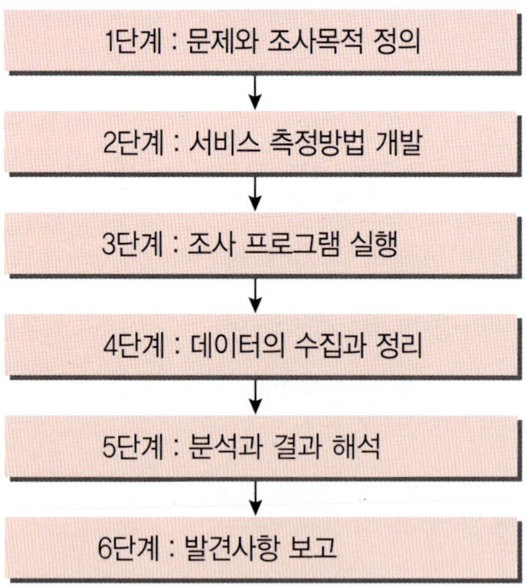

그림 14-4 | 외부 마케팅 조사의 단계

표 14-2 | 서비스 기업을 위한 마케팅 조사기법 유형

조사 유형	조사 목적	연구 기법(정성적/정량적)	정보 비용		
			금전	시간	빈도
불평조사	고객불만을 경청하고 해결 서비스 실패점 파악	정성적	낮음	낮음	지속적
핵심사건연구	서비스 접점에서 '최상의 서비스' 파악 서비스 접점에서 고객이 경험한 만족, 불만족을 파악 서비스 강점, 약점 파악	정성적	낮음	보통	주기적
요구사항조사	고객이 기대하는 속성과 혜택을 파악하여 정량 조사 기초자료로 활용	정성적	보통	보통	주기적
관계조사와 서비스 품질 조사	서비스 이행 성과를 확인하고 추적 전반적인 기업성과를 경쟁사와 대비하여 측정 고객만족과 고객행동 간의 관계 파악 각 서비스 속성에 대한 평균 갭 (고객 기대와 인식 차이) 점수 산정	정량적	보통	보통	매년
추적전화 또는 사후거래 조사	서비스 이행 성과에 대한 즉각적인 고객의견 및 피드백 확보 서비스 제공에서의 변화 효과성 측정 서비스 프로세스 향상을 위한 입력데이터로 활용 서비스 실패점 파악	정량적	낮음	낮음	지속적
소셜 미디어	고객들의 불만을 파악 광고 수단의 효과 파악 고객 구전(word of mouth)을 장려	정성적, 정량적	낮음	보통	지속적
서비스 기대 충족과 검토	고객 간 상호작용을 통해 고객들의 기대를 조사하고, 기대 충족 여부를 고객에게 문의 후 반영	정성적	보통	보통	매년
과정체크 포인트 평가	오랜 시간에 걸쳐 제공하는 서비스에 대한 고객만족 수준 파악 고객과의 관계 형성 초기 단계에서 서비스 문제를 파악하고 해결	정량적	보통	보통	주기적
시장지향 민속학	자연스러운 상황에서 고객행동을 관찰하고 고객의 소비 생활을 이해 타 문화권 고객 연구	정성적	보통	높음	주기적
암행조사	고객을 가장하여 서비스를 경험하면서 서비스 이행 성과를 측정 고객접점시스템의 강 · 약점 파악	정성적, 정량적	낮음	낮음	분기별
고객 패널	고객의 태도와 인식변화에 대한 지속적인 조사	정성적	보통	보통	지속적
이탈고객 조사	이탈 이유와 사건 조사, 조기경보시스템 구축, 고객 이탈 비용 계산	정성적	낮음	낮음	지속적
미래기대 조사	고객의 향후 기대수준을 예측 새로운 서비스 아이디어 개발 및 테스트	정성적	높음	높음	주기적
데이터베이스 고객조사	정보기술과 데이터베이스를 활용하여 고객의 개별 요구 파악	정량적	높음	높음	지속적

4. 데이터의 수집과 정리 데이터는 다양한 기법들을 활용하여 분석될 수 있다. 따라서 조사의 목적에 맞는 분석유형과 조사방법 등을 구체적으로 선정해야 한다. 분석유형은 정량적 분석과 정성적 분석이 있다.

5. 분석과 결과 해석 마케팅 조사에 있어 가장 힘든 단계가 복잡한 데이터들을 이해하기 쉽고 유용한 정보로 전환하는 단계일 것이다. 이 단계에서 가장 주의해야 할 점은 필요한 사람이 이해하기 쉬운 형태로 정보를 전달하는 것이다. 따라서 고려해야 할 사항은 누가 이 정보를 받을 것인가?, 그들은 왜 이 정보를 필요로 하는가?, 그들이 이 정보를 어떻게 이용할 것인가? 등이다. 자료를 조사목적에 맞게 정확히 분석하고 해석하여 유용한 정보로 전달하였을 때, 정보에 대한 이해가 높아지고 적절한 사후 조치를 수행할 수 있다.

6. 발견사항 보고 발견사항의 보고는 [그림 14-5]와 [그림 14-6]의 예를 참조하기 바란다. 조사를 통해 알아낸 사항들을 그래픽으로 처리하여 보고하는 것은 매우 효과적이다.

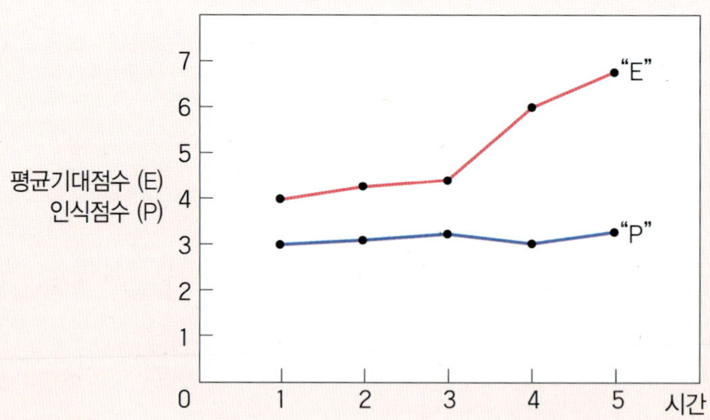

그림 14-5 | 고객의 기대와 인식의 추적

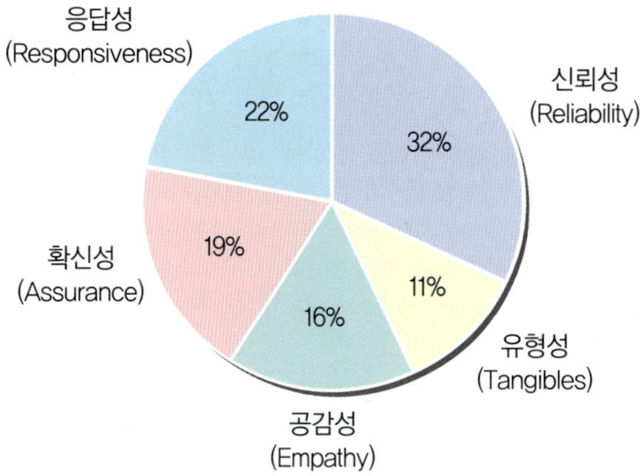

그림 14-6 | 서비스 차원의 상대적 중요도

외부 마케팅 조사 시 유의할 점

고객을 대상으로 마케팅 조사를 진행하고 얻게 된 고객 응답을 해석할 때에는 몇 가지 유의할 점이 있다.

① 고객은 조사 문항을 주관적으로 판단하고 해석한다 : 고객은 서비스에 대한 인식과 조사 문항의 척도에 대한 주관적인 해석을 한다. 따라서, 두 명의 고객이 조사 문항 척도를 다르게 해석할 가능성이 있다. 예를 들어, '최상의-좋은-보통의-나쁜-최악의'라는 5점 척도 문항에서, 두 고객이 특정 서비스에 대해 '좋은'이라고 응답하였을지라도, '좋은'에 대한 해석이 상이하여 각각의 점수가 의미하는 바가 다를 수 있다.

② 문항 자체가 응답에 영향을 줄 수 있다 : 서비스에 관한 고객의 의견을 묻는 행위 자체가 서비스에 대한 고객의 인식에 영향을 미칠 수 있다. 측정이 결과에 영향을 미칠 수 있다는 사실은 오래 전부터 '호손효과(Hawthorne Effect)'로 연구되어왔다. 호손효과란, 연구자의 개입이 연구대상의 사람에게 영향을 끼쳐서 올바른 연구결과를 얻지 못하게 되는 부정적인 효과를 나타낸다. 고객들에게 서비스와 관련된 불만과 문제점을 묻는 질문은 질문 자체만으로 고객에게 부정적인 생각과 불만족을 심어줄 수 있으므로 질문 문항을 주의하여 구성할 필요가 있다.

INSIGHT

유나이티드 항공, SNS 불통했다가 1억8천만 달러 손실

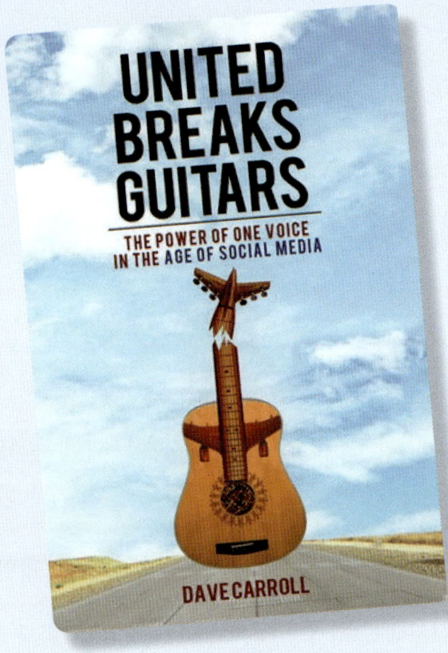

미국의 대형 항공사 유나이티드 항공은 소셜 네트워크 서비스(SNS)를 통한 소통과 대응에 대한 준비 부족으로 1억8천만 달러의 손실을 입었다.

이 사건은 캐나다의 무명가수 데이브 캐롤(Dave Caroll)이 2008년 3월 유나이티드 항공의 비행기를 탄 뒤 경유지인 시카고에서 수하물을 운반하던 항공사 직원이 3,500달러짜리 자신의 기타를 아무렇게나 짐칸에 던져 넣는 장면을 목격하면서 시작한다. 목적지에 도착한 데이브의 기타는 부숴져 있었다. 데이브는 곧바로 항공사에 항의했으나 모든 유나이티드 항공 관계자들은 하나 같이 자신의 책임이 아니라고 회피했다. 또 "대표와 통화하고 싶다"는 데이브의 요구도 묵살했다. 장장 9개월 동안 이 문제는 해결되지 않았고, 항공사는 끝내 "보상은 해줄 수 없다"고 답했다.

화가 머리끝까지 난 데이브는 그의 감정과 경험을 바탕으로 뮤직 비디오를 만들기로 결심했다. 그리곤 15개월 만인 2009년 7월 '유나이티드는 기타를 부수고 있다'(United Breaks Guitars)는 제목으로 4분36초짜리 뮤직 비디오를 유튜브에 올렸다. 데이브가 공개한 뮤직 비디오는 하루 만에 15만 건, 나흘 만에 700만 건 이상의 선풍적인 조회수를 기록했다. 입소문을 타고 100여 개의 패러디 동영상까지 올라오는 지경에 이르자 당황한 유나이티드 항공은 데이브를 찾아가 사과를 하고 기타 값에 해당하는 3,000달러를 보상하였다.

그러나, 유튜브에 뮤직 비디오가 유포된 후 2주 만에 유나이티드 항공의 주가는 무려 10%나 빠졌다. 3천 달러짜리 기타 보상을 거부한 대가는 1억8천만 달러의 시가총액 손실이었다. 유나이티드 항공은 현재 데이브의 뮤직 비디오를 고객서비스 교육용으로 사용하여 다시는 비슷한 사건이 일어나지 않도록 노력하고 있다. 그리고 악기 등 파손 우려가 있는 물품은 기내에 반입할 수 있도록 규정을 고치기도 하였다.

이 사건은 고객 기대와 불만과 관련된 이슈를 주의 깊게 다루는 것이 중요함을 보여주는 상징적인 사건이다. 인터넷과 SNS의 발달로 고객의 목소리는 단시간에 수백만, 수천만의 사람에게 전달될 수 있게 된 것이다.

자료원: 매일경제, "[매경데스크] 유나이티드 항공의 최악 디지털 평판," 2017.04.23;
한국경제, "[CEO & 매니지먼트] 유나이티드 항공, SNS 불통했다가 1억8,000만弗 손실," 2012.10.30.

유나이티드 항공 영상

https://www.youtube.com/watch?v=5YGc4zOqozo

제 목 _ United Breaks Guitars

검색어 _United Breaks Guitars

③ 고객은 응답을 거부하기도 한다 : 많은 고객들은 설문에 응답하는 것을 귀찮아 한다. 정성스런 답변을 제공하려면 많은 노력이 필요하므로 고객들은 응답에 적극적이지 않고 설문조사 응답률이 낮을 때가 많다.

④ 고객 조사는 후광효과(Halo Effect)에 취약하다 : 서비스에 대한 고객의 전반적인 인식이 개별 항목과 요소를 평가하는 데 영향을 미치곤 한다. 서비스 기업에서는 고객들이 서비스 전달과정에서 어떤 요소에 만족, 불만족을 느끼는지 알고자 하지만, 서비스 전반의 후광효과로 인해 개별 요소에 대한 고객들의 의견을 정확하게 파악하지 못하는 어려움이 있다.

⑤ 표본이 자기선택편의(self-selection bias)에 취약하다 : 전체 고객의 의견을 대표할 수 있는 표본을 추출해야 하지만, 표본 추출을 완전히 통제하는 데에는 어려움이 있다. 조사 응답률을 높이기 위한 여러 수단들(경품 추첨 등)이 설문조사 참여에 영향을 미칠 수 있다. 따라서, 표본 추출 오류에 대해 유의해야 한다.

내부 마케팅 조사

경영진이 고객과 가까울수록 전사적 서비스 품질관리가 원활하고 신속하게 이루어질 수 있다. 따라서 서비스 기업은 상향적 커뮤니케이션이 잘 되도록 내부구성원을 독려해야 한다. 내부 마케팅 조사는 상향적 커뮤니케이션을 위한 것으로 고객과 경영층의 소통 및 직원과 경영층의 소통을 향상시키는 데 목적이 있다. 내부 마케팅 조사 기법으로는 다음과 같은 방법이 있다.

① 경영진의 고객 방문 : 루 거스트너는 IBM IBM 회장으로 취임한 직후 수백 명의 핵심고객과 직접 미팅을 가졌는데, 회사의 변화된 모습을 홍보하는 데 큰 효과가 있었다.

② 고객의 소리 : 고객의 소리(VOC)를 직접 듣는 것은 경영층이 고객의 기대와 니즈를 투명하고 심층적으로 이해하게 해준다. 오늘날 대부분의 기업들은 VOC 시스템을 구축하고 고객의 소리를 듣고, 이를 적극 반영하려고 노력하고 있다.

③ 중간고객에 대한 조사 : 중간고객은 딜러, 유통업자, 대행사, 브로커 등으로 최종고객에게 서비스를 제공하는 사람들을 말한다. 이 방법은 최종고객에 대한 정

보회득과 서비스 향상에 유용하게 활용할 수 있다.

④ 직원에 대한 조사 : 직원이 받는 내부 서비스의 질이 외부고객에게 제공하는 서비스의 질과 직접적인 강한 연관을 가진다는 점에서 중요하다.

⑤ 직원의 소리 : 고객과 직접 접촉하는 일선 직원은 제공되는 서비스 품질에 대한 관찰자 역할을 하고, 고객의 기대와 인식에 대한 상당한 이해를 가지고 있다. 따라서 일선 직원과 가까운 경영자는 직원을 행복하게 해줄 뿐 아니라 고객에 대해서도 더 많이 배우게 된다.

⑥ 직원의 제안 : 대부분의 회사는 업무향상을 위한 직원 제안제도를 두고 있다. 제안시스템이 효과적으로 운영되기 위한 전제는 임파워먼트와 즉각적인 피드백이다.

표 14-3 | 통신서비스에 대한 서비스 착각지수

변 수	소비자 평가	직원 평가	차 이	절대값
1. 최신의 시설 및 장비	6.15	5.90	0.25	0.25
2. 직원의 단정한 용모	5.11	6.48	– 1.37	1.37
3. 서비스 약속의 이행	5.92	6.03	– 0.11	0.11
4. 고객문제의 해결	5.69	6.77	– 1.08	1.08
5. 즉각적인 서비스 제공	5.45	5.35	0.10	0.10
6. 자발적인 자세	4.16	5.55	– 1.39	1.39
7. 안전성	5.70	6.23	– 0.53	0.53
8. 직원의 예의바름	5.50	6.29	– 0.79	0.79
9. 고객 개개인에 대한 관심	4.44	5.52	– 1.08	1.08
10. 고객 이익을 우선시	4.58	5.42	– 0.84	0.84
평 균	5.26	5.95	– 0.69	0.75

자료원: 이유재, 김주영, 김재일(1996), "서비스 산업의 현황에 대한 실증연구," 소비자학연구, 101–118.

때로는 내부 조사와 외부 조사 간에 차이가 발생할 수 있다. 예를 들어, 자사의 서비스에 대한 고객의 평가와 직원의 평가가 다를 수 있는데, 이 차이를 저자는 서비스 착각지수라고 부른다. 저자가 수행했던 연구의 조사결과에 따르면 통신서비스에 대해 소비자와 직원이 〈표 14-3〉에 보는 것과 같이 각기 다르게 평가하는 것으로 나타났다. 조사결과에 따르면 '최신의 시설 및 장비' 항목과 '즉각적인 서비스 제공' 항목에서 소비자의 평가가 직원의 평가에 비해 나은 것으로 나타났고, '자발적인 자세'나 '직원의 단정한 용모', '고객문제의 해결', '고객 개개인에 대한 관심' 같은 항목에서는 직원의 자체평가가 소비자의 평가를 웃돌아 인식상의 갭이 있음을 보여주고 있다. 하나 흥미로운 것은 서비스 착각지수가 높은 기업일수록 서비스 품질이 낮은 경향을 보였다는 사실이다.

고객 기대관리에 유용한 심리법칙

유용한 심리법칙

고객들은 서비스 접점에서 자신이 보는 것을 진실이라고 믿는다. 즉, 고객이 서비스와 만나는 그 순간을 어떻게 해석하는지가 가장 중요한 것이다. 따라서 경영자와 마케터들은 고객이 서비스를 어떻게 인식하는지 알아야만 한다. 고객들은 서비스를 어떻게 보는가? 고객의 주관적 인식에는 어떤 규칙이 존재하는가? 고객의 행동예측에 유용한 몇 가지 심리학적 발견들을 살펴보자.

순서효과(Sequence Effect) 심리학에 따르면, 사람들은 자신의 경험을 회상할 때 모든 순간을 기억하지는 않는다. 대신 몇 가지 중요한 순간만을 사진처럼 생생하게 기억할 뿐이다. 더 나아가 사람들은 자신의 경험을 고통 또는 기쁨의 순서, 그리고 결말에 기초하여 평가한다.

사람들은 시간이 경과하면서 좋아지는 경험을 선호한다. 도박을 할 때는 먼저 만 원을 따고 2만 원을 잃는 것보다, 2만 원을 잃은 후에 만 원을 따기를 원한다. 또한 사람들은 향상되는 속도가 빠른 것을 선호하며, 좋은 결말을 원한다. 좋지 않은 결말은 그 경험 전체를 좋지 않게 만든다. 서비스에서도 중간 과정보다는 마지막 순간이 중요하다. 처음부터 최고의 서비스를 제공할 수 있다면 좋겠지만, 그렇지 못할 때에는 시간에 따라 차츰 향상된 서비스를 제공하며, 마지막에 감동할 만한 서비스를 제공해야만 한다.

몰디브의 후바펜 푸시 리조트는 순서효과를 잘 활용한 서비스로 유명한데, 리조트를 찾는 고객들 대부분이 신혼여행을 온 신혼부부이고, 리조트를 떠나는 비행기의 좌석이 세 좌석씩 배치되어 있다는 사실을 통해 자신의 리조트를 방문했던 신혼부부가 집으로 돌아가는 비행기에서 따로 떨어져 앉을 수 있으며 신혼여행 마지막에 겪는 이러한 경험이 전체 여행에 대한 만족에 영향을 미칠 수 있다는 점을 발견하였다. 그래서 리조트를 떠나는 고객들이 비행기 탑승권을 발급받는 곳까지 리조트 직원이 동행하여 부부가 옆자리에 앉아 갈 수 있도록 자리를 조정해 주는 서비스를 실시하였고 이를 통해 고객들의 더 큰 만족을 이끌어낼 수 있었다.

지속효과(Duration Effect) 사람들은 시간의 경과를 얼마나 잘 알 수 있을까? 한 가지 분명한 사실은 무언가에 집중하고 있을 때에는 시간의 흐름을 잘 느끼지 못한다는 점이다. 반면, 시간이 흘러가는 것에 관심을 가지면, 시간은 실제보다 매우 천천히 흐른다. 일정한 시간을 여러 개로 많이 나누는 경우에도 시간은 실제보다 길게 느껴진다. 이처럼 시간의 흐름에 대한 인식은 매우 주관적이다. 그렇다면 이것이 서비스 제공에서 문제가 될까? 다행스럽게도, 많은 연구에 따르면, 기대했던 것보다 너무 짧거나 길지만 않는다면 사람들은 지속시간에는 별다른 주의를 기울이지 않는다고 한다. 이는 동일한 서비스라도 제공시간은 매우 다양하며, 경험의 내용이 서비스에 대한 평가를 결정하기 때문이다.

합리화 효과(Rationalization Effect) 사람들에게는 자신에게 일어난 일들, 특히 예상치 못한 일들에 대한 이유가 반드시 있어야만 한다. 명백한 이유가 주어지지 않으면 사람들은 자신이 직접 그에 대한 설명을 만들어 내게 된다.

사람들이 이렇게 설명을 만들어내는 행동 속에는 세 가지 특징이 발견된다. 첫째, 사람들은 발생하는 사건의 원인이 연속적이거나 복잡한 일련의 과정이 아니라, 개별

INSIGHT

역지사지를 넘어서!

대형 쇼핑몰 오픈을 위해 쇼핑몰 관계자들이 모였다. 관계자들은 그들의 고객인 점포 매니저들이 어떤 것을 원할 것인지 열띤 회의를 벌였고, 유통 산업의 전문용어인 접근성, 유통믹스, 비용 보증과 같은 단어들이 회의석상을 뒤덮었다. 열띤 토론과 회의 뒤에 점포 매니저들과의 모임을 갖게 되었고 쇼핑몰 관계자는 한 점포 매니저에게 "당신이 비즈니스를 하게 된 쇼핑몰에 원하는 것이 무엇입니까?"라는 근본적인 질문을 던졌다. 그리고 쇼핑몰 관계자들은 그들이 회의시간에 쏟아냈던 많은 단어들을 떠올리며 침을 꿀꺽 삼켰다. 잠시 침묵이 흐른 후 점포 매니저가 입을 열었다. "내가 당신들에게 원하는 건 바로...고객이요."

동서고금을 막론하고 다른 사람의 입장에서 생각해 보라는 역지사지는 모든 관계에 있어서의 황금법칙이었다. 그러나 그 황금법칙을 뛰어넘는 신 황금법칙이 있다. 내가 상대방의 입장이 되어 상대방이 원하는 것을 추론하여 상대방을 대하는 것이 아니라, 상대방이 원하는 바로 그것을 찾아 그들이 원하는 대로 해주라는 것이다. 많은 이들은 상대를 대함에 있어서 상대가 말하기 전에 그가 원하는 것을 추측하는 역지사지가 최고의 미덕이라고 생각하지만, 내가 네가 아니고 네가 내가 아닌 이상 상대방이 원하는 것을 100% 제대로 알기란 쉬운 일이 아니다. 상대방이 원하는 정확한 그것이 아닌 내가 '이럴 것이야'라고 생각한 그것을 전달해서는 상대를 만족시킬 수 없다.

정말로 상대를 만족시키고 상대를 배려한 행동을 하길 원한다면, 주저하지 말고 상대에게 물어라. 당신이 기대하는 바는 무엇이냐고. 그리고 그가 기대하는 바대로 행하라. 그러면 당신은 역지사지의 황금법칙보다 더 귀한 신 황금법칙을 실천할 수 있을 것이다.

적인 하나라고 생각한다. 예를 들어서, 자신이 비행기를 놓친 경우에, 그 원인이 될 수 있는 일련의 사건들보다는 터널에서의 차량 정체라는 한 가지 사건에서 원인을 찾는다. 둘째, 사람들은 규칙이나 관습 등에서 벗어났기 때문에 발생한다고 믿는다. 그래서 야구선수들은 무슨 일이 있어도 파울 라인을 밟지 않으려 하며, 많은 농구선수들은 자유투를 하기 전에 자신만의 드리블 방식을 가진다. 셋째, 사람들은 상황보다는 사람에게 책임을 돌리는 경향이 있다. 호텔 영수증 처리 오류의 원인이 컴퓨터 고장이라는 것이 분명하더라도, 사람들은 흔히 직원을 비난할 뿐이다.

기대관리의 법칙

이러한 여러 가지 심리학적 발견에 기초하여 서비스 기대관리를 위해 다음과 같은 법칙을 사용하는 것이 유용하다.

마무리는 강하게! 대부분의 서비스 제공자들은 서비스의 처음과 끝이 고객에게 똑같은 강도로 느껴질 거라고 생각하지만 그건 틀린 생각이다. 고객의 기억 속에는 마지막 부분이 잘 기억된다. 따라서 초기에는 서비스의 강도를 약하게 하고 끝으로 갈수록 점점 그 강도를 강하게 하면 고객만족에 있어서 유용한 효과를 거둘 수가 있다.

안 좋은 경험을 먼저! 좋은 소식과 안 좋은 소식이 있으면, 보통 안 좋은 소식을 먼저 듣기 마련이다. 서비스에 좋은 경험과 좋지 않은 경험이 모두 있으면, 사람들은 안 좋은 경험을 먼저 하길 원한다.

당신이 치과의사라고 상상해 보자. 당신의 고객에게 치석제거를 해주고 있는데, 하나의 치아가 이 고객에게 너무 큰 고통을 주고 있다. 아직 해야 할 치아가 몇 개 남아 있고, 이 치아들은 모두 그 아픈 치아보다는 확실히 덜 아플 것이다. 당신은 일단 오늘은 치석제거를 중단하고 다음에 계속할 것인가? 아니면 고객이 고통을 호소하더라도 치석제거를 끝낼 것인가? 답은 '치석제거를 계속해라'이다. 고객의 고통은 점점 줄어들 것이고 마지막에 가서는 그다지 아프지 않을 것이다. 결국 고객의 종합적 평가도 고통처럼 좋아질 것이다.

서비스 기업들은 종종 고객에게 안 좋은 소식을 전해야 한다. 그런데 이들은 좋지 않은 소식을 먼저 전하기를 몹시 주저하게 된다. 그러나 이는 잘못이다. 고객에게는 좋지 않은 소식을 먼저 전하고, 그 후에 좋은 소식을 전하는 것이 서비스의 기대를 높이게 된다.

고통은 묶고 기쁨은 나누고! 고객의 경험은 여러 부분으로 나뉘어졌을 때 길게 느껴진다. 그리고 사람들의 이득과 손실에 대한 반응은 같은 크기가 아니다. 한 번의 도박에서 만 원을 두 번 따는 것과 한 번에 2만 원을 따는 것을 비교해 보자. 대부분의 사람들은 두 번 이기는 것을 좋아할 것이다. 반면 만 원씩 두 번 잃는 것과 2만 원을 한 번에 잃는 것을 비교해 보면 대부분 한 번에 2만 원을 잃는 것을 선호한다. 이것이 바로 기업들이 기쁜 경험은 여러 단계로 나누고 좋지 않은 경험을 한 번에 제공해야 하는 이유이다.

테마파크에서는 이런 원리를 적용하고 있다. 놀이기구들은 이용시간이 몹시 짧다. 이렇게 하는 주 이유는 많은 사람들에게 탑승 기회를 주기 위한 것이지만 동시에 즐거움을 여러 가지로 나누는 데서 오는 이점도 있다. 즉, 짧지만 많은 놀이기구를 타도록 만들어서 더 큰 기쁨을 가지게 만드는 것이다. 고객입장에서는 90초짜리 놀이기구 두 가지가 3분짜리 한 가지보다 기억 속에 오래 남을 것이다.

고객이 직접 선택하게! 한 연구에 의하면, 사람들이 헌혈을 할 때 자신의 피를 뽑아 줄 사람을 직접 선택하면 불편함이 훨씬 덜해진다고 한다. 즉, 사람들은 상황에 대해 통제력을 가지고 있으면 훨씬 편안함을 느끼게 된다. 의료 전문가는 암이나 심장병을 위한 치료법들 몇 가지를 환자에게 알려주고 치료법을 선택하도록 하는 것의 의미를 잘 알고 있다. 이것들은 매우 중요하고 위험성이 높은 결정이므로, 의사결정과정에 환자를 참여시키면 환자 자신은 무력감을 덜 느끼고, 덜 절망적이고, 치료가 잘 되도록 훨씬 더 헌신하는 모습을 보인다. 호텔에서는 알람시계를 사용할지 모닝콜을 받길 원하는지 선택할 수 있게 하고 있다.

의례를 제공하라! 대부분의 서비스 접점 설계자들은 사람들이 얼마나 의례를 따

표 14-4 | 크루즈 여행사의 기대관리법칙 적용의 예

원 칙	크루즈 여행사 적용 예
마무리는 강하게!	매일 저녁 복권 추첨, 경연대회, 쇼 등을 개최 여행이 끝났을 때 기념품이나 와인을 돌림
기쁨은 나누고!	하나의 휴가에 많은 이벤트를 넣음
의례를 제공하라!	선장과의 저녁식사와 한밤의 뷔페 제공

르는지 모른다. 사람들은 반복적이고 친숙한 활동을 통해서 편안함, 질서, 그리고 의미를 발견한다. 의례는 특히 장기간의 전문서비스에서 중요하다. 의례들은 서비스 과정에서 중요한 순간들을 분명히 하는 데 사용되며, 고객의 기대를 설정하고 고객에게 소속감과 편안함을 줄 수 있다. 이러한 의례의 예로는 계약 시작 시에 임원들에 대한 소개나 저녁식사, 우아한 프레젠테이션, 쫑파티, 그리고 최고경영자에게 하는 공식 프레젠테이션 등이다. 이러한 의례들은 고객들의 인식에 매우 중요한 영향을 미친다. McKinsey & Company 맥킨지의 컨설턴트들은 고객과의 대화 중간 중간에 "uh-huh, uh-huh"라는 소리를 낸다. 우습게 들리기도 하지만, 이런 소리가 없으면 고객들은 뭔가 허전하게 느끼게 된다.

통제가능/불가능 요인별 기대관리

서비스 마케터는 서비스 기대의 영향요인이 관리자가 통제할 수 있는 영역에 속해 있는지, 통제하기 어려운 영역의 것인지에 따라 다음과 같은 전략을 사용할 수 있다.

통제가능 요인인 경우

명시적인 약속 이 경우에 속하는 예는 광고와 판촉활동, 서비스의 특성 표시 등이다. agoda 아고다의 경우 '더 저렴한 요금 발견 시 차액을 환불해드립니다'라는 '아

고다 보장제' 광고를 통해 고객에게 가장 저렴한 요금제를 제공한다는 명시적인 서비스 약속을 제시하였다. 이와 같은 명시적인 약속(explicit promises)의 관리에 있어서 가장 기본적인 것은 과대약속을 피하고 제시한 약속은 반드시 지키는 것이다. 이에 대한 구체적인 방안은 다음과 같다.

- 실제 서비스를 반영하는 현실적이고 정확한 약속을 하라.
- 광고에서 한 약속에 대해 접점 직원들의 피드백을 구하라.
- 경쟁업체들과 가격경쟁이나 광고전쟁을 벌이지 마라. 왜냐하면 이러한 소모전은 과대약속을 하게 만들어 기대를 결코 충족시킬 수 없는 수준으로 높이기 때문이다.
- 직원들로 하여금 약속에 초점을 맞추도록 하며 약속 불이행 시 즉시 피드백을 제공하는 보증을 통해 약속을 공식화하라.

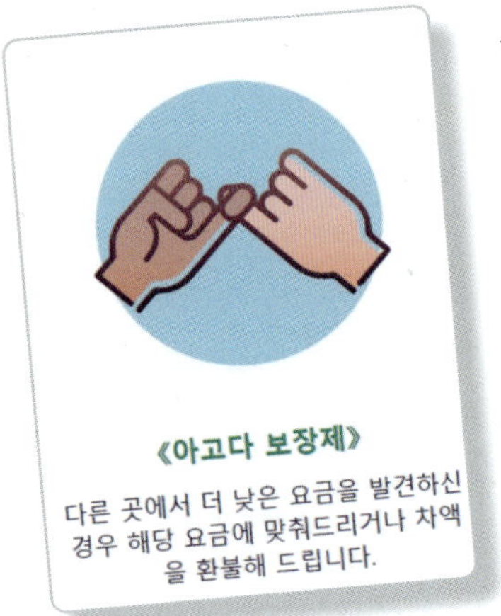

'아고다 보장제' 광고

암묵적인 약속 이것은 점포 전시물과 간판, 이미지, 장식, 분위기, 가격, 직원들의 인상 등이다. 이러한 암묵적인 약속(implicit promises)을 관리하는 기본방향은 제공하고자 하는 서비스의 품질과 내용을 충분히 반영할 수 있도록 하는 것이다. 이에 대한 구체적인 방안은 다음과 같다.

- 서비스의 유형적 단서들이 제공될 서비스의 유형과 수준을 정확히 반영할 수 있도록 하라.
- 프리미엄 가격은 고객이 정당하다고 판단하는 경우에 사용하라.

통제불가능 요인의 경우

고객의 서비스 기대 영향요인을 기업이 모두 통제할 수 있다면 좋겠지만 사실은 그렇지 못한 요인들이 많다. 기업의 손이 닿을 수 없는 곳에 있는 요인들이 너무 많기 때문이다. 예를 들어, 경쟁사의 광고, 가격 및 경쟁사에 대한 고객들의 경험, 또는 개별고객의 기호나 취향 및 구전의 영향 등은 기업 측이 직접 통제할 수 없는 요인들이다. 따라서 기업이 이러한 요인들에 대해 이해하고 아래와 같이 기대관리에 반영하는 것이 중요하다.

① 지속적 요인

– 시장조사를 통해 고객의 기대와 요구사항을 파악하라.

– 고객 개개인의 취향을 파악하고 이 정보를 서비스 제공 시 활용하라.

② 일시적 요인

– 피크타임이나 비상사태 시 서비스 공급을 증가시켜라.

③ 인지된 서비스 대안들

– 모든 경쟁 대안에 대해 완전히 숙지하고, 가능하다면, 그리고 적절하다면 그들 수준에 맞추도록 하라.

④ 고객의 역할

– 고객들에게 서비스를 이용할 때 자신이 해야 할 역할을 이해시키고 더 좋은 성과를 낼 수 있도록 교육하라.

⑤ 구전

– 의견 선도자를 활용하거나 증언식 광고를 사용하라.

– 의견 선도자를 발견하고 마케팅 노력을 그들에게 집중하도록 하라.

– 기존고객들이 좋은 소문을 내도록 인센티브를 활용하라.

⑥ 과거의 경험

– 유사한 서비스에 대한 고객들의 과거 경험을 파악하라.

주요 이슈별 기대관리

마케터들이 종종 당면하는 주요 이슈들에 대한 기대관리 방안을 살펴보도록 한다.

고객의 기대가 비현실적일 경우 많은 기업의 예상과는 달리 고객은 실제로 매우 간단하고 기본적인 것을 원한다. 예를 들어, 자동차 정비센터에 대한 고객의 기대는 "제대로 고쳐 달라"는 것이고, 호텔에 대한 고객의 기대는 "깨끗한 객실을 달라"는 것이다. 그러나 만약 고객의 기대가 지나치다면, 고객이 실상 파악(reality check)을 할 수 있도록 간단한 정보를 제공하는 것이 좋다. 예를 들어, 중고차 판매인이 구매자에게 "이 가격의 중고차는 보통 이러한 문제점들이 있다"라고 말해 줌으로써 현실파악을 위한 정보를 제공하면 고객은 의사결정을 용이하게 할 수 있다. 때로는 경쟁사 판매직원의 과대약속으로 인해 고객의 기대가 비현실적이 되기도 한다. 이런 경우에는 고객에게 그 약속은 어느 업체도 충족시킬 수 없다는 사실을 지적하고 경쟁사 직원의 주장을 반박하는 근거를 제시해야 할 것이다.

고객의 기대를 능가하기 위한 경우 많은 기업들이 고객 기대를 넘어서는 서비스를 제공해 고객을 감동시키고자 노력한다. 그런데 한 가지 명심할 사항은 서비스의 기본적인 요소에 대한 고객 기대를 능가한다는 것은 거의 불가능하다는 사실이다. 호텔이 예약된 방을 제공하고 통신사가 안정적인 통화를 제공하는 것은 서비스 기업으로서 당연히 해야 하는 것으로 여겨지기 때문에 고객이 놀라거나 감동하지는 않는다.

그렇다면 고객 기대를 넘어서 감동을 주기 위해서는 어떻게 해야 할까? 많은 경우 고객과의 관계를 관리하는 것이 고객 기대를 넘어서는 방법이다. 매뉴라이프 보험사의 경우 보험계약 시 고객의 목소리 정보를 데이터베이스에 저장하고 목소리의 특징만으로 개인을 식별하는 기술을 활용하는 대화형 자동응답 서비스를 운영하고 있다. 고객이 별도로 계약 및 개인정보를 제공하지 않아도 개개인이 가지는 목소리 특성만으로 고객 본인 여부를 인증하여 맞춤 서비스를 제공받게끔 하는 것이다. 고객과의 관계를 인상적으로 만드는 데 고객정보를 계속 수집하고 이용 가능하도록 하는 정보시스템이 큰 도움이 된다. 리츠칼튼 호텔의 경우도 고객의 취향과 기호에 대한 정보를 지속적으로 수집해 전산화된 고객 프로파일에 저장해 두고 있다. 따라서 고객에게 인상적인 서비스를 제공하는 것이 가능하다.

목소리로 고객을 식별하는 기술을 활용 중인 매뉴라이프 보험사

이처럼 고객의 기대를 뛰어넘기 위해서는 고객에 대한 철저한 이해가 필요하며 고객과의 관계나 상호작용에서의 차별화가 중요하다고 할 수 있다.

고객의 기대가 계속 상승할 경우 고객의 기대는 그 범위와 수준에 있어서 상승해 간다. 칼 알브레히트는 이런 점을 "고객의 기대는 진화한다(Customer expectations are progressive)"라고 지적하였다. 또한 업체 간 경쟁이 치열할수록 고객의 서비스에 대한 기대는 역동적으로 상승되기 마련이다. 따라서 기업은 소비자 조사, 고객의 소리 등에 귀를 기울이고 계속적인 모니터링을 통해 변화하는 고객의 기대에 대응해야 한다.

경쟁사보다 앞서 고객의 기대를 충족시키기 위한 경우 적정서비스 수준은 고객이 기대하는 최소한으로, 서비스가 그 이하 수준이라면 고객은 언제든지 타사로 떠날 것이다. 경쟁우위를 위해선 기본적으로 적정서비스 수준을 넘어서는 서비스를 제공해야 한다. 그렇지만 적정서비스 수준을 겨우 맞추는 경우에는 경쟁사가 금방 따라 잡으며 경쟁우위를 잠식할 수 있다. 따라서 지속적인 고객 충성도를 확보하기 위해서는 단순히 적정서비스 수준이 아니라 희망서비스 수준을 능가하는 서비스 품질을 제공하려고 노력해야 할 것이다.

고객의 기대를 재설정하기 위한 경우 고객의 기대가 기업에서 제공하는 것보다 높거나 혹은 낮게 형성되어 있을 때 또는 새로운 서비스 상품을 개발했을 때처럼 고객 기대를 변화시키는 것이 필요한 경우가 있다. 이 때에는 다음과 같은 방법을 사용할 수 있다.

① 선택권 제공 : 예를 들어, 시간, 가격, 속도, 품질 사이에서 고객이 직접 선택하게 하면 그들의 기대수준을 적절하게 설정하여 만족을 이끌 수 있다. 특히 고객의 제안이 비현실적일 때 더욱 효과적이다.

② 가치단계별 서비스 제공 : 아메리칸 익스프레스 카드에는 그린, 골드, 플래티늄 카드가 있다. 선택은 고객에게 맡겨두고 고객이 카드 종류에 따라 그에 맞는 기대를 갖도록 하는 것이다. 이러한 방법은 고객을 세분화하여 각 세분시장의 기대를 확인하는 효과도 있다.

③ 서비스 기준 전달 : 자동차를 구입하면 '2년 2만km' 또는 '3년 4만km' 무상보증수리 등의 명확한 기준을 약속하는 것을 볼 수 있다. 이는 무상보증수리서비스를 받을 수 있는 기준이 된다.

④ 업계의 현실을 소개 : 통제불가능한 영역의 정보를 전달하고 제공 가능한 노력의 한도를 알려주는 것이다. 기업 측이 통제할 수 없는 부분에 대해서 고객의 무리한 요구에 대비한 조치로서 고객의 이해와 배려를 이끌어낼 수 있다.

SERVICE MARKETING

CHAPTER

15

서비스 품질관리

PROLOGUE

인천국제공항, 식음료서비스도 '세계 최고' 평가

공항 분야의 유엔(UN)으로 불리는 국제공항협의회의 '세계 공항 서비스 평가(ASQ)'에서 12년 연속 1위를 차지해 온 인천국제공항이 식음료 분야에서도 세계 최고의 평가를 받았다.

인천국제공항공사(사장 정일영)는 지난 21일 오후(현지시간) 핀란드 헬싱키에서 열린 '2018 Airport FAB(Food & Beverage) 시상식'에서 '올해의 고객서비스' 부문 최우수상을 수상했다고 26일 밝혔다. 이로써 인천공항은 FAB 시상식에서 아시아 공항으론 최초로 4년 연속 수상했다.

항공업계에 따르면 영국의 여행 리테일 전문지인 무디리포트가 자매지 푸디리포트와 공동으로 개최하는 'Airport FAB 컨퍼런스&어워즈'는 공항 식음료 · 컨세션 사업의 새로운 트렌드와 우수 노하우를 공유하는 세계적인 행사다. 올 행사에는 총 20개 분야에서 250개 공항과 브랜드가 참가했다.

공항 식음료서비스의 새로운 방향성을 제시하기 위한 개선노력을 평가하는 '올해의 고객서비스' 부문에서 인천공항은 '스마트 서비스, 고객서비스의 새로운 지향점'이란 주제로 최우수상을 수상했다.

인천공항은 로봇, AI, 빅데이터 등 4차 산업혁명 기술을 활용해 메뉴선택, 주문 · 결제 등의 과정에 스

마트 기술을 도입해 왔고 이 같은 '스마트 공항' 추진성과를 인정받아 최우수상을 수상하게 됐다고 설명했다.

무디리포트 관계자는 "인천공항은 이번 수상을 통해 공항 운영의 우수함과 식음료 분야에서도 세계 최고의 공항임을 다시 한 번 입증했다"며 "특히 4차 산업혁명과 같은 시대의 흐름과 최신 트렌드를 반영한 고객서비스가 돋보였고 최신 기술을 활용해 고객서비스의 새로운 지향점을 제시했다는 점을 높이 평가했다"고 말했다.

정일영 인천공항공사 사장은 "인천공항은 식음료매장을 방문하는 하루 평균 9만 명의 고객들에게 양질의 식음료와 차별화된 서비스를 제공하고 있다"며 "앞으로 스마트 인천공항을 구현해 여객들에게 인천공항만의 멋과 맛을 담아낸 차별화된 서비스를 선보이겠다"고 강조했다.

자료원: 머니투데이, "인천공항, 식음료서비스도 '세계 최고' 평가," 2018.06.26.

15.1 서비스 품질의 이해

서비스 품질이란?

품질에 대한 정의는 학자나 실무자들 사이에 일치된 합의를 얻지 못한 채 다양한 의미로 사용되고 있으며 각 학문 영역에 따라 품질에 대한 관점에 다소 차이를 나타내고 있다. 이러한 차이는 선험적 접근, 상품 중심적 접근, 사용자 중심적 접근, 제조 중심적 접근, 가치 중심적 접근 등으로 구분하여 정의될 수 있다.

선험적 접근(transcendent approach) 품질은 정신도 물질도 아닌 독립적인 제3의 실체로, 타고난 우월성을 의미한다. 이러한 관점은 시각예술에 적용될 수 있다. 사람들은 반복된 노출을 통해 품질을 인식하게 된다고 본다. 즉, 이는 정확하게 정의를 내릴 수는 없지만 경험을 통해서만 알 수 있는 다분히 분석 불가능한 개념이다.

상품 중심적 접근(product-based approach) 품질을 정밀하고 측정 가능한 변수로 보는 것이다. 품질의 차이는 상품의 내용물이나 속성의 차이 때문이라고 본다. 이와 같은 관점은 완전히 객관적이기 때문에 고객의 개인 취향, 욕구, 선호를 잘 설명하지 못한다. 이러한 견해에 따르면, 상품은 그것이 지닌 특성의 총합에 의해 평가되기 때문에 품질에 대한 수직적 측면에서의 정의라고 할 수 있다.

사용자 중심적 접근(user-based approach) 품질은 보는 사람의 눈에 따라 다르다는 가정에서 출발한다. 이러한 주관적이고 수요자 지향적인 관점은 고객들의 다양한 욕구를 반영한다. 개별고객들은 서로 다른 욕구와 필요를 가지고 있으므로 그들의 선호를 가장 잘 만족시켜 주는 상품이 가장 높은 품질을 가진 것으로 간주한다.

즉, 품질은 개인에 따라 다른 주관적 개념이라고 제시하고 있다. 마케팅 측면에서 이 접근법은 특정 고객에게 최대의 만족을 제공하는 상품특성의 최적결합인 이상점(ideal point)의 개념을 도출할 수 있다.

제조 중심적 접근(manufacturing-based approach) 이것은 앞의 접근방식과 반대로 공급자 지향적이고, 주로 엔지니어링과 제조에 관심을 가진다. 제조 중심적 접근은 공학적인 방법이나 제조방법과 관계가 있는 것으로 품질을 '요구에 대한 합치(conformance to requirement)'로 정의한다. 일단 상품의 설계와 규격이 결정되면 이러한 기준으로부터 벗어나는 것은 품질의 저하를 의미한다. 이 접근방법은 품질에 대한 고객의 관점을 인정하지만, 그 중요한 초점이 공급자 내부적인 것에 있다는 한계가 있다. 즉, 품질을 단순히 생산과 제조 시에 통제하는 방법과 동일시한다.

가치 중심적 접근(value-based approach) 여기서는 품질을 가치와 가격으로 정의한다. 이에 따르면 양질의 상품은 '만족스러운 가격에 적합성을 제공하는 상품'이라 할 수 있다.

이상의 품질에 대한 5가지 정의는 각각 의미가 있고 서비스 마케팅 연구에 중요한 시사점들을 가지고 있다. 그러나 서비스 품질의 연구에 있어서는 사용자 중심적 정의를 기초로 한 서비스 품질의 개념이 가장 일반적인 방법으로 인식되고 있다.

서비스 품질의 특성은?

객관적 품질과 인식된 품질 많은 연구자들은 객관적 품질(objective quality)과 인식된 품질(perceived quality)의 차이를 강조하여 왔다. 연구자들은 기계적 품질과 인간적 품질을 구별하였는데, 기계적 품질은 사물이나 사건의 객관적인 면이나 특징을 포함하는 것이며 인간적 품질은 객체에 대한 사람들의 주관적인 반응을 포함한다. 서비스 품질의 정의에 있어서는 '객관적 품질'을 고려하되 주로 '인식된 품질'이 사용되어야 할 것이다. 이 때의 인식된 품질은 '실체에 대하여 소비자가 판단한 보편적 우월성'으로 정의된다.

과정품질과 결과품질 서비스 품질에는 크게 두 개의 차원이 있다. 즉, 기술적 차원(결과차원)과 기능적 차원(과정차원)이다. 결과품질(outcome quality)은 고객이 기업과의 상호작용에서 무엇을 받느냐를 나타낸다. 이는 서비스와 관련해 생산과정이나 구매자와 판매자의 상호작용이 끝난 뒤 고객에게 남은 것을 나타낸다. 이는 보통 객관적으로 평가할 수 있는 차원인데, 그 성격상 문제에 대한 기술적 해결책인 경우가 많기 때문에 기술적 품질(technical quality)이라고도 부른다.

품질의 또 한 가지 중요한 측면은 과정이다. 예를 들어, 스튜어디스의 용모나 행동, 직원들이 어떻게 일을 수행하는가 등이 품질에 대한 고객의 인식을 바꿀 수 있다. 즉, 고객이 서비스를 어떻게 받는가 또는 서비스 제공과정을 어떻게 경험하는가를 나타내는 것이 과정품질(process quality)이다. 이는 구매자－판매자 간의 상호작용에서 진실의 순간들이 어떻게 다루어지는가, 서비스 제공자가 어떻게 기능을 수행하는가를 나타내므로 과정의 기능적 품질(functional quality)이라고 부른다.

기업의 이미지는 서비스에 있어서 매우 중요하며, 서비스 품질을 평가하는 데 여러 가지로 영향을 미치게 된다. 만약 서비스 기업이 좋은 이미지를 가지고 있다면 사소한 실수는 아마도 용서될 것이다. 이와 같이 품질의 인식에 있어서 이미지는 필터처럼 여과하는 작용을 하는 것이다.

기대와 성과의 비교 흔히 '서비스 품질은 기대와 성과의 비교에 의해 결정된다'고 말한다. 소비자들이 인식한 서비스 품질은 '서비스 기업이 제공해야 한다고 느끼는 소비자들의 기대와 기업이 제공한 실제 성과를 비교'하는 데서 나오는 것이다. 그러므로 서비스 기대와 서비스 성과를 비교함으로써 서비스 품질이 인식되는데, 이는 소비자의 기대와 성과 사이에 있는 불일치의 정도와 방향으로 볼 수 있다. 소비자들은 여러 가지 영향요소에 의하여 구매 이전에 서비스에 대한 기대를 가지며, 이러한 기대와 소비자들이 실제로 제공받는 서비스의 성과를 비교하여 서비스의 품질을 인식한다. 이는 서비스 품질에서 상당히 중요한 개념으로 서비스 품질에 대한 모형설계에 기초개념으로 이용된다.

15.2 서비스 품질측정모형

서비스 품질측정에 대한 주요한 두 가지 접근법은 Grönroos 모형과 SERVQUAL 모형이다. 이 두 가지 품질측정모형은 1980년대 중반부터 많은 연구들에 의해서 사용되고 연구되었다. 하지만 1990년대 중반 이후 SERVQUAL 모형에 대한 비판과 더불어 Grönroos 모형이 다시 조명을 받기 시작했고, 그 이후로 Grönroos 모형을 개선한 3차원 품질모형이 개발되었다. 현재는 개발되고 있는 다양한 서비스 품질측정모형은 업종의 고유한 특정을 반영한 수정모형들로서 이론적 출발점은 이들 모형에 토대를 두고 있다. 이하에서는 이 서비스 품질측정모형들에 대해서 살펴보도록 한다.

Grönroos 2차원 모형

스웨덴 학자 Grönroos는 2차원 품질모형을 개발하였다. Grönroos 모형은 서비스 품질이 '결과품질'과 '과정품질'로 이루어져 있다고 가정하였다. 결과품질은 '기술적 품질'이며 고객들이 서비스로부터 얻는 것의 품질, 즉 '무엇(what)'에 해당하는 품질이고, 과정품질은 '기능적 품질'이며 고객들이 서비스 상품을 얻는 전달과정의 품질, 즉 다시 말하면 '어떻게(how)'에 해당하는 품질이다.

[그림 15-1]은 Grönroos가 제안한 2차원 품질모형을 나타내주고 있다. 그는 지각된 서비스 품질(perceived service quality)은 기대한 품질과 체험한 품질 간의 차이에서 인식되는 것이라고 보았다. 체험한 품질은 '과정'과 '결과'의 두 차원의 품질이 그 서비스 제공자 또는 서비스 기업의 이미지라는 필터를 거쳐 형성되는 것으로 보았다. 이미지 요소를 지각된 서비스 품질평가에 고려했다는 것이 이 모형의 특징이다.

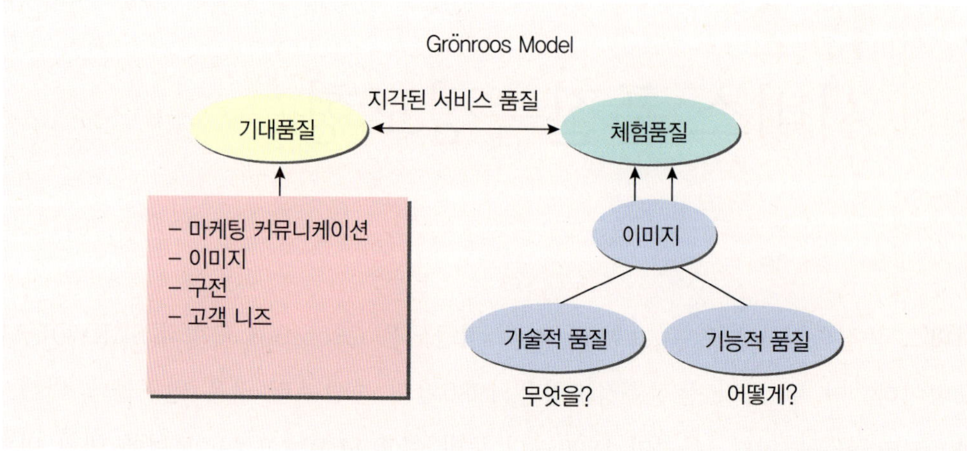

그림 15-1 | Grönroos 2차원 품질모형

SERVQUAL 5차원 모형

서비스 품질은 제품품질과는 달리 불량률이나 내구성과 같은 객관적인 척도로 측정하기 어렵기 때문에 고객의 인식을 측정하여 서비스 품질을 측정하고 있다. 이러한 인식의 평가를 위해 Zeithaml, Berry and Parasuraman(1988)은 여러 항목으로 구성된 측정도구를 개발하였다.

서비스 품질에 관한 대부분의 연구는 '사용자 중심적'이다. Parasuraman, Zeithaml, Berry(이하 PZB)는 표적집단 인터뷰(focus group interview)를 통해 〈표 15-1〉과 같이 고객이 서비스 품질을 평가하는 10가지 기준을 제시하였다.

10가지 요소 중에서 능력과 신용도를 제외하고는 모두 서비스 품질의 과정 차원과 관련되어 있는 만큼 품질의 과정적 측면, 즉 기능적 품질 측면이 중요하다는 사실을 확인할 수 있다. 그런데 이상의 10개 차원이 모두 독립적인 것은 아니다. 예를 들어, 신용도(credibility)나 안전성(security)은 다소 중복되는 차원이라 할 수 있다. 따라서 이렇게 중복되는 측정수단을 정량적 실증적인 방법을 통해 다시 추린 결과, PZB는 SERVQUAL 모형을 유형성(Tangibles), 신뢰성(Reliability), 응답성(Responsiveness), 확신성(Assurance), 공감성(Empathy)이라는 5개 차원으로 수정하게 되었다. 기존의 10개의 평

표 15-1 | 고객이 서비스 품질을 평가하는 10가지 차원

차 원	정 의
유형성 (Tangibles)	서비스의 평가를 위한 외형적인 단서 예) 물리적 시설, 장비, 직원 외모, 서비스 시설 내의 다른 고객, 의사소통, 도구의 외형
신뢰성 (Reliability)	약속된 서비스를 정확하게 수행하는 능력 예) 서비스 수행의 철저함, 청구서 정확도, 정확한 기록, 약속시간 엄수
응답성 (Responsiveness)	고객을 돕고 즉각적인 서비스를 제공하려는 의지 예) 서비스의 적시성, 고객의 문의나 요구에 즉시 응답, 신속한 서비스 제공
능력 (Competence)	서비스를 수행하는 데 필요한 기술과 지식의 소유 예) 조직의 연구개발력, 담당직원과 지원인력의 지식과 기술
예절 (Courtesy)	직원의 친절과 배려, 공손함 예) 고객의 돈과 시간에 대한 배려, 정중한 태도
신용도 (Credibility)	서비스 제공자의 진실성, 정직성 예) 기업 평판, 기업명, 직원의 정직성, 강매의 정도
안전성 (Security)	위험, 의심으로부터의 자유 예) 신체적 안전, 금전적 안전, 비밀보장
접근가능성 (Access)	접근성과 접촉 용이성 예) 전화예약, 대기시간, 서비스 제공시간 및 장소의 편리성
커뮤니케이션 (Communication)	고객의 말에 귀 기울이고, 고객에게 쉬운 말로 알림 예) 서비스에 대한 설명, 서비스 비용의 설명, 문제해결 보증
고객의 이해 (Understanding the Customer)	고객과 그들의 욕구를 알려는 노력 예) 고객의 구체적 요구사항 학습, 개별적 관심 제공, 우량고객 인정

가기준들 가운데 능력, 예절, 신용도, 안전성이 확신성으로 통합되고, 접근가능성, 커뮤니케이션, 고객의 이해가 공감성으로 통합되었다.

① 유형성 : 물적 요소의 외형

② 신뢰성 : 믿을 수 있고 정확한 임무수행을 함.

③ 응답성 : 즉각적이고 도움이 됨.

④ 확신성 : 능력, 공손함, 믿음직함, 안정성

⑤ 공감성 : 접근용이성, 원활한 의사소통, 고객에 대한 충분한 이해

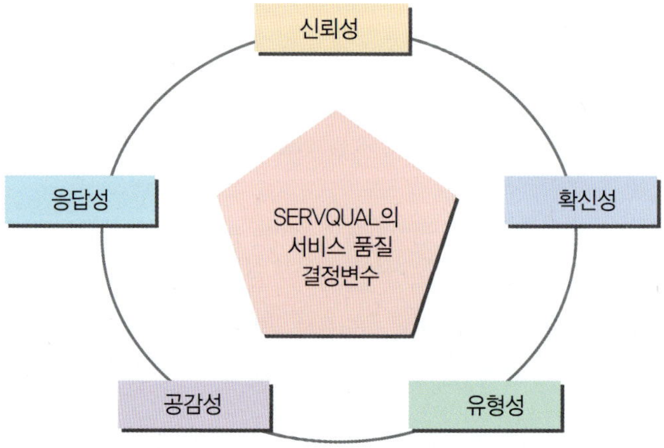

그림 15-2 | SERVQUAL 5차원 모형

〈표 15-2〉는 SERVQUAL 설문지의 예를 제시한 것이다. SERVQUAL은 크게 두 부분으로 이루어져 있는데, 하나는 서비스 산업에 대한 고객의 기대를 평가하는 항목들(업종: 우수한 은행은 ~할 것이다)로 구성되고, 다른 하나는 특정 기업에 대한 성과평가 항목들(기업: 예를 들면, IBK기업은행은 ~하다)로 구성된다.

SERVQUAL 모형은 이와 같이 서비스에 대한 기대를 성과 항목 다음에 측정하고 있다. 그런데 기대와 성과 사이에 일련의 관계가 형성될 수 있는데, 다음과 같은 문제가 발생할 수 있다. 설문지에서 성과 항목을 먼저 질문하고 그 후에 기대를 질문하기 때문에 편의가 발생할 수 있다. 다시 말해서 기대가 성과 항목에 의해서 영향을 받을 수 있게 된다. 그리고 같은 맥락에서 성과 인식에는 엄격히 말해서 기대가 내재되어 있기 때문에 기대와 성과를 별개로 측정하는 것은 사실상 기대를 중복 측정하는 것과 다를 바 없다. 게다가 SERVQUAL 모형이 기대와 성과의 차이를 측정함으로써 측정 점수가 안정적이지 못하고 각 차원의 판별타당도가 낮으며 분산에 제약이 있기 때문에 측정도구로 문제가 있다는 지적도 있다.

이에 대한 대안으로 Cronin & Talyor(1992)는 '서비스 품질=성과'라는 공식을 수립하고, PZB의 5개 차원의 22개 항목을 그대로 사용하되 기대를 측정하지 않고 성과만을 측정한 SERVPERF 모형을 제안하였다. 이렇게 개발된 SERVPERF는 성과 항목만을 평가하는 모형으로 지금까지 논의한 문제를 해결한 대안적 측정 도구로서 사

표 15-2 | SERVQUAL 설문지

기대평가 항목	
1.	우수한-기업은 최신장비를 갖추고 있을 것이다. 동의하지 않는다. 보통이다. 강력히 동의한다. (①····②····③····④····⑤····⑥····⑦)
2.	우수한-기업의 시설은 시각적으로 보기에 좋을 것이다.
3.	우수한-기업의 직원은 옷차림과 용모가 단정할 것이다.
4.	우수한-기업은 업무에 적합한 시설과 분위기를 갖출 것이다.
5.	우수한-기업은 정해진 시간 안에 업무처리를 약속하였다면 반드시 지킬 것이다.
6.	고객에게 문제가 생겼을 때 우수한-기업은 관심을 보이고 해결해 줄 것이다.
7.	우수한-기업은 믿고 의지할 수 있을 것이다.
8.	우수한-기업은 약속한 시간에 서비스를 제공할 것이다.
9.	우수한-기업은 업무기록을 정확하게 유지할 것이다.
10.	우수한-기업은 고객들에게 언제 업무를 처리해 줄 것인지 말해 줄 것이다.
11.	우수한-기업의 직원들은 고객에게 즉각적인 서비스를 제공할 것이다.
12.	우수한-기업의 직원들은 항상 자발적으로 고객을 도울 것이다.
13.	우수한-기업의 직원들은 아주 바쁠 때도 고객의 요구에 신속하게 대응해야 할 것이다.
14.	고객은 우수한-기업의 직원을 신뢰할 수 있을 것이다.
15.	우수한-기업은 고객이 안심하고 거래하기 위한 안전을 확보할 것이다.
16.	우수한-기업의 직원들은 예의가 바르고 공손할 것이다.
17.	우수한-기업의 직원들은 고객의 질문에 답변할 충분한 지식을 가지고 있을 것이다.
18.	우수한-기업은 고객에게 개별적인 관심을 기울일 것이다.
19.	우수한-기업은 고객이 편리하게 이용할 수 있게 영업시간을 맞출 것이다.
20.	우수한-기업의 직원들은 고객에게 개인적으로 신경을 써준다.
21.	우수한-기업은 고객의 이익을 진심으로 생각해 줄 것이다.
22.	우수한-기업의 직원은 고객의 필요를 이해할 것이다.

용되고 있다.

3차원 품질모형

SERVQUAL 모형이 개발된 이후 학계와 실무에서 이를 널리 도입하게 되면서 Grönroos 2차원 모형은 사실 관심을 많이 받지 못하였다. 주된 이유는 SERVQUAL 모형은 품질을 실제로 측정할 수 있는 측정도구인 데 반해, Grönroos 모형은 개념적으로만 제시된 모형이었기 때문으로 보인다. 그러던 중 SERVQUAL 모형의 한계에 대한 비판이 일면서 수정된 품질모형들이 제안되기 시작했다.

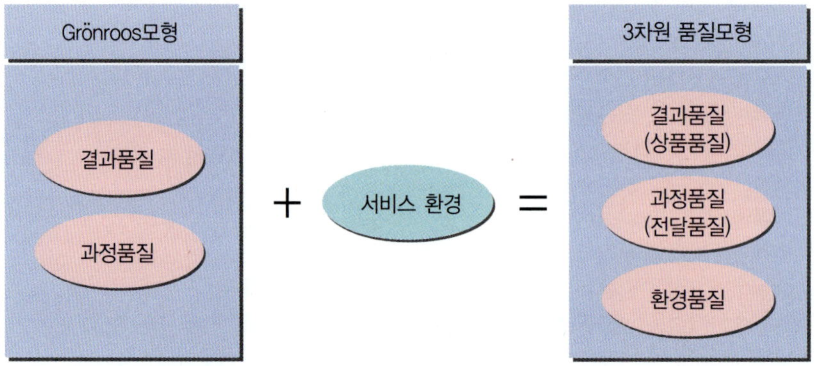

그림 15-3 | 3차원 품질모형

Rust & Oliver(1994)는 서비스 품질의 구성 차원으로 [그림 15-3]과 같이 상품품질, 전달품질, 환경품질의 3가지를 제안하였다. 상품품질은 Grönroos의 결과품질에 해당되고, 전달품질은 Grönroos의 과정품질과 유사한 개념이다. 그리고 환경품질은 최근 들어 서비스 품질 연구에 있어 그 중요성이 점차 부각되고 있는 차원으로서 서비스의 배경이라고 볼 수 있다. 이들은 이 모형을 실증하지 않고 개념적으로만 제시했다.

Brady & Cronin(2001)은 Rust & Oliver의 3차원 모형과 Dabholkar, Thorpe, and Rentz(1996)의 서비스 품질 위계구조모형을 받아들여, 3차원으로 구성된 서비스 품질 위계구조모형을 개발하였다. 그리고 각 차원을 '상호작용 품질(interaction quality)', '결과품질(outcome quality)', '물리적 환경품질(physical environment quality)'로 명명하였고 실증분석을 통해 3차원 모형을 최초로 뒷받침하였다. 이와 같은 3차원 모형은 서비스 품질의 다면적 측면을 모두 아우를 수 있어서 직관적으로나 실용적인 관점에서 볼 때 논리적이고 포괄적인 모형으로 평가할 수 있다. 이러한 이점 때문에 최근의 서비스 품질 연구에는 3차원 모형을 사용하는 경향이 높아지고 있다. 이유재와 라선아(2011)는 서비스 품질차원모형을 비교하는 실증연구를 통해 Grönroos의 2차원 품질 모형보다는 Brady & Cronin의 3차원 품질모형이 더 우수하다는 것을 보인 바 있다.

15.3 서비스 품질지수

서비스 품질이 중요한 이슈로 인식되면서 업계에서도 기업들을 대상으로 서비스 품질을 측정해 오고 있다. 앞에서 살펴본 이론적이고 개념적인 모형과는 달리 실무에서는 서비스 품질지수를 산출해 평가를 비롯하여 다양한 목적으로 활용되고 있다. 국내에서는 한국표준협회가 2000년 이후부터 서비스 산업에 적용할 수 있는 서비스 품질평가지표인 KS-SQI(Korean Standard-Service Quality Index)를 이용하여 매년 기업의 서비스 품질지수를 측정 · 발표하고 있다. 이외에도 공공기관의 만족도를 측정하기 위해 개발된 SSI(Seoul Service Index) 및 PCSI(Public-service Customer Satisfaction Index)는 고객만족의 인과관계 모형에서 서비스 품질을 고객만족의 선행요인으로 설정하여, 공공기관의 서비스 품질을 비중있게 측정하고 있다. 여기서는 대표적인 서비스 품질지수를 살펴보도록 한다.

한국서비스품질지수 (KS-SQI: Korean Standard-Service Quality Index)

KS-SQI는 국민행복을 위한 고품질 서비스 요구의 증가에 부응하고 급속한 세계화에 따른 선진서비스 접촉 기회가 증대함에 따라 한국 실정에 맞는 서비스 품질측정방안의 도입이 절실히 요구되고 있는 상황에서 저자가 2000년 개발한 모형이다. 한국표준협회(KSA)가 주관하는 KS-SQI는 서비스 산업의 품질평가를 위해 개발된 국내 첫 서비스 품질평가지수이다. 참고로 NCSI와 KCSI는 일반적인 고객만족 모형으로서 서비스 부문을 위한 고유한 품질평가모형은 아니었다.

서비스 기업과 서비스 상품은 제조기업 또는 제품과 다른 고유한 특징이 있기 때문에 일반적인 고객만족지수로는 정확한 서비스 품질의 평가를 하기에 역부족이었다. 따라서 KS-SQI는 서비스의 고유한 특성을 반영한 다차원적인 모형으로서 일반적인 서비스 업종에 범용적으로 사용될 수 있다.

KS-SQI는 한국 내 모든 서비스의 품질에 관한 국가 및 전 산업의 통일된 지표이자, 동종산업은 물론 관련 이종산업 벤치마킹 자료로 활용이 가능하며 서비스 품질의 선행지표와 결과지표 간의 인과관계 프로세스를 반영하는 계량모델을 적용하여 기업 서비스 품질의 진단 및 개선 전략 수립을 위해 활용이 가능한 포괄적 모형이다.

KS-SQI는 서비스 품질에 있어서 성과품질과 과정품질을 균형적으로 고려하였다. 특히, KS-SQI는 서비스 품질을 그 서비스의 성과에 의해서 측정하는 SERVPERF를 반영하였다. 이러한 방법은 측정의 편리성과 현실적 적용의 용이성 등으로 실무에서 각광받고 있으며, 싱가포르 서비스 품질평가모형으로 채택되는 성과를 거두는 등 해외에서도 인정받고 있다.

KS-SQI는 2019년에 KS-SQI 3.0(사람을 위한 서비스를 지향하며 제조-서비스업을 포괄하여 적용 가능한 서비스 평가모형), KS-SQI-e(4차 산업혁명 시대에 업계를 선도할 수 있는 온라인 기반 서비스 평가모형)로 새롭게 개편되었다. 보다 자세한 내용은 KS-SQI 웹사이트(http://ks-sqi.ksa.or.kr/)를 참조할 수 있다.

한국산업의 고객만족도 (KCSI: Korean Customer Satisfaction Index)

한국능률협회컨설팅(KMAC)의 주관으로 실시되고 있는 KCSI(Korean Customer Satisfaction Index, 한국산업의 고객만족도) 조사는 1992년 이래 매년 실시하여 언론에 공표되고 있다. 본 조사는 한국산업의 주요 제품 및 서비스에 대한 고객의 만족도 수준을 측정하여 각 산업 및 기업의 현재 위치를 확인하고, 고객의 불만요인을 추출하며 향후 관련 산업 및 기업의 경쟁력 향상과 고객만족 경영전략 수립을 위한 기초자료를 제공하는 데 의의가 있다.

선정방법 및 결과 공표에 대해서는 매년 고객만족도 조사를 통해 해당시장에서 가장 높은 만족도를 보인 상품이나 서비스를 선정하고 선정된 결과는 언론을 통해 매년 공표됨과 아울러 이의 인증 및 사례발표를 위한 포럼을 개최하고 있다. 보다 자세한 내용은 한국능률협회컨설팅 웹사이트(http://consulting.kmac.co.kr/certify/certify_01b_1.asp)를 참조할 수 있다.

국가고객만족도지수 (NCSI: National Customer Satisfaction Index)

미국고객만족지수(ACSI: American Customer Satisfaction Index)는 기업, 산업 및 국가 경제 성과를 평가하기 위해서 고객만족이라는 체감 서비스를 측정하는 평가시스템으로서 1989년에 개발된 스웨덴 고객만족지표를 바탕으로 1994년에 개발되었다. 최초 개발 당시 34개 산업 200개 기업을 대상으로 결과를 발표하였으며, 이후 ACSI를 바탕으로 1996년에 노르웨이 고객만족지표가 소개되었으며, 노르웨이 12개 산업 42개 기업에 대한 조사결과가 발표되었다. 특히, ACSI는 뉴질랜드, 타이완, 오스트리아를 비롯하여 전 세계에 도입되었으며 한국에서는 생산성본부에 의해서 국가고객만족도지수(NCSI: National Customer Satisfaction Index)라는 명칭으로 채택되기에 이르렀다. 따라서 NCSI는 ACSI와 근본적으로 구조가 동일하다. 보다 자세한 내용은 한국생산성본부의 웹사이트(http://www.ncsi.or.kr/)를 참조할 수 있다.

서울시 서비스지수 (SSI: Seoul Service Index)

SSI(Seoul Service Index)는 서울시의 고품질 경영시정 구현을 목적으로 개발된 서울시 행정서비스의 품질평가지표이다. 이를 활용하여 행정서비스 분야별로 서비스 품질을 평가하고 그 결과를 반영해 더 나은 서비스를 제공하는 데 활용하는 것을 목표로 한다.

고품질 경영시정 구현의 궁극적인 지향점은 서울시 성과(city performance)의 향상으로 이어진다. 이러한 성과는 시의 관점에서는 시민의 시정에 대한 지지(citizen loyalty)의 확보라고 할 수 있으며, 시민의 관점에서는 시민행복(citizen happiness)의 증대로 이해할 수 있다. 민간기업의 품질경영 마인드를 시 행정에 접목시킴으로써 이른바 '경영시정'을 구현할 수 있게 된다. 그리고 원인과 결과를 동시에 평가함으로써 시민들이 체감하는 서비스 품질이라는 결과와 조직 내부의 잠재력 차원에서 무슨 원인이 있는지를 탐지해 냄으로써 보다 적극적인 의미에서 서비스 품질을 관리할 수 있게 된다.

이를 통해서 시 행정에 대한 진단과 처방을 심도 있게 수행할 수 있게 되며 그 결과 서비스 품질개선 노력의 효과성 및 효율성이 증대될 것으로 예상된다. 또한, 피드백을 통한 변화가 시민들이 체감하는 품질지표로서 재평가됨으로써 지표에 대한 신뢰성 및 평가제도에 대한 시민들의 신뢰성을 확보하는 데 기여할 수 있을 것이다. 보다 자세한 내용은 서울특별시 웹사이트(http://seoul.go.kr/info/organ/subhomepage/pnb/citisat/info)를 참조할 수 있다.

공공기관 고객만족도지수 (PCSI: Public Sector Customer Satisfaction Index)

규제 완화 등으로 인한 경쟁체제 확산, IT의 발달, 국민 의식 및 욕구 수준의 상승 등으로 국민들의 기대수준을 충족시키기 위해서는 정부와 공공기관은 변화하지 않으면 안 되게 되었다. 이에 정부는 2004년 공기업 및 정부산하기관관리기본법을 제정하고 고객만족도 조사를 전격 도입 실시하여 정부의 고객(국민) 최우선정책 의지를 천명함과 동시에 국민을 대상으로 한 고객만족도 조사를 경영평가에 반영하게 하였다.

기존의 고객만족도 조사는 주로 민간기업에 초점을 맞추었다. 그러나 정부기관 역시 정부차원의 혁신활동에 동참하고 민간기업과의 관계를 지속적으로 개선하며 소비자를 보호하고 다양한 서비스를 제공하는 등 끊임없는 혁신을 통해 존경받는 기업으로 성장해야 하는 상황이므로 민간기업과 마찬가지로 고객만족도 조사가 필수적인 상황이다. 이러한 배경에서 PCSI는 공기업 및 정부산하기관 평가에 사용될 수 있도록 개발된 것으로 공공부문의 특성을 선행요인, 만족개념, 성과변수에 모두 반영한 모형이다.

PCSI 모형은 '서비스 품질→고객만족→성과'에 이르는 인과관계모형으로 설정되었으며, 이들은 각각 다차원 위계구조를 갖는 별개의 모형으로 구성되었다. 이 중 서비스 품질차원은 Brady and Cronin(2001)의 3차원 관점을 채택하여 과정품질, 결과품질, 환경품질로 구성하였으며, 공공기관만이 갖는 특수성을 감안하여 사회품질을 포함시켰다. 결과적으로 공공기관 서비스 품질모형은 4개의 품질차원과 다수의 측정항목을 갖는 12개의 구성요소의 위계적인 구조로 설계되었다. 서비스 상품품질은 해당 공공기관이 제공하는 상품 자체의 품질을 의미하며, 서비스 전달품질은 서비스 전달과정에서 고객이 서비스 제공자와 제공수단으로부터 느끼는 품질, 서비스 환경품질은 공공서비스 제공시설 및 환경에 대한 품질로 정의하였다. 공공서비스의 특성을 품질차원으로 측정하기 위해 사회품질(social quality) 차원을 추가했는데, 사회품질은 서비스의 공공측면에서의 품질로 정의하였다.

15.4 서비스 품질관리

서비스 품질의 중요성은 다음과 같은 점을 생각해볼 때 분명하다. 품질이 좋지 못하면 그 기업은 경쟁상 불리하게 되며, 만약 고객들이 품질에 불만을 가진다면, 이들은 다른 기업을 찾게 될 것이 분명하기 때문이다. 이러한 맥락에서 서비스 품질관리에 대해 살펴보도록 한다.

서비스 품질과 서비스 생산성

먼저 거시적인 관점에서 서비스 품질을 서비스 생산성과의 관계에서 살펴보자. 일반적으로 생산성은 투입자원(input) 대비 산출물(output)의 비율이므로, 투입자원을 줄이거나 산출물을 늘리면 생산성은 증가할 것으로 기대된다. 하지만 이런 기업 중심적 관점은 제조업 상황에서는 충분할 수 있으나, 서비스업에서는 적절하지 못하다. 서비스 생산성은 [그림 15-4]에서 보듯이 기업 관점뿐만 아니라 고객 관점에서도 평가해야 하기 때문이다.

기업 관점의 생산성은 인적자원, 시설, 기술 등의 투입자원 대비 판매, 수익 등의 산출물의 비율로 계산된다. 그러므로 기업이 투입자원을 줄이면 당연히 기업 관점의 생산성이 증가할 것으로 기대할 것이다. 과연 그런 결과가 나오는지 확인해 보자. 기업의 어떤 투입자원의 감소는 때로 서비스 품질 하락을 초래할 수 있다(기업 투입자원 – 서비스 품질 경로). 서비스 품질 하락은 판매나 수익 등 기업의 산출물을 감소시키게 되고(서비스 품질 – 기업 산출물 경로), 또 고객불만을 야기해 고객의 산출물도 감소시킨다(서비스 품질 – 고객 산출물 경로). 그리고 고객불만은 다시 판매나 수익 등 기업의 산출물 감소를 가져오게 된다(화살표 2). 또한 기업의 투입자원 감소는 때로 고객에게 더 많은 노력을 요구하게 될 수 있고(화살표 1), 이는 서비스 품질 저하를 초래하고 나아가 판매 감

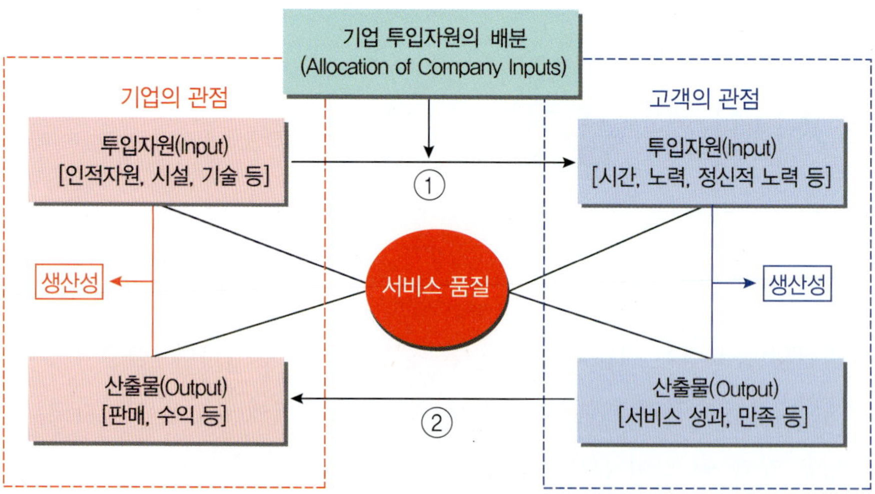

그림 15-4 | 서비스 품질과 서비스 생산성

소를 야기할 수 있다(고객 투입자원 – 서비스 품질 – 기업 산출물 경로). 결국 고객 관점의 생산성은 하락하고 기업 관점의 생산성도 하락하는 결과를 가져오게 되는 것이다. 서비스 생산성을 한 관점에서만 보는 것은 매우 위험하며, 한 관점의 생산성을 높이려고 하는 것은 다른 관점에서의 생산성 감소를 야기할 수 있다.

생산성은 고객 관점과 기업 관점에서 볼 수 있는데, 한 관점에서의 생산성은 무시되는 경우가 종종 있다. 그러나 [그림 15-4]에서 보는 것처럼 서비스 생산성은 반드시 기업 관점과 고객 관점에서 동시에 평가해야 하며, 서비스 품질이 바로 중심에서 두 관점을 연결시켜 주는 역할을 한다. 기업의 투입자원 배분이 서비스 품질에 미치는 영향을 평가하면서 서비스 품질을 중심으로 생각할 때 기업 관점의 생산성과 고객 관점의 생산성이 비로소 균형을 이루게 되는 것이다.

갭 분석 모형

[그림 15-5]는 서비스 품질 문제점의 원인을 분석하는 데 사용할 수 있는 '갭 분석 모형'이다. 이 모형은 관리자들에게 서비스 품질을 개선할 구체적 방안을 제시해 준

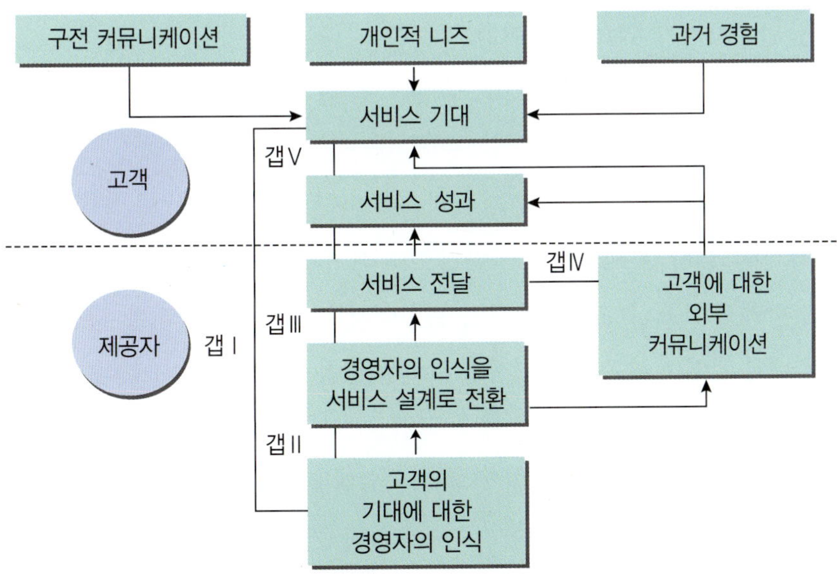

그림 15-5 | 갭 분석 모형

다. 모형의 윗부분은 고객과 관련된 현상들을 다루고, 아랫부분은 서비스 제공자와 관련된 현상들을 나타낸다.

고객의 서비스 품질 인식은 고객 기대와 서비스 성과의 격차, 즉 갭(gap)에 근거한다. 그리고 이 기대와 성과 간의 격차는 다음과 같은 4가지 갭으로부터 발생한다.

GAP Ⅰ: 기업이 고객 기대를 정확히 알지 못할 때(시장정보 갭)

GAP Ⅱ: 서비스 기준이 고객 기대와 다를 때(서비스 기준 갭)

GAP Ⅲ: 서비스 성과가 기준과 다를 때(서비스 성과 갭)

GAP Ⅳ: 서비스 성과가 약속과 다를 때(내부 커뮤니케이션 갭)

따라서 서비스 품질을 개선하기 위해서는 4가지 갭의 원인들을 밝혀내고 그 갭을 줄일 수 있는 전략을 개발해야 한다. 이 갭들의 원인에 대해 좀 더 자세히 살펴보기로 하자.

갭 Ⅰ: 고객 기대 – 경영자 인식 간의 격차(시장정보 갭)

과연 경영자는 고객의 기대를 정확하게 이해하고 있는가? 갭 Ⅰ은 경영자가 고객의 기대를 정확하게 인식하지 못해 발생하며 시장정보 갭(market information gap)이라고 부른다. 즉, 경영자들은 서비스의 어떤 특성들이 고객들에게 중요한지, 서비스가 고객의 욕구를 만족시키기 위해서는 어떤 특성을 지녀야 하는지, 그러한 특성들을 어느 수준까지 제공해야 고객들이 좋다고 느끼는지를 잘 알지 못한다. 이러한 갭 Ⅰ은 마케팅 조사, 상향적 커뮤니케이션, 관리계층에 따라 달라진다.

정확한 마케팅 조사의 시행 일반적으로 서비스 기업은 생산 기능이 중요하다고 생각하고, 마케팅 조사나 고객지향적인 측면에서 뒤져 있다. 이러한 생산지향성 때문에 고객에 대한 관심이 부족하고 고객이 원하는 바를 이해하려는 노력이 부족하다.

고객 조사를 위한 적극적 노력의 예로 고객을 모니터 요원이나 기업의 일일 경영자로 초청하는 것을 들 수 있다. 피자헛에서는 고객들에게 불만사항을 적고 친절한 직원을 추천하는 엽서를 돌린 적이 있다. 이와 같은 기업의 노력은 고객 니즈를 발견할 뿐만 아니라 우수 직원을 표창함으로써 서비스 품질향상을 꾀하려는 것이다.

상향적 커뮤니케이션 활성화 경영자보다는 고객과 접촉하는 직원이 고객들이 무엇을 원하는가를 더 잘 파악할 수 있다. 따라서 경영자가 고객을 잘 이해하기 위해서는 고객과 접촉하는 직원과의 커뮤니케이션이 필요하다.

커뮤니케이션에는 직원으로부터 경영진에게 전달되는 상향적 커뮤니케이션(upward communication)과 경영진으로부터 직원에게 내려가는 하향적 커뮤니케이션(downward communication)이 있는데 갭 I을 줄이기 위해서는 상향적 커뮤니케이션이 활성화되어야 한다. 고객과 접촉을 하며 고객들이 원하는 바를 잘 알고 있는 직원이 경영진에게 자유스럽게 보고할 때 갭은 줄어든다.

또한 커뮤니케이션의 질과 효율성이 중요하다. 예를 들어, 서면 커뮤니케이션보다는 대면 커뮤니케이션(face-to-face communication)이 더 효과적이다. 특히 메시지가 어렵고 애매할 때 또는 당사자들의 배경이나 의견이 다를 때, 대면 커뮤니케이션이 효율적이다.

관리계층의 축소 최고경영자와 일선 직원과의 사이에 많은 관리계층(level of management)이 존재할 때 갭 I은 더욱 커질 것이다. 이것은 한 사람의 말을 여러 사람이 전달하여 제일 마지막에 있는 사람에게 올바르게 전달되는가를 보는 '이야기 전달 게임'을 해본 사람이면 누구나 쉽게 이해할 것이다. 이와 같이 관리계층은 의사소통에 장벽이 되며 메시지의 전달과 이해를 방해하고 갭을 증대시킨다. 따라서 관리계층을 축소하는 것은 갭을 줄이기 위한 중요한 전략이 될 것이다.

갭 Ⅱ : 경영자의 인식 – 서비스 기준 간의 격차(서비스 기준 갭)

기업에게 잘 설계된 서비스 기준이 있는가? 갭 Ⅱ는 서비스 기준이 경영자의 인식과 일치하지 않을 때 발생하며 서비스 기준 갭(service standards gap)이라 부른다. 서비스 기업이 고객의 기대를 충족시키는 것은 결코 쉬운 일이 아니다. 왜냐하면 경영자가 고객 기대를 잘 알고 있다 해도 이런 기대를 충족하는 서비스를 설계하기가 어렵기 때문이다.

흔히 단기이익 지향성, 시장상황, 경영자의 무관심과 같은 많은 요인 때문에 경영자의 인식과 서비스 기준 사이에 갭이 발생한다. 이러한 갭의 정도에 따라 서비스 품질에 대한 고객의 평가가 달라진다. 이러한 갭 Ⅱ는 서비스 품질에 대한 경영자의 헌신, 목표설정 유무, 업무의 표준화, 실행 가능성의 인식에 따라 달라진다.

경영자의 헌신 흔히 서비스 품질을 추구하려는 경영자의 헌신이 없기 때문에 서비스 기준 갭이 발생한다. 비용절감이나 단기이익 같은 것은 쉽게 측정될 수 있으며 추적 가능한 결과이므로 서비스 품질보다 강조되기가 쉽다. 따라서 서비스를 소홀히 다루기 쉽기 때문에 이러한 갭을 줄이기 위해서는 품질에 대한 헌신을 경영자의 최우선 순위로 놓도록 해야 할 것이다.

페덱스(FedEx)의 스미스 회장은 서비스 품질에 관한 한 헌신적인 경영자로 유명하다. 그는 "우리는 중요한 일을 하고 있다. 우리는 세계 역사상 가장 중요한 것을 운반하고 있다. 99%의 고객만족으로는 불충분하며 언젠가 나타날 100% 고객만족 업체에게 자리를 빼앗길 것이다. 고객은 2등 기업에게는 결코 애정을 베풀지 않는다"라고 말할 정도로 품질에 헌신적인 경영자이다. 이와 같은 최고경영자의 헌신이 있는 경우 갭은 자연스럽게 줄게 된다.

서비스 품질목표 수립 명확한 품질목표가 수립되지 않은 경우에도 갭 Ⅱ가 발생한다. 목표설정(goal setting)을 함으로써 개인이나 조직은 더 좋은 성과를 달성할 수 있다. 또한 목표설정을 잘 할 때 조직을 잘 통제할 수 있다. 이와 같이 서비스 품질목표가 명확하게 수립되었을 때 갭은 줄어들게 된다.

업무의 표준화 경영자의 인식이 서비스 품질기준으로 이어지기 위해서는 업무의 표준화가 필요하다. 업무표준화가 잘 되어 있을 때 기준을 잘 만들 수 있고 효과적으로 실행할 수 있다. 비록 고객 개인에 따라 개별화된 서비스를 제공하는 경우에도 서비스의 일부 측면은 표준화할 수 있다. 따라서 업무의 표준화가 증대될 때 갭은 감소할 것이다.

고객 기대의 실행가능성 인식 경영자가 고객 기대를 충족하는 것이 가능하다고 인식할수록 갭 Ⅱ의 크기는 줄어든다. 디즈니의 창립자 월트디즈니는

"지구상에 상상력이 존재하는 한 디즈니랜드는 영원히 완결되지 못할 것이다"라고 말했다. 이는 인간의 상상력이 무한하기 때문에 이를 충족시키기 위해 디즈니랜드가 개발할 수 있는 상품도 무한하다는 가능성과 신념을 내포하고 있다.

갭 Ⅲ: 서비스 기준 – 서비스 성과 간의 격차(서비스 성과 갭)

제공하는 서비스가 서비스 기준과 일치하는가? 제공된 서비스 성과와 서비스 기준의 차이는 '서비스 성과 갭(service performance gap)'으로 불린다. 이는 경영자가 기대하는 서비스 수준을 직원들이 실행하지 못하는 정도를 나타내며 서비스 품질의 평가에 큰 영향을 미치지만 관리하기가 어렵고 표준화되기도 어렵다. 갭 Ⅲ의 크기를 설명하는 중요한 개념들은 팀워크, 직원-직무 간 적합성, 기술-직무 간 적합성, 통제의 정도, 경영자의 통제시스템, 역할갈등, 역할모호성 등이다.

팀워크의 형성 조직목표를 달성하기 위해서는 팀워크가 중요하다. 성과가 높은 집단을 보면, 구성원들이 집단의식을 가지고, 의사결정에 참여하며, 성과를 공유하고 이들을 통하여 목표를 달성한다. 따라서 고객에게 높은 품질의 서비스를 제공하려는 기업은 조직구성원 간의 팀워크가 필요하다.

직원-직무 간 적합성 보장 서비스 품질의 문제는 직원이 직무에 적합하지 않기 때문에 발생하기도 한다. 흔히 고객과 접촉하는 업무는 조직에서 낮은 수준에 위치하고 있다. 그러므로 이를 담당하는 직원들의 교육수준이나 봉급수준이 낮은 경향이 있다. 결과적으로 이들은 언어능력, 고객을 대하는 기술, 서비스 기술이 부족하기 쉽다. 많은 서비스 기업에서는 직원의 이직이 발생했을 때 즉각적으로 새로운 직원을 뽑는데, 이와 같이 급하게 결원을 보충할 경우 경험이나 기술이 부족한 사람이 뽑히기 쉽다. 게다가 경영자도 일선 직원 선발에 세심한 주의를 기울이지 않는다.

디즈니랜드는 계약직원까지 체계적으로 철저하게 교육시키는 것으로 유명하다. 디즈니는 일단 직원을 선발할 때 1년 이상 2년 단위로 모집하며 교육을 통해 디즈니의 사업철학을 소개하고 사업에 동화시키며 흥미롭게 일할 수 있는 환경을 만들어 준다. 심지어는 청소직원들의 교육에도 4일을 투자한다. 물론 쓰레기를 청소하는 것에 대해서는 단 2시간이면 충분하지만 실질적인 교육은 그 외의 것에 있다. 대부분의 교육 동안 그들은 고객들이 질문을 했을 때 어떻게 응답하는지에 관하여 교육받는다. 조사결과 고객들이 안내직원보다 청소직원들에게 문의하는 경향이 5배나 더 크다는 것을 알아냈기 때문이다. 청소직원들은 '어디에서 피자를 파는지', '백설공주에 나오는 7명의 난쟁이 이름은 무엇인지' 등의 다양한 고객 질문에 관한 대응을 교육받는다.

기술-직무 간 적합성 보장 높은 서비스 품질을 제공하기 위해서는 직원이 직무수행을 위해 사용하는 장비나 기술이 직무에 적합해야 한다. 좋은 장비나 기술을 사용할 때 직원은 성과를 높일 수 있으며 높은 서비스 품질을 제공할 수 있게 된다.

직원에게 인식된 통제권 제공 사람들은 여러 가지 스트레스를 받아가며 살아가고 있다. 여기서 통제의 정도라 함은 이와 같이 스트레스를 주는 상황을 사람들이 얼마나 통제할 수 있는가를 가리키는 말이다. 서비스 직원들이 직무에서 겪는 문제들에 유연하게 대처할 수 있다고 생각할 때 통제력은 증가한다. 이와 같이 통제력이 증가하면 성과도 증대되고 높은 수준의 서비스를 제공할 수 있게 된다.

경영 통제시스템 보통 고객과 접촉하는 직원의 성과는 그들의 결과/산출물에 의해 측정될 수 있다. 이런 경우 개인의 성과는 결과/산출에 기초한 통제시스템(output control system)에 의해 기록되고 통제된다. 그러나 많은 서비스 기업에서는 결과/산출에 기초한 통제시스템이 직원의 성과측정에는 부적절하고 충분치 못하다. 서비스 품질에 대한 직원의 성과를 측정하기 위해서는 행위에 기초한 통제시스템(behavioral control system)이 보다 유용하다. 산출물이나 결과의 측정보다는 주로 직원의 행동을 관찰/기록하는 것으로, 이러한 행동측정은 직원으로 하여금 고객이 바라는 서비스 품질을 제공하게 만든다.

역할갈등 해소 직원은 기업과 고객을 연결하며 양자의 요구를 만족시켜야 한다. 따라서 직원이 그들이 담당하는 직무에서 느끼는 역할갈등을 제거시켜야만 갭을 감소시킬 수 있다.

역할모호성 해소 역할모호성(role ambiguity)은 개인이 자신의 역할과 관련된 정보를 충분히 가지고 있지 못할 때 발생한다. 즉, 성과에 대한 기대를 분명히 모르거나, 기대를 충족시킬 방안을 모르거나, 직무행위의 결과를 모를 때 발생한다. 역할모호성은 역할에 대한 정의와 과업에 대한 명세가 명료하지 못한 관리직에 보편적인 현상이지만, 하위직에서도 상급자가 정확한 지침을 주지 못할 때 발생할 수 있다. 역할모호성도 역할갈등과 마찬가지로 직원에게는 스트레스를 유발할 뿐만 아니라 나아가 이직률 상승, 직무만족 감소, 인적자원의 불충분한 사용 등과 같은 부작용을 남는다. 직원들은 업무를 정확히 수행하는 데 필요한 정보를 가지고 있지 않을 때 역할모호성을 경험한다. 이는 직원의 성과를 어떻게 평가하고 보상하는지 모르고, 경영자의 기대가 분명하지 않기 때문에 발생한다. 따라서 하향적 의사소통, 교육훈련 등을 통하여 역할명료성을 확립하면 갭이 감소할 것이다.

갭 Ⅳ : 서비스 성과 – 외부 커뮤니케이션 간의 격차(내부 커뮤니케이션 갭)

고객이 인식하는 서비스 성과와 외부 커뮤니케이션 간의 격차는 내부 커뮤니케이션 갭(internal communication gap)이라 부른다. 기업의 외부 커뮤니케이션은 고객의 기대에 영향을 준다. 따라서 서비스 기업은 고객들에게 실제로 제공하는 것보다 더 많은 것을 약속해서는 안 된다. 이는 고객의 사전 기대수준을 상승시켜서, 약속이 이행되지 않을 경우 서비스 품질에 대한 고객의 인식을 낮추기 때문이다.

서비스 성과와 외부 커뮤니케이션의 불일치는 과대약속뿐 아니라 고객이 서비스에 대하여 정보를 갖지 못할 때도 발생하며, 이것은 고객이 서비스 품질을 인식하는 데 부정적인 영향을 미친다. 조직 내에서 갭 Ⅳ의 크기에 영향을 미치는 것으로는 수평적 커뮤니케이션과 과대약속 등을 들 수 있다.

수평적 커뮤니케이션 증대 수평적 커뮤니케이션(horizontal communication)은 조직에서 같은 계층의 구성원이나 부서 간의 의사소통을 의미하는 것으로 상호작용적 커뮤니케이션(interactive communication)이라고도 한다. 여기에는 2가지 형태가 있는데, 그 하나는 조직의 하위단위 내(within subunit) 수평적 커뮤니케이션으로서 구성원 간, 특히 같은 계층의 동료들과의 상호작용을 의미하며, 또 하나의 수평적 커뮤니케이션은 조직의 하부단위 간(between subunits)의 커뮤니케이션이다.

수평적 커뮤니케이션의 한 예로 광고부서와 고객접점 직원 간의 커뮤니케이션을 들 수 있다. 이것이 제대로 이루어질 때, 고객들은 광고를 통해 고객접점 직원들이 제공할 수 있는 것을 기대할 수 있게 된다. 마찬가지로 서비스 제공자와 판매원 사이의 커뮤니케이션이 필요하다. 일반적으로 양자 간에 상충이 생기면 고객의 기대는 충족될 수 없으므로 결과적으로 갭 Ⅳ의 크기는 증대될 것이다. 배달음식 주문 애플리케이션인 배달의민족 '배달의 민족'을 운영하는 우아한형제들 우아한 형제들에서는 "관계는 수평적으로, 일은 수직적으로"라는 기업문화를 강조한다. 한 예로, 직원들이 대표나 임원에게 질문을 할 때 SNS(소셜 네트워크 서비스) 메시지로 물어보는데 일반 기업에서는 쉽게 상상할 수 없는 일이다. 또한, 수요일마다 11시부터 30분 정도 봉타임(대표 김봉진 만나는 시간)을 진행하여 이 자리에서는 누구나 와서 무슨 이야기든 할 수 있게 한다. 이런 솔직 담백한 커뮤니케이션을 통해 우아한 형제들의 소속감과 연대감은 그 깊이가 남다르다.

우아한 형제들의 '봉타임'

과대약속의 유혹 거절 기업은 경쟁에서 이기려고, 또 새로운 고객을 확보하기 위하여 과대약속을 하는 경향이 있다. 이러한 경향은 갭 Ⅳ의 크기에 직접적인 관련을 갖는다. 따라서 갭 Ⅳ를 줄이기 위해서는 과대약속을 하지 않도록 해야 한다.

갭 V: 고객 기대와 서비스 성과의 차이

고객이 인식하는 서비스 품질은 기대와 서비스 성과 간의 격차, 즉 갭 V의 크기와 방향에 의존하며, 이것은 앞에서 살펴본 4가지 갭의 크기와 방향에 의해 결정된다.

서비스 품질함수의 형태

일반적으로 서비스 품질함수의 모양을 선형으로 가정하지만, 실제로는 고객의 특성과 품질 속성에 따라서 때로는 비선형적이다. 비선형적인 품질함수를 나타내고 있는 [그림 15-6]을 살펴보게 되면, 가로축은 서비스 성과, 그리고 세로축은 인식된 서비스 품질 수준을 나타낸다. 가로축의 서비스 성과를 살펴보면 N으로 표시된 지점이 바로 서비스 기업의 성과가 정상인 상황을 나타낸다. 이 때 N을 기점으로 N보다 낮은 수준의 성과를 나타내는 경우, 즉 기업의 성과가 정상 수준에 못 미치는 경우에는 인식된 서비스 품질이 가파르게 감소함을 살펴볼 수 있다. 즉, 이러한 비선형적 함수에 의하면 품질이 저조한 수준일 때 부정적인 인상을 갖게 만드는 것이 품질이 우수해서 긍정적인 인상을 심어주는 것보다 훨씬 쉬운 일임을 이해할 수 있다. 즉, 품질관리에 실패해서 낮은 수준에 머물게 되면 즉시 고객에게 나쁜 인상을 남길 수 있다는 의미이다.

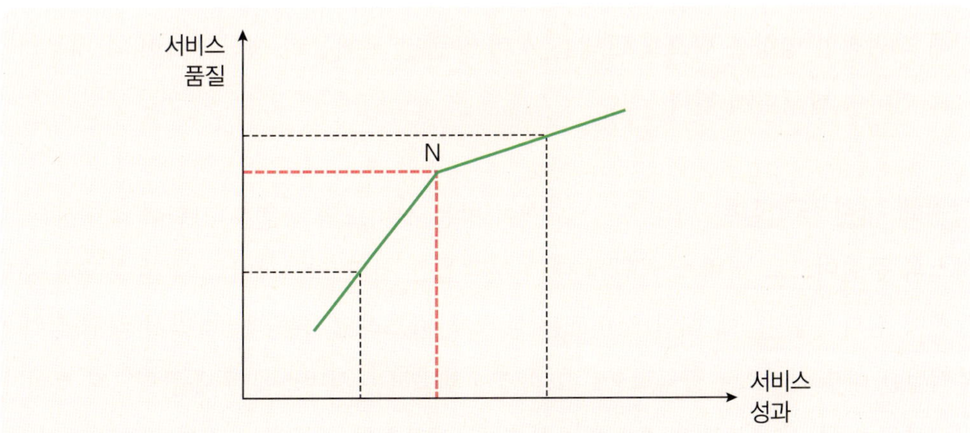

그림 15-6 | 비선형 품질함수

반면 성과가 정상 이상의 수준을 나타낼 때에는 서비스 품질이 완만한 기울기를 보이기 때문에 그만큼 서비스 품질 수준을 향상시키기가 어려워짐을 의미하기도 한다.

대부분의 경우 서비스 품질의 속성들이 고객들에게 모두 중요하다고 가정한다. 하지만, 어떤 속성은 향상되더라도 인식된 품질의 증가에는 별로 기여하지 못한다. 신뢰성이나 기능성과 같은 속성들이 이른바 위생요인으로서 그러한 예가 될 수 있는데, 이런 속성은 서비스 품질을 하락시킬 수는 있다. 반면에 품질 인식 향상에 직접적으로 기여하는 속성으로는 응답성, 청결성, 이용가능성들이 있는데, 이들은 대신 그 수준이 떨어지더라도 인식된 서비스 품질을 감소시키지는 않는다. 또한 인식된 서비스 품질에 양방향으로 영향을 미치는 속성도 존재한다. 편안함, 의사소통, 예절 등은 그 속성의 수준에 따라서 인식된 서비스 품질의 증가 내지 감소에 직접적인 영향을 미치게 된다.

서비스 품질 문제의 원천

생산과 소비의 비분리성 및 노동집약성 제품은 제조된 후에 판매되고 소비되는 데 반하여 서비스는 판매된 후에 고객 앞에서 생산된다. 이러한 생산과 소비의 비분리성은 대부분의 서비스가 노동집약적인 특성을 지니므로 한층 더 중요하다. 이로 인하여 서비스는 표준화되기 어렵고, 제공된 서비스의 편차로 고객의 서비스 경험이 불만족스럽게 된다. 고객의 서비스에 대한 경험은 서비스 제공자와 그 제공과정에 의해 직접적인 영향을 받으므로 많은 서비스 품질 문제들이 생산과 소비의 비분리성으로 인하여 발생하게 된다.

직원에 대한 부적절한 서비스 고객이 받는 서비스의 품질은 직원이 수행하는 서비스의 품질이므로 서비스 직원에 대한 부적절한 서비스는 서비스 품질 문제의 주요 원천이 된다. 직원들에 대한 서비스는 내부 서비스라고 부른다. 따라서 직원에 대한 부적절한 내부 서비스는 궁극적으로 고객에게 제공하는 서비스에 문제를 일으킬 것이다. 그러므로 이들 서비스 직원에게 만족할 만한 서비스를 제공하는 것이 필수적이다.

커뮤니케이션의 차이 커뮤니케이션의 차이는 서비스 품질 문제의 주요 원천이다. 여기에는 기업의 과대광고뿐만 아니라 기업이 제공하는 서비스를 고객에게 정확히 인식시키지 못한 경우와 고객의 요구를 정확히 들으려 하지 않는 경우를 포함한다.

고객을 수치로 보는 견해 기업들은 많은 고객들을 보유하고 있기 때문에 이들 고객들에게 개별화된 서비스를 제공하기보다는 고객들을 단순히 수치로 보는 견해를 갖게 된다. 따라서 개별고객의 중요성을 간과하게 되고 고객의 불만을 증대시키고 결국에는 서비스 품질 문제를 초래한다.

기업의 단기적 시각 단기적 이익의 강조는 비용절감에 치중한 나머지 고객 이익을 최우선으로 하지 않음으로써 결국에는 고객의 서비스 품질을 저하시킨다.

서비스 품질 개선방법

서비스 품질의 중요한 결정요소 파악 서비스 품질 개선은 고객에게 중요한 서비스 품질 결정요소를 파악하는 것으로부터 시작된다. 이를 기초로 서비스 품질 개선을 효과적으로 시행할 수 있다.

고객 기대관리 고객의 기대는 고객의 품질 인식에 중요한 역할을 하므로 과대약속에 대한 유혹에서 벗어나서 적절한 서비스 정보를 제공하는 것이 기업의 좋은 품질 이미지 달성에 도움을 준다.

유형요소관리 유형요소를 관리하는 것은 고객 기대관리와 밀접한 관련이 있다. 고객의 기대관리는 서비스 제공 이전에 현실적 기대를 약속하는 것이며, 유형요소의 관리는 서비스 제공 중 또는 그 이후의 평가와 관련이 있다. 고객은 유형요소에 쉽게 접근할 수 있으며 평가하기도 쉬우므로 이러한 요소의 관리는 제공된 서비스 품질 평가를 좌우한다.

고객에게 서비스 내용 제공 서비스 기업은 교육을 통하여 고객을 도울 수 있다. 서비스의 일부를 고객 스스로 수행할 수 있게 한다든지 서비스 사용의 적절한 시기, 방법 또는 서비스가 수행되는 과정을 설명해 줌으로써 고객의 지식을 증대시킬 수 있다. 서비스에 대한 지식이 있을수록 고객은 더 좋은 의사결정을 하며 만족할 가능성이 높아진다. 코웨이는 정수기 관리 서비스의 표준화와 가시화를 통해 서비스 품질을 향상시키고 있다. 코웨이의 전자식 서비스 도구 '코디 서비스 키트'는 고객들에게 물탱크와 유로 살균 서비스 등을 표준화하여 제공하고, 정수기 서비스 내용을 음성과 화면을 통해 고객들에게 직접 안내한다. 고객들은 표준화된 서비스와 서비스 진행과정을 눈으로 확인할 수 있는 점에 큰 편리함과 만족을 느끼고 있다.

기업 내에 품질문화 정착 지속적으로 높은 서비스 품질을 유지시키기 위해서는 기업문화 내에 품질 개념이 구현되도록 하여야 한다. 이것은 특정한 품질기준을 확립하고, 이 기준을 충족시킬 수 있는 직원을 채용하여 이들 기준이 달성될 수 있도록 훈련시키고 만족 정도를 측정하고 공정한 보상이 이루어질 때 가능하다.

자동화 실천 서비스 제공은 인적 활동과 물적 활동으로 이루어진다. 이 가운데 하나인 인적 활동 측면에서 기술적으로 자동화가 가능한 영역은 자동화 시스템으로 대체할 때 서비스 제공 시의 인간적 오류를 줄이며, 서비스 품질 문제를 방지할 수 있다. 보스턴 대학의 메디컬 센터에서는 루이스(Louise)라는 이름을 가진 가상 간호사를 개발하여 컴퓨터를 통해 환자들에게 홈케어에 대한 설명을 하고 있다. 이것은 병원에서 가장 큰 문제이던 재입원 사례를 예방하기 위해 개발되었는데, 루이스를 활용한 뒤 병원은 재입원 환자를 30% 줄일 수 있었다. 삼성생명은 직원이 컴퓨터로 하는 단순 · 반복 업무를 로봇을 통해 자동화하는 솔루션인 로봇 프로세스 자동화를 도입하여 서비스 품질을 높이고 있다. 로봇 프로세스 자동화 도입 후 직원들의 업무처리시간이 절반으로 줄어들면서 고객에게 서비스(보험 관련 서류)를 제공하는 시간도 단축된 것이다. 이는 직원들이 단순 · 반복 업무 대신 창의적인 업무에 더 많은 시간을 집중

가상 간호사 'Louise'

INSIGHT

삼성생명, '로봇 프로세스 자동화' 도입 6개월… '연간 2만4천 시간 절약'

#삼성생명에 근무하는 대출 업무담당 A씨. 그는 매월 말이면 그 달에 발생한 아파트담보 대출건의 공시가격을 국토교통부의 공동주택 공시가격 알리미 사이트에서 확인해 시스템에 입력했다. 고객들이 연말정산을 하는 데 필수적인 업무이지만 야근을 하면서도 단순업무라 업무 만족도는 높지 않았다. 그러나 RPA 도입 후 알리미 사이트상 수치가 회사 시스템에 자동 입력돼 매월 해오던 야근이 사라졌다.

#삼성생명에 계약자 배당금 산출내역서를 요청하러 간 B고객은 서류를 이틀 후에나 받아볼 수 있다는 답변을 받았었다. 그러나 RPA가 도입되고 직원들의 업무처리시간이 절반으로 줄어 고객에게 서류가 전달되는 시간이 하루로 단축됐다. 삼성생명은 지난해 10월 RPA를 도입한 지 6개월 만에 총 50여 개 업무에 적용해 연간 2만4천 시간을 절약했다고 17일 밝혔다.

RPA(Robotic Process Automation)는 사람이 컴퓨터로 하는 단순 · 반복 업무를 로봇을 통해 자동화하는 솔루션이다. RPA 정착은 삼성생명이 올해 초 밝힌 '디지털 혁신의 원년'이라는 경영방침과도 궤를 같이한다. 현성철 사장도 신년사를 통해 "경영 각 분야와 현장영업에 디지털 기술을 과감하게 적용해 고객과 직원들 모두 디지털 혁신을 체감할 수 있는 시스템을 구축해야 한다"고 강조했다.

RPA가 정착되자 직원들의 만족도도 높아졌다. 단순 · 반복 업무가 줄어들자 창의적인 업무에 집중할 수 있게 됐기 때문이다. 이 결과 사내 직원 만족도 조사에서 만족도는 96점, 향후 RPA 적용 의향 조사에서는 94점을 받기도 했다.

삼성생명은 RPA를 더욱 확산시키기 위해 현재 사내공모를 통해 추가 운영인력을 선발하고 2개월간의 역량 교육을 실시하고 있다. 올해에도 기존 50개 업무에 더해 추가로 50개 업무를 자동화해 직원들의 효율적인 업무 환경을 구축해 나갈 방침이다.

이상호 삼성생명 디지털추진팀장은 "2021년까지 600개 과제 수행으로 업무 생산성을 높이고 자체 개발한 딥OCR · 챗봇 기술과 연계해 지능형 RPA로 고도화시켜 나갈 계획"이라며 회사의 디지털 혁신에 강한 의지를 표명했다.

자료원: 매일경제, "삼성생명, '로봇 프로세스 자동화' 도입 6개월… '연간 2만4,000시간 절약'," 2019.04.17.

INSIGHT

'사물인터넷' 환자 맞춤형 건강관리 이끈다

과기부, IoT 국제전시회 개최…감염관리,

고령자 모니터링, 수면 시스템 등 주목

사물인터넷(IoT)이 헬스케어 서비스 제공 방식을 바꾸고 있다. 전용망을 활용해 데이터를 수집하고 다양한 건강관리 플랫폼과 연동하며, 실시간 모니터링 등을 적극 활용하며 환자 맞춤형 건강관리에 한 발짝 더 다가서는 모습이다.

과학기술정보통신부는 개인 생활, 가정, 공공서비스, 산업 현장 등 다양한 분야의 사물인터넷 제품과 서비스를 한자리에서 볼 수 있는 '2018 사물인터넷 국제전시회'를 개최했다. 이번 전시회에서는 인공지능(AI), 빅데이터, 클라우드 등 혁신 기술과 융합되어 새로운 가치를 창출하고 있는 사물인터넷을 감염관리와 수면, 그리고 고령자 모니터링 서비스 등 다양한 헬스케어 요소와 접목한 혁신 아이디어 제품과 시스템들이 다수 등장했다.

먼저 SK텔레콤은 주기적으로 자신의 혈당을 측정하고 다양한 건강관리 플랫폼을 통해 데이터를 자동으로 수집하며, 지속적으로 환자 맞춤형 건강관리 서비스를 받을 수 있는 IoT 혈당측정기를 선보였다. 데이터 기반의 보다 개선된 진단과 치료를 펼칠 수 있을 것으로 기대된다. 또한 조류독감 등 감염질환 정밀진단 및 감시체계를 위한 분자 POCT와 IoT 통신망을 결합한 지능형 실시간 질병 감시 시스템도 눈길을 끌었다. 또한 KT는 독거노인의 안전사고 예방 및 신속대응을 통해 고독사를 예방하는 Safe Mate 기술을 소개했다. LED 조명과 첨단 IoT 기술을 통해, 독거노인의 이상동작을 조기에 감지하며 복지 사각지대를 해소해 주는 서비스이다.

한편 지능형 상황인지 기반 고령자 건강 모니터링 서비스도 등장했다. 뇌졸중과 심전도 족압 등을 측정하는 각종 센서와 웨어러블 스마트 디바이스를 통해 사용자 행위를 분석하고 생체신호 · 주변정보 · 상황정보를 수집해 분석하고 병원과 119, 그리고 보호자 등과 빠르게 연계할 수 있다. 이지세이버는 세계 최초로 마이크가 내장된 IoT 기반 수면분석기로 주목받았다. 사용자는 호흡, 심박, 뒤척임, 무호흡, 코골이 등 자신의 수면 습관을 앱을 통해 데이터로 제공받고 더 나아가 전동침대와 연동하면 사용자의 수면상태에 따라 편안한 자세로 모션이 작동된다. 특히 병원과 연계한 원격 환자 모니터링 시스템을 구축해, 노인 혹은 거동이 불편한 환자의 건강을 수면분석기로 확인하며 주치의와 간단한 진료 및 케어 등 솔루션을 제공할 수 있다고 회사 측은 기대감을 밝혔다.

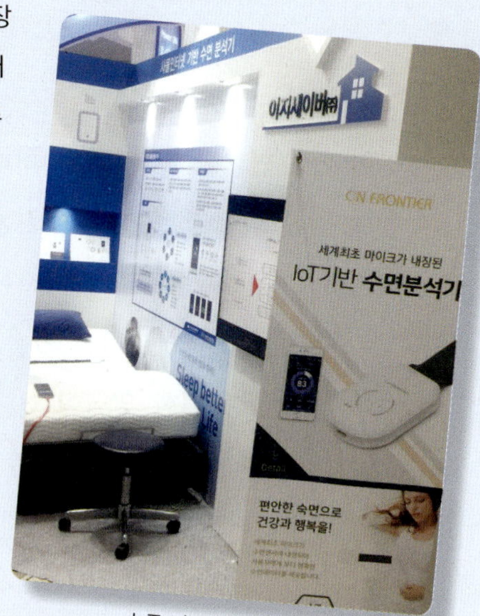

IoT 기반 수면분석기

자료원: 의학신문, "'사물인터넷' 환자 맞춤형 건강관리 이끈다," 2018.09.17.

디지털 헬스케어 영상

YouTube
https://www.youtube.com/watch?v=UZIuVsE4L9k

제 목 _ [4차 산업혁명 : 디지털 헬스케어] IT, 의료의 경계를 허물다

검색어 _ 4차 산업혁명, 디지털 헬스케어

할 수 있게 하며 직원만족도 높이고 있다.

변화하는 고객 기대에 대응 고객의 기대는 고정된 것이 아니라 시간과 상황에 따라서 변화한다. 고객의 기대는 보통 두 가지 차원으로 변화한다. 하나는 기대의 '수준'이 높아지는 것이고, 또 하나는 기대의 '관점'이 변하는 것이다. 예를 들어, 관점의 변화로서는 의료서비스에서 종래에는 환자가 병원을 직접 방문하여 진료를 받고 건강을 모니터링하는 것을 당연시하였지만, 5G 통신환경에서는 의료사물인터넷(IoMT) 활용에 대한 의식이 높아지면서 원격 의료서비스, 개인에 최적화된 실시간 건강관리 서비스 등을 기대하는 것으로 관점이 바뀔 수 있다. 서비스 기업은 이와 같은 기대의 변화를 예측해 그에 대응해야 한다.

기업 이미지 향상 고품질의 서비스를 제공하는 기업이 되기 위해서는 신뢰와 이미지가 중요하다. 오뚜기는 진정성 있는 윤리경영으로 소비자들에게 '갓뚜기'로 불리며 꾸준히 신뢰를 받고 있다. 비정규직을 최소화하겠다는 경영철학(마트에 파견하는 시식직원까지 정규직으로 고용), 꾸준한 사회공헌활동(2000년대 초 노숙자들에게 하루 토스트 100개를 나눠주며 유명해진 '석봉토스트' 김석봉 사장에게 토스트 소스를 무상 제공), 소비자 가격 동결(물가상승에도 라면 가격을 11년째 동결) 등 오뚜기의 지난 행보는 착한 기업 이미지를 각인시켜 소비자들의 신뢰를 이끌어내고 매출 향상에 긍정적인 영향을 미치는 것으로 평가되고 있다.

가시적 평가기준 제공 지속적인 고품질 서비스의 제공과 광고도 중요하지만 고객에게 가시적인 평가기준을 제공해 주는 것도 중요하다. 가시적인 평가기준으로 좋은 예는 데밍상, 말콤볼드리지상과 같은 공신력 있는 상을 수상하는 것이다. 영화의 아카데미상, 음악의 그래미상 등과 같은 저명한 시상식에서 수상한 영화 또는 영화배우들이나 가수들이 큰 인기를 누리는 것을 볼 수 있다. 공신력 있는 대회나 시상식에서 수상했다는 것은 사람들로 하여금 품질을 판단할 수 있는 가시적인 기준을 제공하는 것이 된다. 수상기업에 대해서는 일단 그 기업의 서비스를 이용한 적이 없는 사람들에게도 믿음을 갖고 구매할 수 있는 동기를 부여한다.

15.5 전략적 시사점

오늘날 서비스 품질은 어느 때보다도 중요해지고 있다. 많은 기업들이 어떻게 하면 더 나은 서비스를 제공할 것인가에 관심을 기울이고 서비스 품질관리에 전사적 노력을 기울이려고 한다. 이런 점에서 본 장에서 살펴본 서비스 품질모형과 서비스 품질 관리방안은 우리에게 많은 시사점을 주고 있다. 여기서는 중요한 전략적 시사점을 정리하여 서비스 품질관리의 교훈으로 삼고자 한다.

서비스 품질은 기업 이익에 기여한다.

서비스 품질은 기존고객을 유지하는 방어효과와 신규고객을 창출하는 공격효과를 통해 기업의 이익에 기여한다. 방어효과는 비용절감, 고객 충성도 상승, 구전효과 등을 통한 기존 수익의 유지에 기여하며 공격효과는 시장점유율 증가, 기업 이미지 상승, 프리미엄 가격 등을 통한 추가 수익의 증가에 기여한다. 말콤볼드리지 국가품질상에서 예비심사에 합격한 기업을 대상으로 조사한 결과 서비스 품질요소가 기업 성과에 미치는 공헌도는 1년에 생산성 9% 성장, 시장점유율 1.4% 증가, 자산 수익률 1.3% 개선효과가 있는 것으로 나타났다.

서비스 품질은 서비스 생산성을 통해 기업 성과에 기여한다.

흔히 생산성을 높이면 가격이 낮아지고 고객가치도 증가되는 것으로 생각된다. 그러나 기업 관점에서의 생산성 증대 노력은 때로 서비스 품질을 낮추고 고객가치를 낮추는 결과를 초래할 수 있다. 서비스 생산성은 기업 관점뿐만 아니라 고객 관점에서도 평가해야 한다. 고객 관점과 기업 관점의 생산성을 동시에 높이며 지속적인 기업

성과를 내기 위해서는 서비스 품질을 중심으로 생각해야 한다.

서비스 품질은 고객이 평가하는 것이다.

서비스 품질을 평가하는 주체는 직원이나 기업이 아니라 고객이다. 그러므로 서비스 품질을 효과적으로 관리하기 위해서는 고객의 니즈나 기대를 철저히 반영해야 한다. 고객의 니즈가 반영되지 않은 서비스는 결코 좋은 평가를 받을 수 없다. 서비스 품질은 객관적 지표로 측정할 수 있는 것이라기보다는, 제공된 서비스를 고객이 어떻게 인식하느냐가 중요한 주관적 지표라고 할 수 있다. 따라서 기업의 관리자는 반드시 고객조사를 실시하여 고객들이 어떤 서비스를 원하고 어떤 니즈가 충족되기를 원하는지 파악해야 할 것이다.

서비스 품질은 직원과 고객 간 상호작용의 결과이다.

서비스는 직원과 고객 간 상호작용의 결과이다. 따라서 아무리 기업이 최고 서비스를 개발하고 막대한 노력을 기울인다고 할지라도 획일적인 서비스를 제공하는 것이 불가능하다. 그러므로 일률적으로 서비스 품질을 설계하기보다는 직원 개개인과 고객 개개인에게 맞춘 서비스 제공이 중요하다. 물론 회사 전체 차원에서 서비스 품질 기획이 의미가 없다는 것은 아니다. 단지 회사 전체 측면에서의 품질 노력에만 초점을 맞추지 말고 서비스를 제공하는 직원 개개인과 고객 개개인 간의 개별적인 상호작용을 고려해야 한다는 것이다.

서비스 품질은 모든 임직원의 일이다.

모든 직원들은 궁극적으로 서비스 품질향상에 참여하고 있다고 볼 수 있다. 고객을 직접 대하지 않는 직원들의 경우에도 고객을 직접 상대하는 일선 직원들을 직/간접적으로 지원하기 때문이다. 따라서 서비스를 개선하기 위해서는 직접 고객을 대하는 직원뿐만 아니라 모든 직원이 함께 노력해야 한다. 다시 말해 서비스 품질은 단지 한 부서만의 일이 아니라 모든 부서의 일이며 이를 위해선 최고경영자의 적극적인 역할이 필수적이다. 특히 고객서비스를 제공할 때 다른 부서와의 갈등이 불가피한 경우가 종종 있는데, 이러한 경우 힘의 논리에 따르거나 고객서비스에 반하는 의사결정이 내려지지 않도록 최고경영자가 직접 나서서 이런 문제점들을 해결하고 장기적인 관점을 강조하는 서비스 리더십을 발휘해야 할 것이다.

고객도 서비스 품질에 기여한다.

서비스의 주요 특성 중 한 가지는 고객이 서비스 생산과정에 직접 참여한다는 점이다. 따라서 고객은 자신이 제공받게 될 서비스 품질에 직접 영향을 미칠 수 있게 된다. 그러므로 기업은 고객이 이러한 생산과정에 잘 참여할 수 있도록 관리할 필요가 있다. 잘 관리되지 않은 고객이 생산 프로세스에 좋지 않은 영향을 미치게 되면 그 고객뿐 아니라 다른 고객에게까지 서비스 실패가 발생할 수 있기 때문이다. 따라서 이를 예방하기 위해서는 고객에게 요구되는 사항이 무엇인지, 그리고 언제 어떻게 어떤 행동을 하는 것이 바람직한지를 알려주는 것이 중요하다. 지금까지의 사내의 교육훈련 프로그램은 통상 직원에게만 초점이 맞추어져 왔다. 하지만 공동생산자로서 고객이 기업, 직원, 그리고 다른 고객에게 미치는 영향을 고려할 때 기업은 적극적으로 나서서 고객이 양질의 서비스를 직원과 함께 창출할 수 있도록 교육을 실시해야 한다.

한편 서비스 품질에 지장을 초래하는 불량고객은 교육을 통해서 계도하고 우량고객으로 거듭날 수 있도록 배려해야 할 것이다. 흔히 회사의 지시사항이 제대로 전달되지 않아 직원과의 상호작용에 문제가 생긴 경우에 불량고객이 나타난다. 그러므로 불량고객이 발생하지 않도록 기업은 직원뿐만 아니라 고객의 교육과 소통에도 만전을 다해야 할 것이다.

모든 마케팅 활동을 서비스 품질관리와 조율해야 한다.

고객의 서비스 품질 인식은 고객 기대와 성과 간의 차이를 바탕으로 결정된다. 따라서 고객의 서비스 품질에 대한 기대관리는 서비스 품질 개선 노력과 보조를 맞추어야 한다. 비록 기업이 막대한 예산과 자원을 투입하여 상당한 서비스 품질을 실천했더라도 비현실적인 약속을 하는 광고 때문에 고객의 기대수준이 지나치게 높아졌다면, 좋은 평가를 받기는 어려울 것이다. 결국 광고에 많은 비용을 들여 서비스 품질에 대한 고객의 기대수준을 과다하게 높게 만든 것이 회사에게 도움이 되기는커녕 오히려 부정적인 결과를 초래하는 것이다. 따라서 기업의 모든 마케팅 활동은 실제 서비스 품질 개선 노력과 조율하면서 실시해야 할 것이다.

ㄱ

ㄴ

ㄷ

ㄹ

ㅁ

ㅂ

ㅅ

ㅇ

ㅈ

ㅊ

ㅍ

ㅎ

A

B

C

D

I

J

K

L

M

N

O

R

S

T

U

V

W

Y

Z

ㄱ

ㄴ

ㄷ

ㄹ

ㅁ

ㅂ

ㅅ

ㅇ

ㅈ

ㅊ

ㅋ

ㅌ

ㅍ

ㅎ

A

B

C

D

E

F

G

H

I

J

K

L

M

N

P

Q

R

S

T

U

V

W

Y

Z

이유재는 현재 서울대학교 경영대에서 교수로 재직 중이다. 서울대학교에서 경영학을 전공하고 스탠포드대학교에서 한국인 최초로 경영학 박사 학위를 취득한 후, 미시간대학교에서 교수로 재직하며 정년보장을 받은 바 있다.

주요 저서로는 「서비스마케팅」, 「고객가치를 경영하라」, 「죽은 CRM, 살아있는 CRM」, 「광고관리」 등이 있다. 미국마케팅과학회 최우수논문상, 한국경영학회 중견경영학자상, 한국마케팅학회 최우수논문상, 한국소비자학회 최우수논문상, 서울대학교 학술연구상 등을 수상했으며 한국학술진흥재단 우수학자, 과학기술한림원 정회원으로 선정되었다.

미국소비자학회 자문위원, 한국소비자원 비상임이사, 한국마케팅학회장, 한국소비자학회장, 서비스마케팅학회장, 서울대학교 경영연구소장 등을 역임했으며, 한국서비스품질지수, 공공기관고객만족도지수 등 널리 사용되고 있는 서비스 품질모형을 개발했다. 우리의 삶 자체가 '서비스'이며 미래에는 모든 산업이 '서비스'업으로 변할 것으로 확신하고 국내외 저명 학술지에 170여 편의 논문을 발표하며 국내 기업의 서비스 품질향상 및 국민의 행복 증진을 위해 꾸준히 노력하고 있다.

서비스마케팅(제6판)

이 유 재 지음

1판 1쇄 발행 1994년 9월 2일
2판 1쇄 발행 1999년 3월 1일
3판 1쇄 발행 2004년 2월 15일
4판 10쇄 발행 2013년 1월 30일
5판 12쇄 발행 2019년 2월 25일
6판 9쇄 발행 2024년 8월 25일

발행인 회장 박 철 용
대표 박 세 원

발행처 **학 현 사**
우. 10881 경기도 파주시 직지길 522 파주출판도시
전 화 031) 955-8700(대표)
팩 스 031) 955-8705
메 일 hhspub@chol.com
http://www.hakhyunsa.com

출판등록 1992년 6월 20일
등록번호 제 406-2004-000033호

ISBN 978-89-5853-477-8(세트)
정가 38,000원(세트)